Karl-Friedrich Pohlmann
Die Ferne Gottes – Studien zum Jeremiabuch

Karl-Friedrich Pohlmann

Die Ferne Gottes —
Studien zum Jeremiabuch

Beiträge zu den „Konfessionen" im Jeremiabuch
und ein Versuch zur Frage nach den Anfängen
der Jeremiatradition

Walter de Gruyter · Berlin · New York
1989

Beiheft zur Zeitschrift für die alttestamentliche Wissenschaft

Herausgegeben von Otto Kaiser

179

Gedruckt auf säurefreiem Papier
(alterungsbeständig – pH 7, neutral)

CIP-Titelaufnahme der Deutschen Bibliothek

Pohlmann, Karl-Friedrich:
Die Ferne Gottes – Studien zum Jeremiabuch : Beitr. zu d.
„Konfessionen" im Jeremiabuch u. e. Versuch zur Frage nach d.
Anfängen d. Jeremiatradition / Karl-Friedrich Pohlmann. – Ber-
lin ; New York : de Gruyter, 1989
  (Beiheft zur Zeitschrift für die alttestamentliche Wissenschaft ;
  179)
  ISBN 3-11-011828-9
NE: Zeitschrift für die alttestamentliche Wissenschaft / Beiheft

ISSN 0934-2575

OTTO KAISER und ERNST WÜRTHWEIN
in dankbarer Erinnerung an die Marburger Lehrjahre

VORWORT

Die Disparatheit der Texte und die schwer durchschaubaren Textabfolgen im Jeremiabuch stellen die alttestamentliche Forschung vor die Aufgabe, genau zu sondieren, welche Texte und Textfolgen jeweils zu berücksichtigen sind, wenn es darum gehen soll, Anliegen und Verkündigung des Propheten Jeremia zu verstehen, bzw. die geistig-religiöse Umbruchsituation in Juda und Jerusalem vor, während und nach der Katastrophe von 587 v. Chr. und die weiteren Folgen zu erfassen.

Die in Teil A. vorgelegte Studie versucht eine solche Sondierung im Blick auf die im Jeremiabuch enthaltene Textgruppe der sogenannten „Konfessionen"[1]. Diese Texte haben in besonderer Weise das Interesse der Exegeten auf sich gezogen, erwecken sie doch den Anschein, als gewähre hier ein Prophet angesichts der Krisensituation vor 587 im Gebet vor seinem Gott Einblick in seine innersten Gedanken und Probleme.

Die Frage, ob hier im Bereich der prophetischen Literatur tatsächlich ein solcher Sonderfall vorliegt, bzw. in welcher Weise das theologische Anliegen und der historische Standort dieser Texte zu bestimmen ist, wird allerdings in der derzeitigen Forschung kontrovers diskutiert. Sollte es gelungen sein, diese Diskussion zu verschärfen oder ihr neue Impulse zu geben, wäre der Zweck der Studie erreicht.

Während man sich im Blick auf die sogenannten „Konfessionen" auf eine relativ geschlossene Textgruppe konzentrieren kann, weil ihre Ab- oder Ausgrenzung weithin ausdiskutiert ist, ist bei dem Versuch, Jeremias Verkündigung und Wirken in der Öffentlichkeit zu erheben und zu verstehen, immer noch strittig, welche Texte dafür überhaupt als Ausgangsbasis in Frage kommen und welche nicht. Die Ursache dafür ist, daß für die Aufgabe, möglicherweise nachträglich eingebrachte Interpretation und Erweiterung vom originalen Wort zu trennen, keine eindeutigen Kriterien zur Verfügung stehen; denn sieht man einmal von jenen Fällen ab, in denen auf dem Wege der Literar- und Redaktionskritik eindeutig nachjeremianische Herkunft nachgewiesen werden konnte, so bleibt ja immer noch eine Fülle von Texten, deren Beurteilung als jeremianisch oder nichtjeremianisch davon abhängt, welches Prophetenverständnis nun auf Jeremia angewendet wird und welche Wandlungen und Entwicklungen man ihm im Verlauf seiner Wirksamkeit zutraut.

---

[1] Als Abkürzung wird KT für „Konfessionstext(e)" verwendet.

Macht man sich zudem die im jetzigen Jeremiabuch festgeschriebene Sichtweise zu eigen, daß der Prophet über einen Zeitraum von vier Jahrzehnten gewirkt hat, so scheint eine enorme Zeitspanne zur Verfügung zu stehen, in der die unterschiedlichsten Äußerungen ihren jeweiligen Platz gehabt haben könnten. Der Verdacht sekundärer Weiterführung oder Ergänzung ursprünglich jeremianischer Worte kann dann in vielen Fällen mit der These zurückgewiesen werden, daß der Prophet im Lauf seiner vier Jahrzehnte während Wirksamkeit eben jeweils neuen Entwicklungen und Problemen Rechnung zu tragen suchte und dabei auch neue Redeformen entwickelte. Damit ist die in zahlreichen Texten erkennbare Neuausrichtung oder Ergänzung des prophetischen Wortes erklärbar; es kommt dann nur noch darauf an, für solche in den Texten erkennbaren Akzentverschiebungen bzw. Neuansätze der Verkündigung die verschiedenen Perioden des prophetischen Wirkens stimmig ausfindig zu machen.

Allerdings ist hier die Frage aufzuwerfen, ob mit einer solchen Verfahrensweise und den entsprechenden Textklassifizierungen[2] zuverlässig die Verkündigung des historischen Jeremia zu rekonstruieren ist. Das Problem ist nämlich, wie man auf diesem Wege überhaupt ausschließen kann, daß man lediglich Vorstellungen reproduziert, wie sie sich erst im Verlauf der Überlieferungsgeschichte jeremianischer Worte und schließlich besonders im Zusammenhang der literarischen Gestaltung des Jeremiabuches herausgebildet hatten, die also von späteren auf den Propheten Jeremia sekundär herangetragen worden sind und daher nichts anderes widerspiegeln als deren Auffassungen von Prophet und Prophetenwort. Als ein Beitrag zu dem damit angedeuteten Fragenkomplex ist die Studie B. gedacht.

Entstanden sind beide Beiträge im wesentlichen in den Jahren 1985 – 1987 im Zusammenhang mit Vorbereitungen zu Vorlesungen und Seminaren über das Jeremiabuch.

Beide Studien unter der Überschrift „Die Ferne Gottes" zusammenzufassen, lag deswegen nahe, weil die behandelten Texte insgesamt Krisensituationen alttestamentlichen Glaubens entstammen und erkennen lassen, daß sich hier jeweils, wenn auch auf unterschiedliche Weise, die Erfahrung der Ferne Gottes ausspricht.

Münster, September 1988   Karl-Friedrich Pohlmann

---

[2] Vgl. nur die Anstrengungen, die sogenannte „Urrolle" zu rekonstruieren.

INHALTSVERZEICHNIS

A. DIE "KONFESSIONEN" IM JEREMIABUCH
Versuch einer Standortbestimmung

I. DAS PROBLEM DER HERLEITUNG VON JEREMIA

1. Problemanzeige

Die in der Ich-Rede Jeremias vorliegenden Konfessionstexte (in vorläufiger Abgrenzung: Jer 11,18 – 12,6; 15,10-20; 17,14-18; 18,18-23; 20,7-18)[1] wollen und sollen in ihrer jetzigen Fassung und am jetzigen Ort als Äußerungen Jeremias gelesen werden. Bei Annahme jeremianischer Herkunft dieser Texte ist in Rechnung zu stellen, daß, wie die alttestamentliche Forschung seit langem erkannt hat, Redestil und Gedankenführung dieser Texte sich in ganz auffälliger Weise von sonstigen prophetischen Redeformen abheben; denn wie sonst nirgends in der prophetischen Überlieferung berühren sich hier Form und Inhalt aufs Engste mit jenen Psalmen, für die sich als Gattungsbezeichnung "Klagelied des Einzelnen" (= KE) durchgesetzt hat.

Dieser auffällige Sachverhalt, daß sich Jeremia hier auf die Sprach- und Denkebene dieser KE-Psalmen begeben haben soll, für den es in der gesamten Prophetenliteratur des AT sonst keine Parallele gibt, verlangt nach einer zureichenden Erklärung. Es geht um die Beantwortung der Frage, ob und wo diese Texte in der prophetischen Verkündigung Jeremias ihren Ort gehabt haben oder ob und warum sie von Jeremia jenseits seiner prophetischen Wirksamkeit gesprochen wurden.

Über die zahlreichen einschlägigen Arbeiten, die sich um eine Klärung dieser Frage bemühen, soll hier nicht im einzelnen ausführlich berichtet werden. Anhand eines kurzen Überblicks über die Sichtweisen derjenigen Untersuchungen, in denen die jeremianische Herkunft der KT (= Konfessionstexte) vertreten wird, wird im folgenden lediglich belegt, daß bei dieser Auffassung eine grundsätzliche Schwierigkeit auftaucht, die m.E. bisher nicht gebührend beachtet und schon gar nicht gelöst worden ist. Diese grundsätzliche Schwierigkeit besteht darin, daß die Vertreter der "Echtheit" nachweisen müssen, daß und wie die auf der Sprach- und Denkebene der KE-Psalmen vollzogenen Klagen des Propheten zum Traditionsgut werden konnten, d.h. überhaupt in den Tradie-

---

[1] Strittig ist besonders, ob Jer 20,14-18 der Textgruppe der Konfessionen" zuzurechnen ist; zu weiteren Einzelheiten vgl. unten S.33, Anm. 13!

rungsprozeß hineingeraten konnten, der schließlich in die Erstellung eines
jeremianischen Prophetenbuches ausmündete.

Daß sich die fraglichen Texte einmal direkt und ausschließlich in ihrer
Aussagerichtung auf Jahwe konzentrieren, sich jetzt jedoch als Bestandteile
eines Prophetenbuches an die Öffentlichkeit richten, obwohl die Formgebung der
auf Jahwe konzentrierten Gebete beibehalten ist, ist insofern erklärungsbedürf-
tig, als man bei einem solchen Sachverhalt voraussetzen muß, daß Jeremia selbst
seinen auf Jahwe konzentrierten Klagen, die im Vollzug durch den Propheten
selbst vor Jahwe ihren Ort gehabt haben und darin ihre Funktion erfüllt haben,
zusätzlich eine Funktion in der oder für die Öffentlichkeit beigemessen haben
muß; anderenfalls wären diese Texte für dritte nicht verfügbar und damit tra-
dierbar[2] geworden. Welche Funktion aber könnte das gewesen sein?

2. Forschungsüberblick

Die so umrissene Problemstellung ist implizit schon von WELLHAUSEN erkannt.
Für WELLHAUSEN ist Jeremia im Blick auf diese Texte "der Vater des wahren
Gebets, in dem die arme Seele zugleich ihr untermenschliches Elend und ihre
übermenschliche Zuversicht ausdrückt, ihr Zagen und Zweifeln und ihr uner-
schütterliches Vertrauen. Die Psalmen wären ohne Jeremia nicht gedichtet"[3]. So
konstatiert WELLHAUSEN für Jeremia "ein religiöses Privatverhältnis zwischen
seiner Person und Jahve... Unter Schmerzen und Wehen entstand in ihm die
Gewißheit seiner persönlichen Gemeinschaft mit der Gottheit... Das bewegte
Leben mit Gott, welches er erlebte, machte er nun freilich nicht zum Gegenstand seiner Lehre; er verkündete nur schroff und drohend, wie die übrigen
Propheten, das göttliche Gesetz. Aber als ob er doch die Bedeutung der

---

[2] Daß uns in den KE-Psalmen eine Fülle solcher und ähnlicher Texte überliefert wird, ist ja ein grundsätzlich anderer Sachverhalt. In den KE-Psalmen
handelt es sich in der Regel um Gebetsformulare, die nicht deswegen
festgehalten bzw. verschriftet wurden, weil sie von ganz bestimmten
historischen Personen in einer ganz bestimmten persönlichen Situation einmal
verwendet worden sind, sondern eben deswegen festgehalten und somit der
Allgemeinheit zugänglich gemacht wurden, weil diese Texte paradigmatisch
ausformulieren, was und wie in bestimmten persönlichen allgemein menschli-
chen Anfechtungen im Gebet Jahwe vorzutragen war, so daß je und je neu
darauf zurückgegriffen werden konnte und sollte. Eine solche Funktion
können die Konfessionstexte des Jeremiabuches jedoch ursprünglich nicht
gehabt haben, und zu einem solchen Zweck können sie von Jeremia nicht
bewahrt und zur Tradierung, bzw. zur Verschriftung bestimmt worden sein.

[3] Geschichte, S.141.

nicht die Klage, sondern das auf die Klage folgende richtende Gotteswort der eigentliche Kern ist"[18].

Diese Sichtweise greift BERRIDGE auf; er meint schließlich konstatieren zu können, "that Jeremiah's 'confessions' were undoubtedly spoken in public, constituting a part of his proclamation"[19].

BLANK stimmt zwar darin mit BERRIDGE überein, "that these answers were what prompted him to somehow get the confessions into the record"[20], hält es aber dennoch für unwahrscheinlich, daß Jeremia seine Gebete öffentlich vorgetragen habe. Indem BLANK postuliert, daß dem Propheten der paradigmatische Charakter seiner ureigenen Erfahrungen mit Gott aufgegangen sei, "the possibility exists that, moved by some such reflections as these, Jeremiah first recorded his meetings with God in prayer, putting his prayers in words, perhaps for Baruch to intersperse among his prophecies,   perhaps even communicating them by word of mouth – prayer plus discovered response – to some gathering of persons like the elders of Judah who sat before Ezekiel"[21].

Mit dieser Auffassung gerät BLANK in die Nähe EISSFELDTs, der es auf Grund der starken Diskrepanz zwischen den Konfessionen und jenen Texten, die die öffentliche Verkündigung Jeremias widerspiegeln, für "ganz unwahrscheinlich" hält, daß "diese Dichtungen von Jeremia selbst, etwa bei dem Diktat der Urrolle, unter die Drohungen gegen Juda und Jerusalem eingestreut sein sollten...; und auch seine Jünger werden dies Kleinod gewiß zunächst unvermischt mit anderen Worten erhalten haben. Am liebsten möchte man sich die Dinge so denken, daß Jeremia diese, sein Allerpersönlichstes bloßlegenden Gebete ganz für sich behalten hat und daß sie erst nach seinem Tode öffentlich bekannt geworden sind. An ihrer Echtheit zu zweifeln, liegt nicht der mindeste Grund vor..."[22].

Eine vorsichtige Abwägung zwischen den beiden bisher sich abzeichnenden Möglichkeiten, die Existenz der KT im jetzigen Jeremiabuch zu erklären, versucht neuerdings HUBMANN.[23] Er kommt am Ende seiner Untersuchung dazu, auf die Frage hinzuweisen, "die in der Forschung schon häufig aufgegriffen, aber meist nur sehr allgemein beantwortet wurde. Es handelt sich dabei um das Problem, warum diese 'privaten' Äußerungen des Propheten überhaupt in das Buch aufgenommen wurden"[24]. Da die Antworten Jahwes auf die Klagen Jeremias

---

[18] Seelsorger, S.393.
[19] Prophet, S.157.
[20] Paradigm, S.122.
[21] A.a.O., S.125.
[22] Einleitung, S.481f.
[23] Untersuchungen.
[24] A.a.O., S.316.

nicht allein für die Aufnahme dieser Texte in das Prophetenbuch ausschlaggebend gewesen sein können, weil gar nicht in allen Konfessionen eine solche
Antwort enthalten ist, "müssen also die Klagen als solche einen Anteil daran
und somit auch einen Zeugnischarakter haben"[25]. Mit VON RAD bestimmt HUB-
MANN diesen Zeugnischarakter so, daß "bei Jeremia die menschliche Existenz
des Propheten in einer Weise in das Amt hineingenommen ist..., und daß dabei
die 'Menschlichkeit' des Propheten zum Zeugnis für Gott wurde"[26]. Offen bleibt
dann allerdings noch, "ob Jeremia selbst sein Leben schon so gesehen hat, oder
ob es erst im nachhinein so verstanden werden konnte"[27]. Nur im ersten Fall
können die Konfessionen auch Gegenstand öffentlicher Verkündigung gewesen
sein;[28] die andere Möglichkeit müßte in den Konfessionen einen "eher privaten
Charakter"[29] erkennen, woraufhin sie "dann auch nur durch eine mehr persönliche Vermittlung in das Buch gekommen sind"[30]. Im Blick auf diese beiden
Möglichkeiten verweist HUBMANN darauf, daß die KT, zumindest Jer 12,1–5 und
Jer 15,15–19 in der "Nähe jener Stücke des Jer-buches (stehen), die ihren Sitz
im Leben in der Auseinandersetzung mit anderen Propheten haben. Sie unterscheiden sich von diesen Texten aber insofern, als sie nicht jene persönliche
Sicherheit Jeremias gegenüber seinen Gegnern, sondern vielmehr radikale U n -
s i c h e r h e i t spiegeln"[31]. Außerdem weisen diese Texte, vor allem Kap.
15, "direkt auf den Berufungsbericht zurück..., sind also... auch als eine Art
Verlängerung des Berufungsberichts anzusehen". So könne "abschließend
wenigstens vermutet werden, daß der Zeugnischarakter der Konfessionen im
Spannungsfeld dieser beiden anderen Arten von Texten des Jer-buches liegt. Ob
sie damit auch schon Gegenstand öffentlicher Verkündigung waren, wird hier
nicht zu sagen gewagt; einen gewissen öffentlichen Belang erhalten sie durch
diese Verbindungslinien sicher"[32].

Diese vagen Andeutungen werden auch in dem späteren Aufsatz "Jer 18,18–23
im Zusammenhang der Konfessionen"[33] nicht spezifiziert. HUBMANN stellt hier
abschließend fest, daß sich die Frage aufdränge, ob nicht "... alle Konfessionen
zusammen... Widerspiegelung eines Weges Jeremias sind, den dieser im Streit mit
Gott und den Gegnern gegangen ist, und der später gezielt in diesen Teil des

---

[25] A.a.O., S.317.
[26] A.a.O., S.317.
[27] A.a.O., S.317.
[28] Vgl. BERRIDGE, s.o. Anm.19.
[29] Vgl. so schon EISSFELDT (s.o. Anm.22) und BLANK (s.o. Anm.20).
[30] Untersuchungen, S.318.
[31] A.a.O., S.318.
[32] A.a.O., S.319.
[33] BEThL LIV, Leuven 1981, S.271–296.

Prophetenbuches hineingearbeitet wurde"[34]. HUBMANN meint Entwicklungslinien in den Texten zu erkennen;[35] und mit der darin sich abzeichnenden Möglichkeit, "daß der Abfolge der Konfessionen eine bewußte Komposition zugrundeliegen dürfte", stelle "sich nicht nur die Frage von der Echtheit von einem ganz anderen Blickwinkel her, sondern auch die des Hintergrundes"[36]. Wenn, wie HUBMANN dazu betont, die von ihm behandelten Texte "ihr Zentrum, in der Auseinandersetzung um das von Jeremia verkündete Jahwe–Wort haben"[37], "die Auseinandersetzung mit den Gegnern in erster Linie um eine Unheilsverkündigung kreist"[38], "der eigentliche Hintergrund dieser Texte (Jer 18,18–23) eine theologische Auseinandersetzung ist"[39], so ist allerdings sofort die Frage zu stellen, ob diese Sichtweise dazu zwingt, die für die KT im Hintergrund gesehene theologische Auseinandersetzung als eine Auseinandersetzung des historischen Jeremia mit seinen zeitgenössischen Gegnern zu werten und die KT entsprechend als Reflex dieser Auseinandersetzung vor Jahwe einzustufen. Tut man das, so steht man vor dem Problem, wie denn diese Texte über ihre Funktion als Gebete vor Jahwe hinausgehend eine öffentliche Funktion in der veranschlagten Auseinandersetzung erhielten und auf diese Weise in einen Tradierungsprozeß gerieten. Diesem Problem und seiner Lösung stellt sich HUBMANN nicht.[40]

Ebenso unter dem Einfluß VON RADs geht auch ITTMANN[41] davon aus, daß Jeremias Konfessionen "dem Zentrum seines Prophetseins" (S.18) entstammen. Da bei "einer textimmanenten Betrachtung der Konfessionen" diese Texte "als rein private, seelische Herzensbekenntnisse oder als starr vorgeprägte Formulare" erscheinen, und von daher auch "über ihre Funktion im Jeremiabuch... nur vage geurteilt werden" könne, hält ITTMANN es "zur präzisen Erfassung der Bedeutung der Konfessionen" für erforderlich, sie mit "der prophetischen Seite der Verkündigung zu konfrontieren. Dies kann jedoch nur gelingen, wenn sie als Teil der jeremianischen Verkündigung verstanden und aus dem Kontext seiner gesamten Botschaft interpretiert werden" (S.19). ITTMANN unterstellt also einen "Verkündigungscharakter der Konfessionen"; entsprechend stellt er sich die

---

[34] A.a.O., S.296.
[35] A.a.O., S.295.
[36] A.a.O., S.295, Anm. 114.
[37] A.a.O., S.294.
[38] A.a.O., S.295, Anm. 114.
[39] A.a.O., S.289.
[40] Vgl. auch HUBMANN, Stationen.
[41] Konfessionen. – Die Seitenangaben im weiteren Text beziehen sich auf diese Arbeit.

Aufgabe, "ihre konkreten Verkündigungsintentionen zu erheben" (S.19).[42] Die Konfessionen sollen "unter ihrem Verkündigungsaspekt beschrieben" werden (S.19). Dieser "Verkündigungsaspekt" wird im Lauf der Untersuchung mehrfach behauptet und betont (vgl. S.148.163.186 u.ö.). Diese Sichtweise impliziert, daß die fraglichen Texte als Äußerungen Jeremias von vornherein zur Mitteilung an andere bestimmt und erstellt waren.

Im Blick auf die Frage nach dem dazu gehörigen "Sitz im Leben" der Konfessionen erfährt man jedoch bei ITTMANN nur: "Ihr Reflexionscharakter läßt vermuten, daß ihr ursprünglicher Ort in einer mündlichen Kundgabe vor einem engen Kreis von Vertrauten Jeremias zu suchen ist. Hier verfolgen die Konfessionen ein höchst privates Anliegen. Die jüngsten Erfahrungen des Propheten im Umgang mit seiner Botschaft und seinen Hörern, seine Zweifel an seinem Wirken sowie sein tiefes Leiden an Gott und seiner Person sollen dem Schülerkreis mitgeteilt werden, damit er die Reaktionen Jeremias sowie die provozierende Schärfe seiner Verkündigung, die offensichtlich viele überraschten, besser verstehen und gerechter beurteilen kann. Diese Intentionen siedeln die Konfessionen in der Nähe eines Rechenschaftsberichtes an" (S. 196).[43] Der enge "Kreis von Vertrauten" (S.196) wäre dann auch für die Veröffentlichung mit "Breitenwirkung" verantwortlich gewesen. ITTMANN nimmt mehrere Stadien der Verschriftung an: "In einer ersten schriftlichen Zusammenstellung von Konfessionen haben wohl Jer 18; 11 und 12 unter thematischen Aspekten als eigene Gruppe nebeneinander gestanden. Dieses erste Stadium dürfte rasch angewachsen sein, bis Jer 20,7-13 den sachlich und sichtlich spürbaren Abschluß des Konfessionenkomplexes bildete. Mit dieser letzten Konfession ist der Übergang von der direkten zur indirekten, literarischen Kommunikation abgeschlossen..." (S.197). Sie entzieht "mit ihrem Abschluß in V.13 die Konfessionen ihrem ursprünglichen Wirkungsbereich und stellt sie mit ihrer Aufforderung an eine unbestimmte Mehrheit in den weiteren Horizont der literarischen Verkündigung Jeremias" (S.192). Insofern ist 20,7-13 "eine abschließende, bewußte Reflexion über die Gesamtthematik der Konfessionen", die "eine längere Zeitdauer des prophetischen Auftretens voraus(setzt)" (S.192). Für ITTMANN geht daraus hervor, daß "die genannten Eigenheiten der Konfession 20 in den Bereich der ad

---

[42] Vgl. schon MAUSER: "denn auch ihnen eignet Verkündigungscharakter, ohne den sie in der Überlieferung gar nicht erhalten geblieben wären" (Gottesbild), S.106).

[43] Allerdings scheint sich hier ITTMANN selbst zu widersprechen, als er auch von einer "literarischen Verdichtung" der Gedanken Jeremias durch diesen selbst sprechen kann (S.190). Was mit "ihrem ursprünglichen Wirkungsbereich" (der Konfessionen) gemeint ist, bleibt unklar (S.192).

hoc formulierten, indirekten literarischen Kommunikation" deuten; "dann darf in dieser Periode wahrscheinlich die Schriftwerdung der Konfessionssammlung angenommen werden. Einzeltext und Textkomplex bedingen einander in ihrer Verschriftung" (S.192). "In dieser neuen Phase sollen sie die Verhaltensänderung des Propheten erklären und ihn damit als den wahren Jahwepropheten legitimieren" (S.197). Jetzt setzen "wohl auch die redaktionellen Arbeiten des Schülerkreises" ein (Anm. 676), "Interpreten unter den Personen..., die zu Jeremia in einem engen, persönlichen wie geistigen, Vertrauensverhältnis stehen und die sich seinen Vorstellungen und seiner Sprache weitaus stärker als jeder andere Bearbeiterkreis... verpflichtet fühlen" (S.55).

Sieht man davon ab, daß ITTMANNs Sichtweise nicht gerade übersichtlich und unmißverständlich vorgetragen ist, weil durchaus nicht klar wird, wie man sich im Einzelnen die verschiedenen Stadien der Sammlung bzw. der Verschriftung der Konfessionen vorstellen soll[44] und daß insofern noch zu zahlreichen Rückfragen Anlaß besteht, so bleibt besonders unbefriedigend, daß ITTMANN das eigentliche Problem der KT, nämlich die Frage nach ihrem ursprünglichen Sitz im Leben überspielt, bzw. nicht in voller Schärfe wahrnimmt. Daß sich die fraglichen Texte zunächst einmal in direkter Rede an Jahwe richten, läßt sich nicht bestreiten und auch nicht damit relativieren, daß man ihnen "Verkündigungscharakter" zuerkennen möchte.

Selbst wenn man, wie ITTMANN meint, verdeutlichen kann, "wie sich Jeremia in den Konfessionen allmählich vom traditonellen Vorstellungshintergrund der Psalmen löst..." (S.189) und zur "Erklärung dieser Eigentümlichkeiten... in einer Vorgeschichte der Konfessionen die prophetischen Wehklagen des Jeremiabuches anzusiedeln" sind, und, insofern "Leiden und Mitleiden... die beiden tragenden Grundbegriffe dieser Klagen" sind, die Konfessionen so versteht, daß sie "diese

---

[44] Vgl. S.196: "mündliche Kundgabe vor einem engen Kreis von Vertrauten"; S.190: "Zur literarischen Verdichtung dieser Gedanken erwies sich ihm das traditionelle Gefüge (= "Begriffs- und Vorstellungswelt der individuellen Klagepsalmen, der prophetischen Wehklagen sowie der Auditions- und Visonsberichte der Propheten") nicht tragfähig"; wenn ferner zu Jer 20 festgestellt wird, daß die Eigenheiten dieses Kapitels "in den Bereich der ad hoc formulierten, indirekten literarischen Kommunikation" deuten (S.192), so wird nicht deutlich, was damit gemeint ist. ITTMANN hat hier die "enge sprachliche und thematische Verknüpfung (von Jer 20) mit den Konfessionstexten sowie mit weiteren Aussagen aus dem Jeremiabuch" (S.192) vor Augen. Da ITTMANN im gleichen Kontext feststellt: "Einzeltext und Textkomplex bedingen einander in ihrer Verschriftung", ist daraus zu schließen, daß nach ITTMANN Jeremia, der hier (Jer 20) bewußt reflektiert und formuliert und sich so auf seine früheren Aussagen abstimmt, selbst auch die Verschriftung vornahm. Aber was heißt dann "mündliche Kundgabe" (vgl. S.196)? Konsequenterweise müßte doch von "Verlesung" gesprochen werden?!

beiden Aspekte sowie ihre strenge Bezogenheit auf das Ich des Propheten aufgenommen und in der Form des Gebets mit Jahwe konfrontiert" haben (S.189), so bleibt doch gerade die somit zugestandene "Form des Gebets" der eigentlich springende Punkt,[45] mit dem alle Überlegungen zu einem möglichen Sitz im Leben dieser Form einzusetzen haben.[46] Wie soll man sich konkret die "mündliche(n) Kundgabe vor einem engen Kreis von Vertrauten Jeremias" (S.196) vorstellen? Wenn die "jüngsten Erfahrungen mitgeteilt werden" sollen (S.196), warum "in der Form des Gebets" (S.189), das sich an Jahwe richtet? Wie wirkt die "mündliche Kundgabe" in der "Form des Gebets" auf die Hörer? Daß die Konfessionen "ein höchst privates Anliegen" verfolgen (S.196), ist ja unbestritten. Aber wird das Anliegen Jeremias in der Form des Gebets nicht in einem Maße privat, daß eben in dieser Form eine öffentliche Ausbreitung des eigenen Anliegens generell, selbst vor Freunden und Vertrauten, ausgeschlossen ist? Ist es dann nicht konsequenter, mit WELLHAUSEN u.a. damit zu rechnen, daß der Prophet solche Gebete von vornherein nicht für die Öffentlichkeit bestimmt haben kann? Daß die "jüngsten Erfahrungen des Propheten im Umgang mit seiner Botschaft und seinen Hörern, seine Zweifel an seinem Wirken sowie sein tiefes Leiden an Gott und seiner Person... dem Schülerkreis mitgeteilt" wurden, ist eine Einschätzung, die jedenfalls die Gebetsform der Konfessionen schlicht außer Acht läßt.[47]

Sind die "jüngsten Erfahrungen" ihrer sprachlichen Formgestaltung entsprechend vor Jahwe ausgebreitet worden, so besteht doch das Problem gerade darin, daß im Blick auf die "Kundgabe vor einem engen Kreis von Vertrauten" (S.196) diese Formgestaltung unangemessen ist, es sei denn, man wollte die "Kundgabe" mit der Gebetssituation vor Jahwe in eins setzen. Da die Konfessionen "in der Form des Gebets" gehalten sind, können sie nicht zu einer Art Jüngerbelehrung oder -unterweisung deklariert werden. Ebensowenig zutreffend ist ihre Einstufung als "Rechenschaftsbericht" (S.196) vor einem vertrauten Kreise. Ein Blick in den Dialog Hiobs mit seinen Freunden kann das verdeut-

---

[45] Zutreffend AHUIS (Gerichtsprophet, S.19, vgl. dazu unten S.22ff): "... die an Gott gerichtete(n) Klagen... sind nicht wie die Verkündigung von Gott- durch den Propheten – an Menschen gerichtet, sondern umgekehrt vom Propheten an Gott"; so kritisch zu STOEBEs Auffassung, daß die "Konfessionen Kernstücke der Verkündigung Jeremias sind" (vgl. Seelsorger, S.393), bzw. daß das "Mitleiden Jeremias... Bestandteil seiner prophetischen Verkündigung wird" (vgl. Mitleiden, S.117).

[46] Diesen Mangel empfinden z.B. auch die Rezensenten der ITTMANNschen Untersuchung, vgl. von WALDOW, JBL 102, 1983, S. 475; E. RUPRECHT, ThLZ 108, 1983, S.893.

[47] Das trifft auch für die Vorstellung zu, daß Jeremia selbst die Verschriftung vorgenommen habe (so ITTMANN, a.a.O., S. 187).

lichen. Wären die Konfessionen ursprünglich im Kreise von Vertrauten ausgesprochen worden, bzw. nach dem eigentlichen Gebetsvollzug dort noch einmal
ausgebreitet worden, so müßten darin zumindest Spuren von Redeformen
enthalten sein, die sich an die Adresse dieser Vertrauten richten, wie das im
Hiobbuch der Fall ist, wo sie für mündliche Kundgabe und Mitteilung von
Erfahrungen mit anderen Menschen, von Zeifel und Leiden an Gott und der
eigenen Person angemessen verwendet werden, sofern hier die Freunde Hiobs die
Adressaten sind. Solche Spuren fehlen jedoch in den Konfessionen völlig. Sie
sind weder in der Redeform des die Freunde oder Vertraute im Auge haltenden
Selbstberichts, bzw. der Selbstaussprache oder Selbstrechtfertigung gehalten,
noch enthalten sie die für solche Sprechsituationen charakteristischen, im Blick
auf die Ansprechpartner beschwörenden, korrigierenden, entschuldigenden etc.
Aussageelemente, aus deren Appellcharakter überhaupt auf solche Adressaten
geschlossen werden kann.

Wie die von ITTMANN den Konfessionen ja zugestandene Form des Gebets
gegen die Annahme spricht, daß sich Jeremia auf diese Weise direkt an seine
Vertrauten und Freunde gewendet hat, weil derjenige, der so spricht, sich
explizit an eine andere Adresse wenden will, so spricht umgekehrt die Annahme
eines aus Freunden und Vertrauten bestehenden Adressatenkreises dagegen, daß
hier der Prophet in der Form des Gebets gleichsam Vortrag hält, belehrt,
Einsichten vermittelt oder, so ITTMANN, seine "Erfahrungen" etc. mitteilt. Kurz:
ITTMANNs Auffassung vom "Verkündigungscharakter" der Konfessionen läßt sich
mit der Gebetsform dieser Texte nicht vereinbaren.

Damit muß die von VON RAD aufgestellte, von STOEBE u.a. aufgegriffene und
zuletzt von ITTMANN ausgebaute These, "die Konfessionen kommen aus dem
Zentrum seines Prophetseins"[48], sie sind "Kernstücke der Verkündigung"[49],
müssen als "ein Teil der jeremianischen Verkündigung verstanden"[50] werden und
"unter ihrem Verkündigungsaspekt beschrieben"[51] werden, als zumindest äußerst
problematisch angesehen werden. Ermangelt es den "Konfessionen" im Blick auf
ihre Formgebung am Verkündigungscharakter, so ist es folglich auch nicht
vorstellbar, wie diese in keiner Weise auf Öffentlichkeit zielenden Texte aus
dem Munde – oder muß man nicht zutreffender sagen: aus dem Kopfe – Jeremias
für diejenigen erreichbar wurden, die mit einer wie auch immer gearteten
Tradierungsarbeit an Wort und Verkündigung Jeremias befaßt waren.

---

[48] Vgl. von RAD, a.a.O., S.273.
[49] STOEBE, Seelsorger, S.273.
[50] ITTMANN, a.a.O., S.19.
[51] ITTMANN, a.a.O., S.19.

Somit steht man vor einem paradoxen Fazit: Bei Annahme jeremianischer Herkunft der Konfessionen lassen sich bisher keinerlei überzeugende Gründe dafür beibringen, daß sie überhaupt auf uns kommen konnten, bzw. Eingang in einen Tradierungsprozeß fanden. Der noch verbleibende Ausweg, die Existenz dieser Texte darauf zurückzuführen, daß Jeremia, für uns uneinsichtig, diese Gebete für eigene, private Zwecke – was man auch immer damit verbinden will – festgehalten hat und sie dann wohl gleichsam aus seinem Nachlaß stammen müssen,[52] ist deutlich eine Verlegenheitsauskunft und letztlich, wie noch zu zeigen sein wird,[53] eine bloße Verschiebung des eigentlichen Problems.

Hat der bisherige Überblick ergeben, daß man bei Rückführung der Konfessionen auf Jeremia auf das Problem stößt, nicht einsichtig machen zu können, auf welchem Wege solche Gebete überhaupt für jeremianische Tradentenkreise erreichbar wurden und somit rezipiert werden konnten, so bleibt jetzt noch zu prüfen, ob die neuerdings von AHUIS vorgelegte Untersuchung[54] neue Aspekte aufdecken kann. Löst sich das Problem, wenn, so die Hauptthese AHUIS', die "Klagen im Mund des Gerichtspropheten... in die Gerichtsprophetie eingebettet und als solche nur verständlich im Munde eines Gerichtspropheten"[55] sind (S.4)?

Der Beweisgang dieser These im Blick auf "die im Mittelpunkt dieser Untersuchung stehenden gerichtsprophetischen Klagen im Jeremiabuch" (S.4) ist folgender: Sind die Gerichtspropheten "als von Gott mit einem Gerichtswort beauftragte B o t e n zu verstehen" (S.2), "wobei der Botenvorgang sich in zwei Redeformen ausprägt, dem p r o p h e t i s c h e n   E i g e n b e - r i c h t   ü b e r   e i n e n   A u f t r a g und dem prophetischen G e - r i c h t s w o r t " (S.8), so wollen sich in "dieses Gesamtbild von der Gerichtsprophetie... die K l a g e n im Munde der Gerichtspropheten nur schwer einordnen" (S.3), weil "die Rederichtung der Klagen durchweg der Rederichtung der prophetischen Gerichtsworte und Eigenberichte diametral entgegengesetzt ist: Steht bei den letzteren die Rederichtung: Gott – Prophet (Adressat der prophetischen Botschaft) im Mittelpunkt, so bei den Klagen die Rederichtung Prophet – Gott" (S.3). Daher erhebe sich die Frage, "ob die Klagen im Munde der Gerichtspropheten ihren Ort in den allgemeinen Klagevorgängen haben" (S.3), insofern deren "Rederichtung... gerade charakteristisch für Texte (sei), die ihren überlieferungsmäßigen Schwerpunkt außerhalb der Gerichtsprophetie, besonders im Psalter gefunden haben" (S.3), oder aber "in der durch das

---

[52] Vgl. WELLHAUSEN, EISSFELDT u.a. (dazu oben S.4f u. S.7f).
[53] Siehe dazu unten S.23f.
[54] Gerichtsprophet, 1982.
[55] Die Seitenzahlen im weiteren Text beziehen sich auf die eben genannte Arbeit AHUIS'!

prophetische Gerichtswort und den prophetischen Eigenbericht bestimmten Gerichtsprophetie" (S.3). AHUIS sieht eine Lösungsmöglichkeit, indem er "die sowohl für das prophetische Gerichtswort als auch für den Eigenbericht vorausgesetzte B o t e n f u n k t i o n des Gerichtspropheten konsequenterweise auch auf die Ermittlung des Hintergrundes der gerichtsprophetischen Klagen" ausdehnt (S.3) und dann fragt: "Lassen sich im Botenvorgang Stellen auffinden, in denen der mit einer Botschaft Beauftragte mit seinen eigenen Worten reagiert? Kann möglicherweise die Reaktion des Boten die Form einer Klage annehmen?" Insofern soll es in den Untersuchungen zu den Konfessionen um "die Berücksichtigung der Vorgänge" gehen, "auf die die gerichtsprophetischen Klagen jeweils bezogen sind".

Es sind dies "1. der V o r g a n g d e r B e a u f t r a g u n g d e s G e r i c h t s p r o p h e t e n und der A u s f ü h r u n g des Auftrags mit anschließender R ü c k m e l d u n g i n d e r F o r m d e r K l a g e und 2. der V o r g a n g d e s W a r t e n s a u f d a s G e r i c h t, wobei die K l a g e eine Redeform darstellt, die sich aus diesem Vorgang erhebt" (S.23). "Die formgeschichtliche Untersuchung wird zeigen, welche Bestandteile unbedingt zu einem Vorgang dazugehören und welche nicht" (S.25). AHUIS setzt ein mit den beiden Klagen Jer 20,7-9 und Jer 18,18-23. Im Blick auf Jer 20,7-9 gelangt AHUIS hier einmal zu "der These der organischen Zusammengehörigkeit von Klage und Botenvorgang" (S.58). Diese These meint er "anhand der Untersuchung der Makrostrukturen von Botenerzählungen (Gen 24; Ex 3,1-6,1; Nu 11,11-15) bestätigt" zu sehen (S.58), da dort "die Klage einen festen Bestandteil für den Fall (bildet), daß die Ausrichtung der Botschaft auf Widerstand stößt. Die Rückmeldung hat dann die Form der Klage" (S.58) und ist "ein fester Bestandteil des Botenvorgangs, der aus drei Elementen besteht: 1. Beauftragung; 2. Ausführung des Auftrags; 3. Rückmeldung" (S. 59).

Die Beobachtungen zu Jer 18,18-23 weisen nach AHUIS in die Richtung des "Vorgangs des Wartens auf das angekündigte Gericht" (S. 37). Die anschließende Untersuchung von "Klagen oder klageähnliche(n) Worte(n)..., die in die G e r i c h t s p r o p h e t i e a n d a s V o l k v o r J e r e m i a hineingehören und den Hintergrund für einen Teil der Konfessionen zu erhellen vermögen" (S.63), ergibt: "An der Stelle, wo die Gerichtsprophetie an das ganze Volk greifbar wird, bricht auch die gerichtsprophetische Klage auf, die ein Ausdruck ist für das W a r t e n a u f d a s G e r i c h t. Das Warten auf das Gericht ist der 'Sitz im Leben' für diese Klagen" (S.73). Nachdem AHUIS so "mit der Rückmeldung innerhalb des Botenvorgangs und dem Warten auf das Gericht zwei unterschiedliche Orte für die Konfessionen Jeremias beschrieben (hat)" (S.75), unternimmt er den Versuch, zu klären, "wie weit sich die beiden genannten Vorgänge in Jer 11 – 20 feststellen lassen und welche Konfession welchem Vorgang zuzuordnen ist" (S.75). Dreimal meint AHUIS die Geschehens- folge feststellen zu können, die auch den Botenvorgang bestimmt (S.112).

Da wir an dieser Stelle die Ergebnisse im einzelnen weder ausführlich behandeln noch gewichten können, seien nur die wesentlichen Punkte und Aspekte hervorgehoben, die für unsere Problemstellung wichtig sind: Grundsätz- lich sind folgende Anfragen und Einwände im Blick auf Ansatz und Methoden der Untersuchung vorzubringen: Die von AHUIS vertretene These, daß zum Bo- tenvorgang die Rückmeldung in Form einer Klage gehört, sofern die Ausrichtung der Botschaft auf Widerstand stößt, läßt sich nicht mit Belegen aus den übrigen Prophetenbüchern stützen. Auch AHUIS erkennt diese Schwachstelle: "Daß die Klage als Rückmeldung auf den Auftrag nur so selten überliefert ist", meint er jedoch damit erklären zu können, daß "die Klage nur an bestimmten Krisen- punkten der Geschichte Israels... aus der Überlieferung hervor(bricht), so daß wir der Parallelität von Not des Volkes und Not des Gerichtspropheten überhaupt die Überlieferung dieser Klagen zu verdanken hätten... Die Eigenart der Überlieferung der gerichtsprophetischen Klagen macht aber auch deutlich: Diese Klagen schweben niemals in einem luftleeren Raum konstruierter Formge- schichte, sondern sind jeweils bezogen auf sehr konkrete Krisensituationen. Wesentliche Krisensituationen in der Geschichte Israels waren das Königtum Salomos mit der Ausdehnung der Königsherrschaft nach dem Vorbild der ägyptischen Königsideologie und die Phase des zuendegehenden Königtums vor dem Exil" (S.201f). Es leuchtet aber kaum ein, konkrete Krisensituationen Israels nur für die genannten Phasen zu konstatieren. Wenn "der Parallelität von Not des Volkes und Not des Gerichtspropheten überhaupt die Überlieferung dieser Klagen zu verdanken" ist (S.212), warum sind dann nicht Klagen aus den Krisensituation Israels um 733 sowie um 722 und 701 in der prophetischen Überlieferung erhalten?

Weitere Einwände und Rückfragen sind anzumelden, wenn AHUIS für die zweite Klageform (vgl. Jer 18,18–23) den Ort dieser Klage "innerhalb des Vorgangs des Wartens auf das angekündigte Gericht" (S.37) postuliert, bzw. nachzuweisen sucht. Hier ergibt die Untersuchung des herangezogenen Materials aus der Geschichte der Gerichtsprophetie nur, daß solche Klagen "nur in sehr unterschiedlicher Form, teilweise nur in Anklängen laut werden" (S.60). Im Blick auf Jes 6,11 und Jes 8,16–18 stellt AHUIS selbst nur "Anklänge an die Klage... im Rahmen eines Eigenberichts" Jesajas fest (vgl. S.60; ferner S.67 und 69). Im

Blick auf das Beispiel I Reg 19,10-14 kann AHUIS ebenfalls nur von "kompri-
mierte(r)" bzw. "reduzierte(r) Klage" sprechen (S.65, Anm. 2).

Für Hos 9,7b-9 läßt sich nur erheben: "Die gerichtsprophetische Klage
entfaltet sich als Feindklage in der Form der Aussage (V.8) und in der Form
des Zitats der Feinde (V.7)" (S.66). Mi 3,8 meint AHUIS "als 'verdrängte' Klage
ansehen" zu können: "Das Gefühl der Überlegenheit gegenüber den Gegnern
seiner Botschaft läßt bei Micha nicht die Klage zum Ausbruch kommen bzw.
zumindest nicht an die Öffentlichkeit gelangen. Die überlieferte Form des
Prahlliedes 3,8 läßt bei Micha die Möglichkeit der Klage aber zumindest doch
erahnen" (S.71). Zu Ez 33,23-33 stellt AHUIS fest, daß sich hier in zwei Versen
Aussagen finden, "die man als ins Prophetenwort umgeformte Klagen bezeichnen
kann: V.30 und V.32" (S.72). AHUIS muß daher "versuchen, aus den untersuchten
Texten isolierte an Gott gerichtete Klagen zu machen" (S.74).

Bei einer Überprüfung der AHUISschen Argumentation ergibt sich somit nicht
nur, daß für die Klage als Rückmeldung auf die mißlungene Ausführung eines
Auftrags als außerjeremianischer Beleg allein Ex 5,22f ein Rolle spielen könnte,
sondern auch, daß für die zweite Klageform das herangezogene Belegmaterial
keineswegs überzeugt, weil es erst mühsam zurecht interpretiert werden muß,
sich also gar keine echten außerjeremianischen Nachweise für den Vollzug der
Klage im Vorgang des Wartens erbringen lassen.

Daß zahlreiche auf die Propheten direkt zurückgehende 'gerichtsprophetische'
Worte, die verschiedenen damit verknüpften Anklagen des Volks etc. nach dem
Vollzug ihrer Verkündigung früher oder später zur Verschriftung gelangen, also
in einen Tradierungsprozeß hineingeraten konnten und insofern auf uns
gekommen sind, ist schlicht deswegen plausibel, weil eben solche Worte von
vornherein für die Öffentlichkeit bestimmt waren. Sofern solchen Worten der
Anspruch außerordentlicher Bedeutung für die Allgemeinheit zuzuerkennen war,
sie deswegen auch von enormer Bedeutung im Blick auf den Wahrheitsanspruch
ihrer Träger erachtet wurden, mußte man sich mit ihnen auseinandersetzen, und,
um sie im Auge behalten zu können, auch "konservieren".

Für die von AHUIS postulierten gerichtsprophetischen Klagen kann offensichtlich nichts dergleichen veranschlagt werden, weil sie, vom Sonderfall
Jeremia abgesehen, in der Gerichtsprophetie nirgends auftauchen, obwohl nach
AHUIS "grundsätzlich... diese Weise gerichtsprophetischen Klagens während der
ganzen Geschichte der Gerichtsprophetie möglich (ist)" (S.211) und "diese beiden
Vorgänge (d.h. Botenvorgang und Warten auf Angekündigtes) allgemein mensch-
lich und nachvollziehbar (sind), wo immer Menschen beauftragt werden und wo

immer sie auf Angekündigtes warten" (S.211). Von dieser Schwierigkeit abgesehen, daß man, klassifiziert man die KT mit AHUIS als "gerichtsprophetische"
Klagen, im Jeremiabuch dann im Vergleich zur übrigen prophetischen Literatur
einen Spezialfall postulieren muß, ist mit dieser Sichtweise zudem keineswegs
geklärt, ob und wie denn im Fall des Jeremiabuches diese Texte überhaupt zur
Tradierung drängten und schließlich der durch die vollzogene Verschriftung
bewirkte Öffentlichkeitscharakter von vornherein darin angelegt war.

Das Problem, vor das uns die Konfessionen im Falle jeremianischer Herkunft
stellen, ist nicht, ob und welche Klagemöglichkeiten und Klageanlässe unterstellt
werden können. Im Blick auf seine These "der organischen Zusammengehörigkeit
von Klage und Botenvorgang" (S.58) erkennt AHUIS (so zu Jer 20,7-9) offensichtlich selber, daß genauer geklärt werden muß, "ob eine Klage wie Jer 20,7-9
über den innerhalb der Klage erkennbaren Bezug zum Auftragsgeschehen hinaus
ursprünglich zusammen mit dem Bericht von einer Beauftragung überliefert
wurde" (S.59). Dazu kann AHUIS allerdings lediglich feststellen: Im Blick auf die
unterschiedlichen Darstellungsformen für die drei Elemente des Botenvorgangs (I.
Erteilung des Auftrags; II. Ausführung; III. Rückmeldung: Klage mit Antwort
Jahwes)[56] ist "das Kontinuum zwischen den drei Elementen... nicht die Darstellungsform, sondern d e r   k l a g e n d e   G e r i c h t s p r o p h e t
s e l b s t "[57]. Wenn, wie AHUIS meint, eine Form der Klage im Jeremiabuch
ihren Ort im Botenvorgang hat, er dann aber für diese aus Jer 11 - 20 rekonstruierten Botenvorgänge im Blick auf ihre drei Elemente unterschiedliche
Darstellungsformen erkennen muß, dann läßt sich die Zusammengehörigkeit dieser
drei Elemente zwar mit einem Verweis auf das "Kontinuum" in der Person des
Propheten als Boten retten; damit ist aber keineswegs eine innere Notwendigkeit
zum Tradieren des gesamten von AHUIS postulierten Botenvorgangs nachgewiesen. Während die Darstellungsform des Eigenberichts ohne Schwierigkeiten
Tradierbarkeit impliziert, so leuchtet das für diese Form der Klagen, so wie sie

---

[56] Vgl. S. 113 Die "Erteilung und die Ausführung des Auftrages sind jeweils in
der Form des Eigenberichts überliefert, teils in Prosa-Form (K. 13; 18; 19),
teils in poetischer Form (K. 16), während die Rückmeldung jeweils in der
Form der poetisch geformten Klage... erfolgt".

[57] S.113; vgl. auch schon S.88; ferner: Die Beobachtung unterschiedlicher
Darstellungsformen ["Jer * 12,1-4 und * 13,1-10 gehören von der   S a c h e
h e r   zusammen" (S.84)] "ist nun aber kein Argument   g e g e n   die Zusammengehörigkeit von Eigenbericht und Klage, sondern ein Argument   d a -
f ü r :   Das Kontinuum... ist nicht die Darstellungsform, sondern der
k l a g e n d e   G e r i c h t s p r o p h e t   s e l b e r... (S.84), der
in den unterschiedlich tradierbaren Darstellungsformen des Eigenberichts und
der Klage seine Auseinandersetzung mit dem schweren Auftrag ausspricht"
(S.84 und 109).

im Jeremiabuch enthalten sind, keineswegs ein, selbst wenn man sich auf AHUIS'
These einlassen würde, daß beide "von der Sache her" zusammen gehören.
Wie sich der Botenvorgang im einzelnen abgespielt haben mag (Beauftragung-
Ausführung – Rückmeldung/Klage), ist eine Sache. Eine andere ist, was in
diesem Vorgang derart von öffentlichem Belang und allgemeiner Bedeutung
gewesen ist, daß es tradiert werden mußte. Die Klagen haben ihre Funktion für
den Propheten in seiner persönlichen Situation vor seinem Gott, d.h. sie haben
im Vollzug ihre Funktion erfüllt.

Die Feststellung, daß die "Eigenberichte... sowie die entsprechenden Klagen...
sicherlich bald schriftliche Form erlangt" haben (S.114), mag im Blick auf die
Eigenberichte zulässig sein. Für die Annahme einer Verschriftung der Klagen mit
dem Ziel der Weitertradierung hat man jedoch nirgends einen Anhaltspunkt.
Selbst wenn diese Klagen innerhalb der Botentätigkeit Jeremias ihren Platz
gehabt haben sollten, so gehören sie doch in ihrer persönlichen Ausrichtung auf
Jahwe, die ja auch von AHUIS zugestanden werden muß, zur Innenseite dieser
prophetischen Botentätigkeit. Daß Jeremia aber diese Innenseite nach außen
vermittelt haben müßte, geht jedenfalls weder aus der vorliegenden Formgebung
der Klagen hervor noch daraus, daß möglicherweise die Botentätigkeit den
Propheten in Konfliktsituationen mit den Adressaten der ihm auferlegten
Botschaft führte und somit auch Klageanlässe mit sich brachte.
Aber auch für die Klagen, die nach AHUIS mit dem Vorgang des Wartens auf
das Gericht in Verbindung zu bringen sind (Jer 17,14–18; 18,19–23), kann nicht
gezeigt werden, wie und woraufhin sie in einen Tradierungsprozeß geraten
konnten. AHUIS konstatiert lediglich: die Antwort "auf die Frage nach der
Traditionsbrücke... ist von dem Text selbst her zu geben: D i e   K l a g e
i s t   s e l b s t   a u f   T r a d i t i o n   h i n   a n g e l e g t . Sie
blickt aus auf das ausstehenden Gericht und wird daher v o n   d e r   S a –
c h e   h e r eine Tendenz haben, tradiert zu werden, bis das Gericht eintrifft"
(S.117; so auch S.121 und 123). Daß sich solche Klagen möglicherweise aus der
"Spannung des Wartens auf das Gericht" erheben (S.116f), mag ja durchaus
vorstellbar sein. Aber damit ist keineswegs erklärt, wie und warum in solchen
Situationen möglicherweise von Jeremia vor Jahwe gebrachte Klagen die Tendenz
enthalten, tradiert zu werden, d.h. von Jeremia entweder selbst zu verschriften
oder wie auch immer einem kleinen oder größeren Kreis zugänglich zu machen
waren. Diese Klagen haben ebenfalls lediglich für den Propheten in seiner Stellung vor Jahwe ihre Funktion; und auch hier haben sie im Vollzug vor Jahwe
für den Propheten ihre Funktion erfüllt. Die Voraussetzung für die Annahme,
daß der Prophet solche Klagen selbst zur Tradierung und damit an dritte

Personen preisgab oder zur Verfügung stellte, ist auch hier erst damit gegeben, daß sich zeigen läßt, wie und inwiefern solche Klagen auch öffentliche Funktion haben oder erlangen.

Daß der Prophet mit solchen Klagen auf das ausstehende Gericht ausblickt oder reagiert (S.117), ist ja streng auf sein Selbstverständnis vor Jahwe bezogen und hat keinerlei Öffentlichkeitsaspekt, so daß es von daher äußerst merkwürdig erscheint, diesen Klagen eine Tendenz, tradiert zu werden, zu unterstellen.

Somit bleibt auch AHUIS die Antwort auf die Frage schuldig, wie denn jener Vorgang vorzustellen ist, in dem solche Gebete mit der "Rederichtung: Prophet-Gott" (S.3) in einen Tradierungsprozeß überhaupt hineingeraten konnten.

Die Durchsicht der wichtigsten neueren monographischen Abhandlungen zu den sogenannten Konfessionen (ITTMANN und AHUIS) ergibt folglich für unsere oben[58] formulierte Fragestellung:

Man kann z.B. wie ITTMANN die Herleitung der Konfessionstexte von Jeremia damit abzusichern versuchen, daß man die unleugbaren Beziehungen, die zwischen diesen Texten und den KE-Psalmen etc. bestehen, auf die von Jeremia vorgenommene Anknüpfung an "dem Rezipienten geläufige und wohlvertraute Formen und Themen..." zurückführt. Die Differenzen zwischen beiden Textgruppen "verdeutlichen dann, wie sich Jeremia in den Konfessionen allmählich vom traditionellen Vorstellungshintergrund der Psalmen löst..." (S.189).

Sofern "sachliche Veränderungen sowie formal-sprachliche Spannungen in der Gestaltung... verschiedene Ebenen innerhalb der Konfessionen" signalisieren, kann man von einer "Beobachtung unterschiedlicher Entfaltungen des jeremianischen Anliegens" sprechen, und "mit dem Aspekt der Entwicklung die besondere Eigenart der Konfessionen" zu charakterisieren suchen sowie dann "nach ihren verschiedenen Phasen und deren Zusammengehörigkeit"[59] fragen.

Ferner kann man unterschiedliche Formen und Gedankenführung in den KT so auffassen, daß sich darin "eine Veränderung auf der Ebene eigener (Jeremias) Einschätzung"[60] ausdrückt. Insofern sind die Konfessionen "verstanden als ein Dokument der prophetischen Entwicklung"[61].

Selbst wenn man diese Einschätzung als zutreffend akzeptieren würde, – mit dem Verweis auf eine "Vorgeschichte der Konfessionen", mit der die zahlreichen Berührungspunkte zwischen diesen Texten und KE-Psalmen sowie anderen Klagen

---

[58] Siehe oben S.1f.
[59] ITTMANN, Konfessionen, S.190.
[60] ITTMANN, a.a.O., S.192.
[61] ITTMANN, a.a.O., S.196.

erklärt werden können, ebenso wie mit dem Versuch, Entwicklungsstadien der KT selbst sowie damit zusammenhängend Entwicklungen im Selbstverständnis des Propheten auszumachen, hat ITTMANN nur gezeigt, daß die KT auf die prophetische Existenz Jeremias bezogen und mit ihr in Einklang gebracht werden k ö n n e n ; ein solcher Befund bleibt jedoch zweideutig; er beweist gar nichts für die vorausgesetzte Annahme jeremianischer Verfasserschaft oder Herkunft, solange nicht eindeutig geklärt ist, wie solche "in der Form des Gebets"[62] gehaltenen Äußerungen überhaupt zum Traditionsgut werden konnten.

Daß diese Texte eine Vorgeschichte haben, daß sie möglicherweise verschiedene Entwicklungsstadien, was die Aussagen zur äußeren wie zu inneren Situation Jeremias betrifft, andeuten, kann ebensogut, wie man Jeremia selbst dafür in Anspruch nehmen zu können meint, damit erklärt werden und damit zusammenhängen, daß wie auch immer zu identifizierende Autoren diese Texte geschaffen haben, ohne in einer direkten Beziehung zum Propheten zu stehen, und daß sie nachträglich Jeremia in den Mund gelegt wurden,[63] weil diesen Autoren die Gestalt des Propheten im Blick auf die darüber zur Verfügung stehenden Informationen und Traditionen besonders geeignet schien, darauf ihre eigenen theologischen Fragestellungen und deren Bewältigungsversuche zu fixieren.[64]

Auch was AHUIS aufgezeigt hat, ist lediglich, daß es bestimmte "Notsituationen" für Jeremia gegeben haben kann, die Anlaß zur Klage vor Jahwe boten. Daß man für die notvolle prophetische Existenz Jeremias solche Klagesituationen zugesteht und (warum nicht?) auch damit rechnet, daß sich ein Jeremia betend und klagend etc. an Jahwe gewendet haben kann, ist jedoch nicht der springende Punkt. Der springende Punkt ist vielmehr, wie und ob solche möglicherweise vor Jahwe vollzogenen Gebete im Blick auf ihre ganz persönliche Ausrichtung ins Licht der Öffentlichkeit geraten konnten und somit ihren Traditionsprozeß erst ermöglichten. Selbst wenn man für die Konfessionen den einen oder anderen Sitz im Leben – nach AHUIS: "Notsituationen" – rekonstruiert, die entsprechenden Vorgänge, in denen die Klagen ihren Ort haben können, sind im Blick auf Aussagerichtung und Formgebung (Gebet) der Klagen ebensowenig "öffentliche" Vorgänge, wie die Klagen selbst in die Öffentlichkeit und damit in einen Tradierungsprozeß drängen. Öffentlichkeitscharakter hätten die Konfessionen erst in ihrer Verknüpfung mit der öffentlichen Verkündigung Jeremias er-

---

[62] ITTMANN, a.a.O., S.189.
[63] Die Möglichkeit, "daß erst die Redaktion dem Gerichtspropheten Klagen in den Mund gelegt hat", sieht auch AHUIS (vgl. a.a.O., S.4).
[64] Vielleicht sind ähnliche Vorgänge für die Textentwicklung von Jes 12,1–3; Jes 24 – 27; 63 und 64; Mi 7; Hab 1 und 3; Jona 2 zu veranschlagen.

halten. Aber eine solche Verknüpfung im Vollzug der Verkündigung aufzuzeigen
in der Weise, daß deutlich wird, wie diese Klagen in aller Öffentlichkeit
möglicherweise im Zusammenhang der Gerichtsankündigung vorgebracht wurden,
gelingt auch AHUIS nicht.

3. Ergebnis und Folgerungen

Das implizit bereits bei WELLHAUSEN angedeutete Problem, wie man sich bei
jeremianischer Herleitung der "Konfessionen" überhaupt die Aufnahme dieser
Texte in einen Tradierungsprozeß vorstellen soll, wird zwar in den einschlägigen
Untersuchungen wahrgenommen, aber bisher zeichnet sich nirgends eine Lösung
ab.

Entweder unterstellt man den "Konfessionen" schon im Bewußtsein Jeremias
"eine über die eigene Erfahrung hinausgreifende Allgemeingültigkeit"[65] oder man
versucht ihren Stellenwert mit dem Prädikat von "öffentlichem Belang"[66] zu
erfassen oder man schreibt ihnen pauschal "Verkündigungscharakter" zu,[67] um zu
erklären, warum sie aus ihrem ursprünglichen Sitz im Leben (Gebetsvollzug)
überhaupt in einen Tradierungsprozeß entlassen wurden.

Jedoch steht einer solchen Einschätzung die Aussageform und -intention der
Gebete deutlich entgegen, weil sie als an Jahwe gerichtete Gebete charakterisiert sind, wie man sie sich nur aus dem Munde Jeremias in persönlichen
Notsituationen im direkten Vollzug vor Jahwe vorstellen kann. Diese Gebete
haben deutlich ihre Funktion in der persönlichen Gebetssituation selbst, d.h. als
ihr "Sitz im Leben" ist auf der mündlichen Ebene der Vollzug vor Jahwe vor
Augen gestellt. Es fehlen jegliche Anzeichen in der Richtung, daß diese Gebete
jetzt für andere eine tröstende, unterweisende oder vorbildliche, also orientierende Funktion wahrnehmen sollen. Aus den "Konfessionen" selbst wäre
lediglich zu entnehmen, daß Jeremia die reinen Gebete übermittelt hätte. Worauf
aber zielte der Prophet mit einer bloßen Übermittlung dieser Gebete ab?

Unterstellen wir einmal: Jeremia befindet sich aus Gründen seines gerichtsprophetischen Wirkens in einer Notsituation. Er wendet sich daraufhin mit seinen
Problemen etc. direkt an Jahwe. Hier vollziehen sich seine Gebetsgedanken, hier
finden sie ihre sprachliche Form. Geht der Prophet nun direkt im Anschluß an
diese Gebetssituation zu seinen Vertrauten, um ihnen darüber zu berichten?

---

[65] STOEBE, siehe oben S.6f.
[66] HUBMANN, siehe oben S.8.
[67] ITTMANN, siehe oben S.9ff.

Sollten über seine nach außen sichtbaren Probleme hinaus, wie sie mit seiner Verkündigungstätigkeit verbunden waren, gerade auf diese Weise auch noch die persönlichen Zweifel und Probleme vorgestellt werden? Oder soll man sich den Vorgang so vorstellen, daß der Prophet nach dem Gebetsvollzug jeweils für sich privat schriftlich fixiert, was er gebetet hat? Aber wozu? Zur Selbstkontrolle? Oder weil er sich alles von der Seele schreiben wollte? Wollte er so die Möglichkeit haben, hin und wieder nachzulesen und zu kontrollieren, welche Entwicklung er in seinem persönlichen Gebetsleben durchgemacht hat? Hielt er es dann zu irgendeinem Zeitpunkt für angebracht, dritten, vielleicht Baruch oder anderen Vertrauten, diese persönlichen Notizen zugänglich zu machen, oder gerieten sie diesen Vertrauten später rein zufällig in die Hände?

Auch all diese Möglichkeiten sind, wie wir gesehen haben,[68] erwogen worden. Entweder rückt man die "Konfessionen" in die Nähe rein ästhetisch–emotionaler Äußerungen, in denen sich "seine (des Propheten) dichterische Individualität ausgewirkt hat"[69], "um sich sein gequältes Herz zu erleichtern"[70] oder man unterstellt, daß der Prophet über seine ureigenen Erfahrungen mit Gott reflektiert und deswegen, weil ihm dabei der paradigmatische Charakter dieser Erfahrungen aufgeht, diese Gebete festhält.[71]

Hält man an der jeremianischen Herkunft der "Konfessionen" fest, so wird man m.E. auch nur in dieser Richtung spekulieren können, wenn man nach den Gründen fragt, warum solche Privatgebete überhaupt fixiert wurden und somit auf uns kommen konnten.[72] Daß die Weitergabe der Klagegebete an Dritte oder ihre private Notierung dann letztlich in einem ursächlichen Zusammenhang damit gesehen werden muß, daß der Prophet diese Gebete über ihren Vollzug vor Jahwe hinaus als Mittel der Selbstbetrachtung[73] und auch Selbstdarstellung

---

[68] Siehe oben S.4ff.
[69] BAUMGARTNER, Klagegedichte, S.91.
[70] BAUMGARTNER, a.a.O., S.86; vgl. ähnlich RUDOLPH, Jeremia, S.130.
[71] So BLANK, vgl. oben S.7.
[72] Im Blick auf die babylonisch–assyrische Gebetsliteratur stellt GERSTEN-BERGER (Der bittende Mensch) fest: "Für echte Privatgebete, falls es solche gegeben hat, lag keinerlei Anlaß zur literarischen Konservierung vor" (S.67).
[73] Auch HERMISSONs jüngste Ausführungen (1987) bewegen sich noch weitgehend in diesem Rahmen: Die KT haben die "Funktion, die Kehrseite, die 'Innenseite' der Unheilsverkündigung im Amt des Propheten zu zeigen. Stammen sie von Jeremia, so sind sie zuerst Texte der Selbstverständigung des Propheten über sein Amt. Sie sind ja – bis auf den kleinen Hymnus 20,13 – nirgends nach außen gewandt formuliert, aber sie sind eine Rechtfertigung des Propheten in seinem Amt vor Jahwe" (a.a.O., S.342). Immerhin schließt HERMISSON die Möglichkeit nicht aus, daß "sie auch mit diesem Sinn von vornherein der F r e m d deutung des Propheten dienen sollten und von anderen abgefaßt waren" (ebd.).– Ähnlich DIAMOND: "A firm conclusion concerning the authenticity problem is hard to reach. On balance, it may be

versteht, wirft allerdings die Frage auf, ob man so dem geistesgeschichtlichen Ort eines antiken Menschen wie Jeremia noch angemessen Rechung trägt. Wenn man diesem Propheten unterstellt, daß er selbst im Blick auf sein Beten vor Jahwe darin zugleich auch die Möglichkeit der Selbstreflexion und Selbstdarstellung erkannt habe, daß er also in diesem Sinne eine explizite private und zugleich implizite öffentliche Funktion seiner Gebete vor Augen hatte, so bedeutet das ja, daß er zwischen der Außenwirkung seiner Person und seiner Innerlichkeit differenziert hätte. Man müßte also annehmen, daß er sich deswegen in dieser Weise ergänzend selbst dargestellt hätte, also die Außenwirkung seiner Person als Verkünder des Jahwewortes mit Einsichten über seine innere Konstitution vervollständigen wollte, weil es ihm dabei um das bessere Verständnis seiner selbst ging und er nur so in seiner Eigentlichkeit, in seiner Person als Ganzheit erkannt, wahrgenommen und gewürdigt sein wollte. Damit wäre zugleich vorausgesetzt, daß der Prophet sich in dieser Richtung von seiner Außenwelt in Frage gestellt oder falsch eingeschätzt empfand. Die Komplettierung seiner Außenseite hätte dann letztlich die Sicherstellung seiner Inidividualität und die Vervollständigung seines Persönlichkeitsbildes zum Ziel.

Wenn man eine solche Sichtweise anwenden muß, um überhaupt die Herleitung der "Konfessionen" vom historischen Jeremia nachvollziehen zu können, so darf man dabei allerdings nicht übersehen, daß man damit dem Propheten um die Wende vom 7. zum 6. Jahrhundert v.Chr. unterstellt, bei ihm sei schon, wie sonst erst typisch für die Zeit des Hellenismus, "das Gefühl der Einheit des Individuums mit Umgebung und Welt... dem Bewußtsein des Gegensatzes, der Unabhängigkeit und Selbständigkeit gewichen"[74].

Da man bei einem Versuch, die KT von Jeremia selbst herzuleiten, letztlich auf Grund geistesgeschichtlicher Erwägungen in unlösbare Schwierigkeiten geraten muß, liegt es m.E. zwingend nahe, jetzt die ja auch sonst für andere Texte des Jeremiabuches zugestandene Möglichkeit ins Auge zu fassen, daß die fraglichen Textpassagen dem Propheten erst sekundär zugeschrieben worden sind.[75]

---

more straightforward to affirm their basic authenticity... Still, one is left with only an assumption that the prophet must have perceived wider significance in these prayers in order to account for their preservation within the tradition" (The Confessions, 1987, S.190).
[74] Vgl. WENDLAND, Die hel.-röm. Kultur, 1912, S.45.47f, zitiert bei HENGEL, Judentum, S.215.
[75] Vgl. z.B. schon B.STADE, Geschichte des Volkes Israel, Bd. I, Berlin 1887, S.676; B.DUHM, Das Buch Jeremia (KHC 11), Tübingen–Leipzig 1901, S.113.114.147.158f (DUHM verweist auf "jenen Gegensatz zwischen den Frommen und den glücklichen Gottlosen", "der recht eigentlich das Hauptpro-

Für diese Sichtweise, die allerdings in jüngster Zeit nicht gerade sehr häufig vertreten wird, spricht, daß hier die eben vorgeführten Schwierigkeiten wegfallen. An den Texten ist dann nicht mehr abzulesen, wie Jeremia sich selbst sieht oder darstellt, sondern wie er von denen gesehen wird, die sich solche Worte in seinem Munde vorstellen. Entsprechend ist zu klären, welches Anliegen die hinter diesen Texten stehenden Verfasserkreise vertreten.

---

blem der nachexilischen Dichter ist" [so zu Jer 12,1-6, a.a.O., S.114; vgl. auch zu Jer 18,22f]); G.HÖLSCHER, Die Profeten, Leipzig 1914, S.396-399 (HÖLSCHERs wichtigstes Argument ist, daß es sich bei den KT um psalm-artige Partien handelt, deren "Voraussetzungen offenbar keine anderen sind, als die der meisten Klagepsalmen" [a.a.O., S.399]; vgl. auch zu Jer 12, 1-6: "Von den Zukunftserwartungen Jeremias aus ist das hier behandelte, für die nachexilischen Frommen typische Problem nicht zu erklären" [a.a.O., S.397]).

II. DIE "KONFESSIONEN" – ZEUGNISSE EINER GLAUBENSKRISE

1. Problemanzeige – Die Frage der literarischen Einheitlichkeit

Sieht man sich diejenigen Untersuchungen an, in denen von einer Herleitung der "Konfessionen" von Jeremia selbst abgesehen wird,[1] so stellt sich allerdings heraus, daß man im Blick auf das Anliegen der KT deswegen noch keine Übereinstimmung erzielen konnte, weil der Textcharakter der KT selbst wiederum verschiedene Auslegungsmöglichkeiten zuzulassen scheint. Während man auf der einen Seite die KT als aus "Elementen des KE und anderer Psalmengattungen"

---

[1] Vgl. E.GERSTENBERGER, Jeremiah's Complaints; A.H.J. GUNNEWEG, Interpretation; P.WELTEN, Leidenserfahrung; R.P.CARROLL, Chaos, S. 107-135; J.VERMEYLEN, Redaktionsgeschichte; vgl. auch F.STOLZ, Psalm 22; ders., Psalmen im nachkultischen Raum, S.66f.- Zu den Hauptargumenten, die nach GERSTENBERGER, CARROLL und VERMEYLEN gegen jeremianische Verfasserschaft sprechen vgl. unten Anm. 4!- GUNNEWEG erkennt, daß die jeremianische Herkunft der KT nur dann vertretbar ist, wenn man eine psychologisierende Auslegung anwendet. Er weist darauf hin, daß man für die Klagepsalmen, in denen die KT "der Gattung nach vielfache Parallelen...haben", in Frage stellen muß, daß "Lieder dieser Gattung heute noch als Ausdruck individueller, persönlicher Erlebnisse, innerer Seelenkämpfe und eines Ringens mit Gott aufgefaßt werden" können und daß "in dem Ich solcher Lieder wirklich das individuelle Ich hebräischer Dichter zu uns" spricht (a.a.O., S.398). Muß man hier "das Stereotype der Diktion..., die Wiederholung und Häufung der Motive, die liturgische Prägung von Sprache und Gedankenduktus" als "Argumente gegen Sinn und Möglichkeit einer psychologischen Deutung" werten, so kann das nach GUNNEWEG "nicht ohne weitreichende Folgen für das Verständnis auch der Konfessionen Jeremias bleiben, denn hier begegnen ja eben dieselbe Gattung, dieselbe Diktion und dieselben stereotypten Wendungen. Sind die Klagelieder nicht als lyrische Herzensergüsse zu deuten, sollte Jeremia dann diese Gattung übernommen und gebraucht haben, um in dieser literarischen Form, die darauf gar nicht angelegt war, sein Herz auszuschütten und sein 'Persönlichstes' auszusprechen?" (a.a.O., S.398). Für GUNNEWEG sind die KT "Interpretationen von Jeremias Verkündigung und Person" (vgl. a.a.O., S.399 und S.412). "Indem sie Jeremia das exemplarische Ich der Klagepsalmen in den Mund legen, deuten sie Jeremias prophetische Existenz als die Existenz des exemplarisch leidenden und betenden Gerechten" (a.a.O., S.412).- Weithin in Übereinstimmung mit GUNNEWEG auch WELTEN (vgl. Leidenserfahrung, S. 137-145); vgl. aber auch unten S.28, Anm.5!

einheitlich "komponierte Stücke"[2] auffaßt, so daß man, da "sich die Psalmele-
mente längst von ihrem primären Sitz im Leben gelöst haben, ... an der Vielfalt
der Formen nicht Anstoß nehmen dürfe(n)"[3], meint man auf der anderen Seite,
dieser Vielfalt der Formelemente besser gerecht zu werden, indem man die
These einer einheitlichen Komposition aufgibt und verschiedene redaktionelle
Bearbeitungsstufen darin zu erkennen sucht.[4] Strittig ist also, ob unsere Texte
mehr oder weniger aus einem Guß entworfen sind oder ob ihnen ein mehrstufi-
ger Wachstumsprozeß zu Grunde liegt. Beide Sichtweisen führen natürlich zu
unterschiedlichen Einschätzungen der Aussageintention der KT.[5] Zwar besteht

---

[2] WELTEN, Leidenserfahrung, S.144f; vgl. schon GUNNEWEG, Interpretation, passim.
[3] Vgl. WELTEN, a.a.O., S.144.
[4] Vgl. VERMEYLEN, Redaktionsgeschichte: "Chacune des cinq 'confessions' est
     le fruit d'une croissance organique, motivée à la fois par la réflexion sur la
     destinée du prophète et les textes qui la rapportent, et par l'évolution de la
     situation des lecteurs successifs: le drame intérieur de l'époque exilique
     (Dtr), puis la détresse de la communauté pieuse du second Temple (première
     rédaction postexilique), enfin la radicalisation du conflit entre cette
     communauté et les 'impies' (second rédaction postexilique)" (S.268f). Mit
     dieser Sichtweise berührt sich CARROLLs Auffassung insofern, als auch er
     verschiedene Interpretationsschichten ausmachen zu können meint: "This
     polyvalent material therefor allows a wide latitude of interpretation: it is
     the outpouring of Jeremiah's own confessions, it is the redactor's shaping of
     those confessions, it is the community's response to the tragedy, it is the
     laments of various sixth-century groups, it is a later presentation of the
     community's responses to grief under the image of the prophet, or it is even
     a theologization of the divine suffering brought about by the destruction of
     the people" (Chaos, S.260f; vgl. auch S.123); vgl. auch schon GERSTENBER-
     GER, Jeremiah's Complaints.- Sukzessive Anreicherungen, bzw. redaktionelle
     oder kompositionelle Erweiterungen meinen auch die Vertreter jeremianischer
     Herkunft der ursprünglichen KT aufzeigen zu können (vgl. HUBMANN,
     Untersuchungen, S.72.165.296 u. ö.; ITTMANN, Konfessionen, S.53; vgl. auch
     THIEL, Redaktion 1-25, S.157ff).
[5] Obwohl sie in der Einschätzung des Textcharakters weitgehend übereinstim-
     men, gelangen allerdings auch GUNNEWEG (Interpretation) und WELTEN
     (Leidenserfahrung) zu voneinander abweichenden Urteilen im Blick auf eine
     historische und theologische Standortbestimmung der "Konfessionen". Die für
     die "Konfessionen" zuständigen Interpreten stehen nach GUNNEWEG in der
     Nähe der Deuteronomisten. Das folgert GUNNEWEG daraus, daß die in den
     "Konfessionen" enthaltenen Rachegebete "den Gegensatz zwischen Gerechten
     und Ungerechten" aufreißen und sich insofern die Interpreten zu den
     Gerechten zählen (vgl. a.a.O., S.408f). "... diese Gerechten verstehen sich
     darum und darin als gerecht, daß sie Jeremias Verkündigung bejahen, d.h. die
     eingetretene Katastrophe als Erfüllung von Jahwes Wort und als verdientes
     Gericht verstehen" (a.a.O., S.413). Diese Auffassung, daß die Katastrophe von
     587 die Erfüllung des vorher ergangenen Jahwewortes sei, begegne bekannt-
     lich auch im deuteronomistischen Geschichtswerk. "Aus der polemischen
     Heftigkeit, womit in den Rachegebeten diese Interpretation vorgetragen
     wird", sei zu schließen, "daß diese Geschichtsdeutung den von der Katastro-
     phe Betroffenen keineswegs selbstverständlich war" (a.a.O., S.413;). Während
     GUNNEWEG somit die KT im engen Zusammenhang mit den Bemühungen
     entstanden sieht, nach 587 die widerfahrene Katastrophe theologisch zu

Übereinstimmung darin, daß sich die jeweiligen Autoren und die von ihnen repräsentierten Kreise in der Gestalt des Jeremia wiederzuerkennen suchen und sich mit ihr identifizieren. Aber es ist klar: Sind die KT jeder für sich sukzessive entstanden und ist dementsprechend von verschiedenen, auch zeitlich auseinanderzurückenden Autoren auszugehen, dann enthalten sie eben keine einheitliche Charakterisierung "Jeremias" und seiner Situation; dann liegt hier nicht der Versuch eines eingrenzbaren Personenkreises vor, sich mit Jeremia zu identifizieren und die geistig religiösen Fragestellungen der eigenen Situation auf diesen Propheten zu projizieren. Die Texte sind dann das Ergebnis wiederholter Versuche, sich aus verschiedenen Anlässen und auf unterschiedliche Weise im Verlauf der exilisch/nachexilischen Glaubenskrisen je und je an Jeremia zu orientieren.[6]

Welcher Sichtweise ist der Vorzug zu geben? Daß es gleichermaßen Anhaltspunkte dafür gibt, daß die KT in einem Wurf erstellt wurden, wie auch dafür, daß sie erst sukzessiv in ihre jetzige Textgestalt gebracht wurden, läßt sich nicht bestreiten. Der oft inkohärente Textcharakter der "Konfessionen" scheint zwar von vornherein für die Annahme einer sukzessiven Entstehung zu sprechen. Daß man aber dennoch auch an von einer Hand entworfene Kompositionen denken kann, erhellt daraus, daß für zahlreiche den KT verwandte Psalmen solche Inkohärenzen ebenfalls charakteristisch sind und hier die Auflösung strenger Formen keineswegs mit einer sukzessiven Entstehung solcher Psalmen zusammenhängt. Hier mag ein Verweis auf die sogenannten alphabetischen Psalmen genügen. Sie sind deutlich kompositionell von einer Hand erstellt worden.[7] Man hat längst erkannt, daß es sich hier um "gelehrte Schreibtischkompositionen"[8] handelt, "die Anleihen bei den verschiedensten literarischen Gattungen machen"[9]

---

bewältigen, meint WELTEN, in den KT den "Ansätzen einer Armenfrömmigkeit" zu begegnen (a.a.O., S.147). "Es sprechen Menschen, die sich als unschuldig Leidende an der Leidensgestalt Jeremias trösten, der mit der Einfügung der Konfessionen in den Kontext des Buches einer der ihren wird" (a.a.O., S.147). "Der so interpretierten Gestalt Jeremias kommt eine besondere Funktion zu. Die Darstellung des leidenden Propheten als eines Gerechten macht deutlich, daß der unmittelbare Zusammenhang von Tun und Ergehen durchbrochen ist. Die bedrängten Frommen der späteren nachexilischen Zeit können sich an der Gestalt des leidenden Jeremia trösten. So wie dessen Leiden gerade nicht Zeichen eines ungeordneten Gottesverhältnisses ist, so sind es auch die Leiden jener bedrängten Menschen der politisch und wirtschaftlich schwierigen nachexilischen Zeit nicht" (a.a.O., S. 149f).
6   Vgl. VERMEYLEN, dazu oben Anm.4.
7   Vgl. Ps 9/10; 25; 119.
8   Vgl. BECKER, Wege der Psalmenexegese, S.77.
9   BECKER, a.a.O., S.77.

und bei denen "gattungsfremde Elemente formaler und inhaltlicher Natur Eingang finden"[10].

Einer Aufklärung des wirklichen Sachverhalts und Entscheidung zwischen beiden Möglichkeiten kann man m.E. nur näher kommen, indem man überprüft, ob die Aussagerichtungen der KT und ihrer Teilelemente bei einer synchronen Betrachtungsweise stimmig zur Deckung kommen oder ob hier unübersehbare und unaufhebbare Divergenzen auftauchen und somit eine diachrone Betrachtungs-weise naheliegt. Folgende Leitfragen sollen bei der Durchsicht der Texte als Beurteilungskriterien dienen:

a) Wie stellt sich das Verhältnis des in den KT charakterisierten Beters zu seinem Gott dar?
b) In welchem Verhältnis werden die Gegner des Beters zu Gott gesehen?
c) In welchem Verhältnis steht der Beter zu seinen Gegnern?

Von der Beantwortung dieser Fragen hängt es zugleich ab, wie der Problem-horizont der KT abzustecken ist.

2. Zum Problemhorizont der "Konfessionen"

Zu a): Wie stellt sich das Verhältnis des Beters zu seinem Gott dar?

Des Beters Einstellung zu Gott wirkt gespalten. Er sieht einerseits in Jahwe den gerechten Richter (Jer 11,20; Jer 12,1.3; Jer 20,12); Jahwes Wort ist seine Speise und seine Freude, er weiß Jahwes Namen über sich genannt (Jer 15,16); Jahwe ist sein "Ruhm" (Jer 17,14), seine Zuflucht (17,17), er ist für ihn der starke Held (20,11); der Beter kann an Jahwe appellieren, ihm seine Not vortragen und Errettung, Hilfe, Heilung etc. erhoffen und schließlich zum Lobpreis Jahwes auf-fordern (Jer 11,20; Jer 12,1ff; Jer 15,15; Jer 17,14.18; Jer 18,19ff; Jer 20,12). Von Jahwes Verhalten ihm selbst gegenüber weiß der Beter, daß Jahwe ihn "infor-miert" (Jer 11,18), daß er ihn kennt und prüft (Jer 12,3; Jer 15,15), ihn mit seiner Hand gepackt hat (Jer 15,17), um seine Gefährdung zum Tode weiß (Jer 18,23), daß Jahwe ihn "ergriffen hat" (Jer 20,7).

---

[10] BECKER, a.a.O., S.80.

Andererseits ist der Beter im Blick auf das eigene Geschick und das Wohler-
gehen seiner Gegner in Zweifel und Anfechtungen geraten. Daß nicht er, obwohl
er sich zu den Gerechten zählt (Jer 20,12 und Jer 11,20), sondern die bösen
Gegner von Jahwe zuschanden gemacht werden, ist ihm durchaus nicht mehr
selbstverständlich; er muß Jahwe in dieser Richtung anmahnen (Jer 17,17f). Ja,
er scheint zu befürchten, daß das in seinen Augen schuldhafte Verhalten der
Gegner ungesühnt bleibt (Jer 18,23); er muß um Jahwes Aufmerksamkeit und
Beachtung nachsuchen (Jer 18,19; Jer 15,15). Jahwe erscheint ihm sogar als
trügerisch und unzuverlässig (Jer 15,18); er sieht sich von Jahwe getäuscht und
ausgenutzt (Jer 20,7).

Allen KT[11] ist also gemeinsam, daß hier ein Beter vor Augen gestellt wird,
der trotz seiner Frömmigkeit seinen Gott als fremd erfährt und sich dieses
Gottes nicht sicher ist. Er leidet darunter, daß sich sein Geschick und seine
Stellung vor Jahwe vom Geschick seiner Gegner nicht nur nicht unterscheidet;
er muß sogar erkennen, daß es diesen Gegnern besser geht als ihm selbst. Diese
Diskrepanz zwischen Tun und Ergehen ist sein Problem, um dessen Lösung er in
seinen Klagegebeten vor Jahwe ringt. Insofern steht der Beter in einem inneren
Konflikt zu Jahwe.

Zu b): In welchem Verhältnis werden die Gegner zu Gott gesehen?

Die Gegner erscheinen aus der Sicht des Beters als Gottlose ($r\check{s}^c ym$ Jer 12,1)
und Abtrünnige ($bgdym$ Jer 12,1); sie haben Jahwe verlassen (Jer 17,13), halten Jahwes Wort für unzuverlässig (Jer 17,15) und spotten darüber (Jer 20,8); sie
sind voller Schuld (Jer 18,23), schmähen den Jahwetreuen (Jer 15,15), sind
dessen Verfolger (Jer 15,15; Jer 17,18; Jer 20,11). Sie unterscheiden sich vom
Beter dadurch, daß sie Jahwe nur im Munde führen, ihn aber nicht im Herzen
haben (Jer 12,2). Sie können sich auf die klassischen Institutionen des Jahweglaubens, die Tora des Priesters, den Rat der Weisen und das Wort des
Propheten berufen (Jer 18,18), und sie tun das, um von daher Handhabe gegen
den Beter zu haben.

Die Gegner erscheinen somit durchweg als Anhänger des Jahweglaubens. An
keiner Stelle in der Skala der Vorwürfe und Anklagen spielt das sonst in
zahlreichen Texten des Jeremiabuchs verhandelte Thema der Fremdgötterverehrung eine Rolle. Ihr Jahweglaube ist jedoch in den Augen des Beters oberfläch-
lich. Er steht jedenfalls in der Ausprägung der Gegner im Widerspruch zu den

---

[11] Mit Ausnahme von Jer 20,14–18; vgl. dazu unten Anm.13!

Überzeugungen des Beters. Der damit angezeigte Konflikt zwischen dem Beter und seinen Gegnern erschließt sich uns deutlicher, wenn wir der dritten Frage nachgehen:

Zu c): In welchem Verhältnis stehen die Gegner zum Beter?

Die Einstellung der Gegner zu ihm selbst charakterisiert der Beter dahingehend, daß sie gegen ihn heimtückische Anschläge planen (Jer 11,19; Jer 18,18.22f; Jer 20,10; Jer 12,6); sie sind seine Verfolger (Jer 15,15; Jer 17,18; Jer 20,11), die ihm nach dem Leben trachten (Jer 11,21; Jer 15,20; Jer 18,23), die ihn genau beobachten (Jer 18,18); sie lassen das vom Beter vertretene Wort Jahwes nicht zu (Jer 11,21; Jer 15,15f; Jer 20,8) oder wollen es nicht ernst nehmen (Jer 17,15) oder setzen dagegen die Institutionen des Priestertums etc. Jer (18,18). Diese Gegner finden sich unter den Bekannten (Jer 11,21; Jer 20,10) und unter seinen Verwandten (Jer 12,6; Jer 20,10[?]). Sie haben Kontakt zur religiösen Führungs- schicht oder gehören ihr selbst an (Jer 18,18). Sie können als "Böse" und "Tyrannen" qualifiziert werden (Jer 15,21; Jer 20,13). Ihr Weg ist erfolgreich, sie stehen auf sicherem Boden, während der Beter selbst als der Gerechte sich in großen Schwierigkeiten befindet (vgl. Jer 12,1b.2a).[12]

---

[12] Vgl. Jer 17,13ff; eine andere Einschätzung artikuliert sich in Jer 17,5-10, wenn dort festgehalten werden kann, daß die "Gottlosen" am kommenden Guten keinen Anteil haben werden.- Zu erwägen ist, ob nicht auch Jer 15,17 *mśḥqym* als Charakteristikum für die gegnerische Position veranschlagt werden kann: Der leidende Jeremia dagegen fühlt sich von Jahwes Hand getroffen (15,17b), fühlt sich unter seinem Zorn (15,17bß).- Hier muß sich keineswegs die Vorstellung ausdrücken, daß sich der Prophet mit dem von Jahwe auf das Volk etc. konzentrierten Zorn angefüllt weiß (so HUBMANN, Untersuchungen, S.276ff). Der Sprachgebrauch von *mlʾ* pi. (vgl. Job 8,21; Ps 83,17[!]; Jer 13,13 u.ö.) und der Bedeutungsgehalt von *zʿm* (= immer nur als Zorn Jahwes verstanden, der für den, der damit in Berührung kommt, bedrohlich und verderblich ist!- Vgl. Jes 26,20; Jer 10,10; Ez 21,36[!]; Ez 22,31; Zef 3,8; Nah 1,6; Ps 38,4; Ps 69,25; Ps 78,49; Ps 102,11) sowie die Weiterführung dieser Aussagen in v.18 sprechen deutlich genug dafür, daß der einsame Jeremia hier der von Jahwe Geschlagene ist, während andere fröhlich sein dürfen (15,17a). – Vielleicht ist aus Jer 15,10b zu folgern, daß die hier von Jeremia abgelehnten Praktiken eben die seiner Gegner sind, sie also im wirtschaftlichen Bereich die Praktiken anwenden, die zu großem Wohlstand führen, bzw. nur aus der Position des wirtschaftlich Erfolgreichen möglich sind. Der "Jeremia" der KT selbst rechnet sich nach Jer 20,13 zu den "Armen".

Als Ergebnis ist festzuhalten: In allen Texten[13] bleibt der Beter derselbe; er bleibt es in seinem Verhältnis zu Jahwe und im Blick auf sein Verhältnis zu den angesprochenen Gegnern. Die innere und äußere Konfliktsituation des Beters (der Konflikt mit Jahwe und der Konflikt mit den Gegnern) bleibt konstant. Auch die Gegner des Beters, wie sie in den KT charakterisiert werden, bleiben sowohl im Blick auf ihr Verhältnis zu Jahwe als auch im Blick auf ihr Verhältnis zum Beter durchweg dieselben.

Damit sind m.E. genügend Argumente dafür gewonnen, daß diese Texte auf synchroner Ebene auszulegen sind. Wir können dabei auf oben vorgetragene Beobachtungen zurückgreifen.

Die KT thematisieren eine doppelte Konfliktsituation. Diese in die Texte hineinprojizierte Konfliktsituation erlaubt Rückschlüsse auf die geistig-religiösen Fragestellungen, mit denen sich diejenigen Kreise auseinanderzusetzen hatten, aus deren Hand die KT stammen.

Zum einen befinden sich diejenigen, die mit den KT die Gestalt des Jeremia charakterisieren, mit ihren Glaubensüberzeugungen in einem scharfen Gegensatz

---

[13] Lediglich Jer 20,14-18 sperrt sich thematisch und formal gegen eine Zuordnung zu den übrigen KT. Denn hier bewegt den Sprecher nirgends die Frage nach seinem Verhältnis zu Jahwe. Entsprechend unterscheiden sich die hier formulierten Äußerungen von denen der übrigen KT darin, daß hier nicht, wie das dort durchweg der Fall ist, Jahwe als Appellationsinstanz in Anspruch genommen wird. Da zudem, wie sich soeben ergeben hat, sonst in den KT der Beter jeweils besonders über die Anfeindungen und Nachstellungen ihm feindlich gesonnener Kreise klagt, dagegen in Jer 20,14-18 überhaupt nichts über eine solche Konfliktsituation verlautet, steht somit in 20,14-18 insgesamt eine Gestalt vor Augen, die in keinerlei Hinsicht an den Beter der vorausgehenden KT erinnert. Es ist daher zu fragen, ob die jetzt vorliegende Textfolge Jer 20,8-13.14-18 allein noch die Annahme rechtfertigen kann, daß der Sprecher beider Textheiten ein und derselbe ist. Jedenfalls ist in 20,14-18, wie ITTMANN zutreffend feststellt (vgl. Konfessionen, S.26), "der Bereich der Konfessionen verlassen, in dem Reflexionen über feindliches Verhalten und dessen Konsequenzen für den Propheten sowie für sein Verhältnis zu Gott im Mittelpunkt stehen". Wir können daher im folgenden darauf verzichten, Jer 20,14-18 in unsere weiteren Untersuchungen näher miteinzubeziehen. Die Frage, auf welche Weise und in welcher Absicht die merkwürdige Textfolge 20,8-13.14-18 zustande gekommen ist, soll ausführlich in einer speziellen Studie behandelt werden. Wir beschränken uns hier nur auf wenige Hinweise: M.E. deutet alles daraufhin, daß mit 20,14-18 am jetzigen Ort eine Kontrastwirkung erzielt werden soll. Der hier vorgestellte Sprecher ist nicht der Beter, der sich in den KT äußert (s.o.) und sich im letzten KT (20,11-13; vgl. aber schon 11,20!) seines Stellenwertes vor Jahwe wieder gewiß geworden ist. Vor Augen gemalt wird m.E. exemplarisch die zuletzt verzweifelte und ausweglose Situation der gottlosen Feinde des Beters. Am Ende müssen sie sich selber eingestehen, daß sie mit ihrem Weg gescheitert sind (vgl. ähnlich die Selbstreflexion der Gegner des Gerechten in Weish 5,3-14(!)[vgl. auch schon 2,1-20]; ferner PsSal 3,9-12; zur Selbsteinschätzung des Sprechers in 20,14-18 vgl. auch das Urteil über die Gottlosen in Ps 58,4.9!).

zu anderen Gruppierungen der Jahwegemeinde. Es läßt sich deutlich erkennen, daß beide Auffassungen über Jahwes Wort und seinen Willen zur Gerechtigkeitsordnung konträr sind und daraus die äußere Konfliktsituation resultiert.

Die Position der Gegner läßt sich trotz der wenigen konkreten Anspielungen noch genauer bestimmen.[14] Darauf ist später noch einzugehen. Wir konzentrieren uns zunächst auf den inneren Konflikt, der in den KT ausgetragen und zu bewältigen versucht wird. Hier stoßen wir auf das Hauptanliegen dieser Texte.

Wir haben gesehen: In diesen Texten wird der Prophet Jeremia mit einem gerechten und frommen Beter identifiziert, der einsam und im Leiden angefochten trotz seiner Zweifel am Gerechtigkeitswillen Jahwes an seinem Gott festzuhalten sucht. Dieser Jeremia ringt klagend und betend mit seinem Gott, weil er in Zweifel geraten ist, ob und wie Jahwe der Haltung des Frommen und des Gottlosen Rechnung trägt und entsprechend jeweils ihr Geschick im Auge hat. Insofern fragt er nach dem eigenen Stellenwert vor Jahwe: Wo bleibt der unschuldig in Unheilsvorgänge hineingezogene Gerechte, worin unterscheidet sich sein Stellenwert und sein Geschick von dem des Ungerechten? Geht er mit ihnen unter, unterliegt er ihnen sogar (vgl. Jer 12,1ff; Jer 15,18; vgl. Job 21,7)? Gibt es keinen Unterschied (Jer 17,17.18)? Ist alles eins (Jer 18,20; vgl. Job 9,22)? Woran kann abgelesen werden, daß der Gerechte seinem Verhalten entsprechend Gerechtigkeit erfährt?

Weil die KT in erster Linie diese inneren Schwierigkeiten widerspiegeln, in die die hinter diesen Texten stehende Frömmigkeit geraten ist und die sie zu beheben sucht, sind sie vorwiegend Dokumente einer Glaubenskrise und ihrer Bewältigung. Sie dienen in erster Linie nicht einer Art Propaganda, die sich an oder gegen die Gegenpartei richtet, sondern der Aufrichtung der Angefochtenen in den eigenen Reihen. Die Glaubenskrise, die sich so artikuliert, resultiert deutlich nicht aus Fragestellungen, wie sie vor, während und kurz nach der Katastrophe von 587 in den Blick gerückt waren.

In den eindeutig älteren Textschichten[15] des Jeremiabuches werden Fehlverhaltungen stets in einem größeren Zusammenhang und in ihren Auswirkungen auf das gesamte Jahwevolk gesehen.[16] Hier war man zu der Auffassung gelangt, daß es eine durch Fehlverhaltungen immer mehr anwachsende Unheilssphäre gewesen ist, woraufhin Jahwe schließlich unausweichlich einschreiten und sich gegen die Gesamtheit seines Volkes wenden mußte. Mit dieser Sichtweise gelang es, die

---

[14] Vgl. dazu unten S.63ff.
[15] Zur Frage nach den ältesten Texten im Jeremiabuch vgl. unten Teil B, S.113ff.
[16] Vgl. z.B. Jer 4,11ff; Jer 5,1ff; Jer 6,7f.

durch die Katastrophe von 587 verursachte theologische Krise zu bewältigen. Indem so der Zusammenhang von Tun und Ergehen für das gesamte Jahwevolk sichergestellt und dafür die diesen Zusammenhang garantierende Souveränität Jahwes veranschlagt werden konnte, äußert sich ein "Dennoch" des Glaubens angesichts eines umfassenden, übermächtigen und zunächst undurchschaubaren Unheilsgeschicks, das eine bis dahin postulierte und für das Jahwevolk geltende Heilsordnung Jahwes aufzuheben schien und die Gefahr beinhaltete, sich einem uneinsichtigen Kräftespiel von Schicksalsmächten ausgesetzt zu sehen.

Der Problemhorizont der "Konfessionen" liegt völlig anders. Die enge Verknüpfung des Geschicks des Einzelnen mit dem seines Volkes, also das enge Beziehungsgeflecht von Verfehlungen innerhalb der Gemeinschaft angesichts der Katastrophe von 587, ist nicht mehr der entscheidende Punkt. Hier steht jetzt ausschließlich die brennende Frage im Vordergrund, wo und wie für den Einzelnen gesondert ein Zusammenhang zwischen seinem je eigenen Tun und Ergehen gewährleistet ist oder aufgezeigt werden kann. Insofern gehören die KT in die mit dem Exil einsetzende und von da an zunehmende Individualisierung des religiösen Lebens. Daß sie in diesem Punkt allerdings schon ein Spätstadium repräsentieren, läßt sich mit einem Blick auf Texte wie Ez 18,30 (vgl. Ez 33,20) oder Jer 32,19 (vgl. Jer 17,10) und Jer 17,5ff deutlich machen. Hier ist die Vorstellung ebenfalls aufgegeben, daß der Einzelne als Glied seines Volkes in der jeweiligen Heils- bzw. Unheilssphäre eingebettet ist. Jeder wird ganz persönlich für sein eigenes Tun haftbar gemacht, so daß, wie Jer 17,5ff darlegen kann, derjenige, der sich an Jahwe hält, wie ein Baum am Wasser gedeihen wird,[17] und derjenige, der sich von Jahwe abwendet, wie ein Strauch in der Wüste vertrocknet.– Während hier also noch davon ausgegangen wird, daß (Jer 17,10) jedem nach seinen Taten von Jahwe erstattet wird, weil dieser Herz und Nieren eines jeden einzelnen prüft, klagt der Beter in den KT darüber, daß ihm auch dieser Zusammenhang nicht mehr einsichtig ist. Ja, er wendet jetzt das vorhin erwähnte Bild vom grünenden, am Wasser gedeihenden Baum, mit dem der Fromme verglichen werden konnte, auf den Gottlosen an (Jer 12,1b–2). Der Gottlose und nicht der Fromme hat Erfolg; der blüht jetzt auf, sein Weg gelingt (Jer 12,1b; vgl. dagegen Ps 1!). Deswegen denn auch in den KT die wiederholte Bitte an Jahwe, den nicht mehr sichtbaren Zusammenhang zwischen Tun und Ergehen eines Menschen wiederherzustellen, d.h. zuletzt die Gottlosen der Rache Jahwes zuzuführen (vgl. Jer 11,20b; Jer 15,15), den Unheilstag über sie zu bringen (Jer 17,18), am Tag des Jahwezorns an ihnen zu handeln (Jer 18,23).

---

[17] Vgl. ähnlich Ps 1!

Nach allem dürfte deutlich sein, daß die Problemstellung, die den KT erkennbar zu Grunde liegt, sich mit derjenigen berührt, die wir in den späten weisheitlichen Denkbemühungen des AT, also in einigen Psalmen, im Hiobbuch und schließlich im Prediger Salomo, aber zugleich auch in sehr späten Schichten der prophetischen Literatur[18] abgehandelt sehen.[19]

Für das richtige Verständnis der KT ist außerdem folgender Sachverhalt wichtig: Die Trägerkreise dieser Texte konzentrieren sich auf die Gestalt des Propheten Jeremia. Das zwingt zu der Schlußfolgerung, daß ihnen diese Person in besonderer Weise für die Darstellung ihrer Problemsicht geeignet erschien, bzw. daß sie sich in der in den vorliegenden Traditionen gezeichneten Jeremia-gestalt wiedererkennen konnten und wollten. So wäre also noch zu zeigen, wie sie sich in ihm wiedererkennen konnten.

Daß Jeremia als das Beispiel eines unter inneren und äußeren Konflikten leidenden Frommen und Gerechten aufgegriffen wird, das bedeutet ja zunächst nichts anderes, als daß man mit dem Hinweis auf diese Gestalt gleichsam eine Art Ahnenreihe derjenigen eröffnet, die gleichfalls um die Bewältigung der gleichen Probleme ringen. Aber ist das alles, was erreicht werden sollte? Auffällig ist ja, daß eine direkte Antwort auf die verhandelten Fragen nicht erfolgt, die KT selbst jedenfalls keine Lösung der verhandelten Probleme aufzeigen. Dieses Bild ändert sich allerdings, wenn man zum Verständnis der KT den Gesamtkontext des Jeremiabuches mitheranzieht und die Stellung dieser Texte im Gesamthorizont des Jeremiabuches beachtet.

Wir haben gesehen: Der Beter in den KT klagt, daß in seiner Gegenwart sein Geschick im Vergleich zu dem Geschick des Gottlosen, dessen, der den Frommen und Jahwetreuen verfolgt etc., nicht nur völlig ungeklärt erscheint, sondern er in seiner ganzen Existenzweise sogar dem Gottlosen gegenüber benachteiligt erscheint. Diese in den KT vorgeführten Zweifel an einer von Jahwe garan-tierten Gerechtigkeitsordnung werden jetzt in den erzählenden Partien im Jeremiabuch aufgelöst, die in Kap. 37ff Jeremias Geschick während der Belagerung Jerusalems bis hin zur Einnahme der Stadt behandeln. Hier trifft Jeremias Gegner die furchtbare Bestrafung durch die Babylonier. Jeremia selbst aber gehört an diesem von Jahwe bewirkten Unheilstag zu den Geretteten und somit von Jahwe Bestätigten. Von den Schlußerzählungen her betrachtet ergibt

---

[18] Vgl. z.B. Mal 3,13ff.
[19] Vgl. CRÜSEMANN, Hiob und Kohelet, S.391. Auch BAUMGARTNER (Klagege-dichte) hatte schon die Frage aufgeworfen, ob das hier verhandelte "Problem zu Jeremias Zeit schon vorhanden gewesen sei" (S.53). "Was wir sonst an 'Hiobdichtungen' besitzen, gehört nach allgemeiner Annahme der nachexili-schen Zeit an (Buch Hiob; Ps 37; 49; 73; Mal 2,17 – 3,5; Koh 8,14)..." (S.53).

sich folglich, daß der in den KT klagende "Jeremia" zuletzt doch erhört worden ist und daß seine Gegner widerlegt sind.

Die Verklammerung der KT im Jeremiabuch resultiert jedoch nicht in erster Linie aus dem Anliegen, zu verdeutlichen, daß das Leiden und die Anfechtungen des Gerechten, die er auf seinem Wege erfährt, ebenso wie die Vorteile und Erfolge, die sich der Gottlose und Ungerechte auf seinem Wege verschaffen kann, noch gar nichts über das endgültige Geschick beider Gruppierungen aussagen. Der Kontext des Jeremiabuches als Prophetenbuch ebenso wie jene Andeutungen in den KT selbst, die den Beter als Anhänger und Vertreter der prophetischen Botschaft charakterisieren, belegen zugleich eindeutig, daß die hinter den KT stehenden Kreise in besonderer Weise an der prophetischen Verkündigung interessiert sind.[20] Die Interpretation der KT hat also zweierlei zu berücksichtigen: Das in diesen Texten angezeigte Interesse am Prophetenwort und die angesprochene Diskrepanz zwischen Tun und Ergehen der Frommen bzw. der Gottlosen. Sind in den KT beide Aspekte aufeinander bezogen, so offensichtlich deswegen, weil der Rückgriff auf die prophetische Verkündigung die Möglichkeit bot, die erfahrene Diskrepanz zwischen eigenem Tun und Ergehen als zeitlich begrenzt einsichtig zu machen und somit am Gerechtigkeitswillen Jahwes festzuhalten.

Da sich im Rückblick auf die Katastrophe von 587 die Überzeugung herausbilden konnte, daß sich die prophetische Verkündigung von Jahwes künftigem Gerichtshandeln als wahr erwiesen hatte, konnte man daraufhin auch für die eigene Zukunft die Durchsetzung von Jahwes Gerechtigkeitswillen veranschlagen. Die Diskrepanz zwischen Tun und Ergehen war somit als eine vorläufige zu akzeptieren. Je länger jedoch Jahwes endgültiges Eingreifen auf sich warten ließ, um so mehr mußte man in ernsthafte Anfechtungen geraten, weil der sich auf die prophetische Verkündigung stützenden Hoffnung die Erfüllung versagt zu bleiben schien.

Diesen Anfechtungen in erster Linie tragen die Jeremia in den Mund gelegten KT Rechnung. Der darin gewährte Rückblick auf diesen Propheten und seine, wie man meinte, notvoll empfundene Existenz zwischen Hoffnung und Erfüllung

---

[20] Wenn in den KT gewisse Einzelzüge auszumachen sind, die auf eine prophetische Existenz des Beters hindeuten (vgl. besonders BAUMGARTNER, Klagegedichte, S.69-71), so darf das von vornherein eben nicht als Argument dafür veranschlagt werden, daß hier der historische Jeremia auf seine prophetische Existenz verweist und darüber reflektiert. Die KT sollen ja gerade sicherstellen, daß es hier um das Leiden und die Bestätigung dessen geht, der seine Existenz ganz auf das Prophetenwort ausrichtet und entsprechend die Botschaft trotz seiner Nöte und Zweifel festhält und seiner Mitwelt gegenüber vertritt, daß Jahwe zuletzt zum Gericht kommt.

ermöglichte es, die gegenwärtige Not einer Existenz zwischen Hoffnung und sich verzögernder Erfüllung wiederum als vorläufig zu erkennen und sie somit als erduldbar zu kennzeichnen.

An Jeremia meinte man aufzeigen zu können, daß derjenige, der an den Gegebenheiten der Wirklichkeit leidet, weil er darin von Jahwes Wirken nichts wahrnimmt, und der sich daraufhin ganz auf ein künftiges, von den Propheten immer wieder angesagtes Eingreifen Jahwes ausrichtet, trotz seiner inneren Zweifel und Anfechtungen, sofern er an Jahwe festhält, und trotz seiner äußeren Gefährdung, zuletzt bewahrt bleibt und die Bewahrheitung seiner Hoffnung erfährt. Jeremia ist daher in den KT innerhalb des Jeremiabuches als Vorbild dieses Glaubens erkannt oder gezeichnet. An ihm konnte man sich orientieren, mit ihm konnte man sich trösten. Er ist der, der auch durch innere Zweifel und Anfechtungen hindurch mußte, wie man sie selber kennt; er ist der, an dem sich erfüllt und bewahrheitet hat, worauf man, oft unter Anfechtungen, selber noch hofft.

Für die Verfasser der KT ermöglicht Jeremia, so wie sie ihn sehen, die Einübung in eine Glaubensexistenz, in der es darum geht, angesichts von Leiden und Not, der Abwesenheit Gottes und seiner Gerechtigkeit, die Ferne Gottes auszuhalten und auf seine künftige Herrschaft zu hoffen.[21]

An welchem historischen Ort befinden wir uns, wenn die KT so zu verstehen sind? Schon die Berührungen mit Hiob und Kohelet im Blick auf die hier verhandelte Frage nach der Gerechtigkeitsordnung Jahwes führten in die nachexilische Zeit. Daß die KT eine Spätphase alttestamentlicher Glaubensgedanken spiegeln, wird besonders daran deutlich, daß die gleichen Fragestellungen und die entsprechenden Antwortversuche sonst nur noch in den sehr spät anzusetzenden Teilen der prophetischen Literatur[22] sowie in manchen Psalmen der Spätzeit[23] auftauchen.

Um den damit angedeuteten geistig-religiösen Horizont abzustecken, in den die KT und die dahinter stehende Frömmigkeit gehören, mögen folgende Hinweise genügen: Das etwa 400 v. Chr. entstandene Maleachibuch kennt wie die KT eine "Gerichtserwartung im Sinne einer Scheidung zwischen Gottlosen und Gerechten" und konzentriert sich darin auf den eschatologischen Jahwetag.[24] Aus Mal 3,14ff geht hervor, daß diese eschatologisch orientierte Frömmigkeit zugleich in starken inneren Anfechtungen steht. Denn hier werden diejenigen, die darunter

---

[21] Vgl. hierzu auch STOLZ, Psalm 22, S.144.
[22] Vgl. besonders Jes 24 – 27; Jes 63; Jes 64; Mi 7; Hab 1; 3; Mal 3,13-21.
[23] Vgl. z.B. Ps 37; 49; 73.
[24] Vgl. KAISER, Einleitung, 5.Auflage, S.296.

leiden, daß sie keinerlei Unterschied sehen zwischen den Gottlosen und denen, die Jahwe fürchten, auf den Tag vertröstet, den Jahwe bereiten wird: "Dann sollt ihr wieder den Unterschied sehen zwischen einem Gerechten und einem Gottlosen, zwischen einem, der Gott dient, und einem, der ihm nicht dient (v.18). Denn siehe der Tag kommt, der brennt wie ein Ofen; da werden alle Übermütigen und alle, die gottlos handelten, Stoppeln sein. Und der kommende Tag wird sie in Brand setzen, sagt Jahwe Zebaoth, daß er ihnen weder Wurzeln noch Zweig läßt" (v.19).

Daß die KT auch in einer gewissen Nähe zur sogenannten "Jesajaapokalypse" (Jes 24-27) gesehen werden können, ergibt sich daraus, daß in diesen Kapiteln passagenweise[25] ebenfalls wie in unseren KT der Gegensatz zwischen Frommen und Gottlosen eine wichtige Rolle spielt.

Diese Nähe wird noch deutlicher, weil auch hier dieser Gegensatz, wie O.PLÖGER in seiner grundlegenden Untersuchung "Theokratie und Eschatologie" überzeugend herausgearbeitet hat, auf "einen Gegensatz innerhalb der jüdischen Gemeinde"[26] deutet: "als gerecht erscheint der, der sich... der eschatologischen Einsicht öffnet, daß nämlich die Geschichte dem Ende entgegeneilt, während der Gottlose zu den Feinden Jahwes gerechnet wird, weil er sich eben dieser Einsicht verschließt" (zu Jes 26,7-11). "Hier geht es offenbar um einen innerjüdischen Gegensatz zwischen einem eschatologisch orientierten und einem am eschatologischen Glauben desinteressierten Teil der jüdischen Gemeinde..."[27]. Die entsprechenden Texte richten sich jedoch nicht nur gegen eine eschatologisch desinteressierte Auffassung, wie sie nach PLÖGER im chronistischen Geschichtswerk zutage tritt, und die "vermutlich die Haltung der führenden, vorab priesterlichen Kreise wiederzugeben scheint". Sie sind auch "an die eschatologisch interessierte Gruppe selbst gerichtet, und hier gilt es offenbar, Zweifel und Anfechtungen in den eigenen Reihen zu überwinden"[28].

---

[25] Die Grundschicht (Jes 24,1-13*.16aß-20; Jes 26,7-21*) der jetzt vorliegenden Komposition dürfte noch im 5. Jahrhundert anzusetzen sein (vgl. z.B. CLEMENTS, Isaiah 1-39; KAISER, Einleitung in das AT, 1978, 4.Aufl., S.206; WILDBERGER, Jesaja 13-27, S.911).

[26] A.a.O., S.83.

[27] A.a.O., S.95.

[28] PLÖGERs Einschätzung bleibt auch dann zutreffend, wenn man sich für die Entstehung der Grundschicht nicht erst im "Jahrhundert der ptolemäischen Herrschaft" (so PLÖGER, S.96), sondern in früherer Zeit (vgl. oben Anm.25) ausspricht.- Zur Kritik an PLÖGERs Grundkonzeption vgl. neuerdings CRÜSEMANN, Israel, S.212ff, für den sich das Beziehungsgeflecht der unterschiedlichen Richtungen des nachexilischen Judentums komplizierter als von PLÖGER gesehen darstellt. Von dieser Kritik bleibt unberührt, daß eschatologisch orientierte Kreise mit ihrer Einstellung in einen Gegensatz zu anderen Richtungen geraten waren und wegen ihrer Haltung angefeindet wurden.

Mit diesen Hinweisen, die leicht noch vermehrt werden könnten, rückt deutlich in den Blick, daß die KT ähnlich ihren Ursprungsort in jenen inner-jüdischen Auseinandersetzungen des 4./3. vorchristlichen Jahrhunderts haben und hier den eschatologischen Standpunkt propagieren bzw. durchzuhalten versuchen.[29]

3. Zusammenfassung

1. Die KT lassen sich nicht von Jeremia herleiten. Denn Klagegebete dieser Art, wären sie von Jeremia so gesprochen worden, hätte niemals Eingang in einen Tradierungsprozeß finden können.

2. Die KT sind im Einzelnen nicht das Ergebnis eines komplizierten, länger währenden Wachstumsprozesses. Fragestellung und Aussagerichtung lassen sich für alle Texte, auch im Blick auf ihren kompositionellen Charakter, synchron erfassen.

3. Die hinter den KT stehenden Kreise gehören zu einer innerjüdischen Glaubensrichtung, die sich am eschatologisch verstandenen Prophetenwort orientiert.

4. Zweifel und Anfechtungen dieser Kreise resultieren daraus, daß ihr Glaube mit der Zeitverzögerung ihrer Hoffnung zurecht kommen muß. Der Glaube, daß die in der Gegenwart empfundene Diastase zwischen der Wirklichkeit und der Gerechtigkeit Jahwes am Jahwetag endgültig aufgehoben wird, indem dann Fromme und Gerechte endgültige Platzanweisung erfahren, gerät in Konflikt mit Jahwe selbst, je länger dieser sich entzieht.

5. Diese Frommen stehen zugleich in einem äußeren Konflikt. Ihre Auffassung vom künftigen alles entscheidenden Eingreifen Jahwes stößt auf den Widerstand einer anderen Glaubensrichtung, die das Auftreten dieser Frommen und deren Botschaft als Relativierung ihrer eigenen Glaubensüberzeugungen empfinden mußte.

---

[29] Zu diesen Auseinandersetzungen vgl. auch HANSON, Apocalyptic, S.209ff.

6. Auf der Suche nach Orientierung in diesem Doppelkonflikt und der entsprechenden Glaubenskrise konzentrieren sich die Frommen auf den Propheten
Jeremia. Dieser Prophet hatte Jahwes Kommen zum Gericht immer wieder über
die Jahrzehnte hinweg ansagen müssen. Man wußte von seinen äußeren Konflikten und Verfolgungen. Aber man wußte zugleich, daß er und nicht seine Gegner
Jahwes Gerichtshandeln damals überstanden hatte. Also hatte in den Augen der
Frommen dieser Prophet von Jahwe seine Bestätigung erfahren. Deswegen
wollten und konnten sie sich in dieser Gestalt wiedererkennen.

Das Besondere der KT im Jeremiabuch ist nach allem darin zu sehen, daß sich in
diesen Texten eine Frömmigkeit artikuliert, der die Ferne Gottes zu erdulden
aufgetragen ist und die dennoch Gottes Zuständigkeit für diese gottlos
erscheinende Wirklichkeit festhält, indem sie auf Gottes endgültiges Eingreifen
hofft.

Da man sich offensichtlich nicht mehr nur an die klassischen Möglichkeiten
der Religion wie den Kult und seine Ordnungen halten kann oder will, wendet
sich der Blick demjenigen zu, der selbst voll diese Spannung mit ihren
Anfechtungen kannte und dessen Existenzweise zu verbürgen scheint, daß er sie
durchlitt und durchhielt.

Auf diese Weise rückt hier in Jeremia der Mensch als Zeuge Gottes in den
Blick. Damit wird er Zeichen und Anhaltspunkt dafür, daß Gott und Menschen
gegen allen Anschein der Wirklichkeit zusammengehören.

III. DIE ZUKUNFTSERWARTUNG DER "KONFESSIONEN"

1. Fragestellung und Aufgabe

Die bisherigen Ausführungen[1] haben zu dem Ergebnis geführt, daß die KT ihren Ursprungsort innerhalb einer Frömmigkeitsrichtung der nachexilischen Jahwegemeinde haben müssen, die in Zweifel und Anfechtungen geraten war, weil ihr Glaube mit der Zeitverzögerung ihrer Hoffnung zurecht kommen mußte. Der Glaube, daß die in der Gegenwart empfundene Diastase zwischen der Wirklichkeit und der Gerechtigkeit Jahwes durch ein endgültiges Gerichtshandeln Jahwes aufgehoben wird, und so schließlich Fromme und Gerechte ebenso wie Gottlose und Ungerechte wirkliche Platzanweisung erfahren, war mit Jahwe selbst in Konflikt geraten, je länger sich dieser entzog. Zugleich standen diese Frommen in einem äußeren Konflikt, weil ihre Auffassung vom künftigen alles entscheidenden Eingreifen Jahwes den Widerstand anderer Gruppierungen provozierte. In dem Stadium der Auseinandersetzungen, in dem die KT entstanden sind, war der Riß zwischen beiden Richtungen offensichtlich schon so groß, daß die ursprünglich gemeinsame Basis des Jahweglaubens nicht einmal mehr gegenseitige Akzeptanz bewirkte. Jedenfalls fühlen sich die Trägerkreise der KT in einer Verfolgungssituation,[2] woraufhin sich ihre inneren Anfechtungen nur verstärken mußten und die Frage immer drängender wurde, wann endlich die im Jahwegericht erhoffte Bestätigung der eigenen und Widerlegung der gegnerischen Position erfolgen würde. Aus diesem Doppelkonflikt der inneren Anfechtungen und der äußeren Anfeindungen resultieren die in den KT an Jahwe erhobenen Appelle, die gegnerische Seite für ihre Ablehnung der wahren Frommen und deren Botschaft zur Rechenschaft zu ziehen, um damit klarzustellen, daß sie als die Gottlosen[3] zuletzt ihrem verdienten Geschick nicht entgehen, das Los der Frommen aber zugleich gewendet wird.

---

[1] Vgl. S.30ff.
[2] Vgl. *rdp* Jer 15,15; Jer 17,18; Jer 20,11.
[3] Vgl. *rš͑ym* in Jer 12,1.

Weil man auf Grund der im Jeremiabuch enthaltenen Hinweise auf dem Propheten widerfahrene Ablehnung und Anfeindung zu der Überzeugung gelangt
war, daß Jeremia die gleiche Konfliktsituation durchlebt hatte, konnte man sich
in Jeremia gleichsam als dem Prototyp der eigenen Glaubenshaltung wiedererkennen und ihm die KT in den Mund legen. Daß nach der Darstellung des vorgegebenen Jeremiabuches Jeremia derjenige war, dessen Erwartungen und Appelle
schießlich doch von Jahwe erfüllt worden waren, weil in der Katastrophe von
587 das Gerichtshandeln Jahwes Jeremia bestätigt und seine Feinde widerlegt
hatte, bestärkte und ermutigte die Frommen zugleich, an den eigenen Erwartungen trotz der Anfechtungen festzuhalten: So wie damals das Gericht Jahwes die
Erwartung Jeremias bestätigte, so wird auch die eigene Gerichtserwartung
bestätigt werden; wie "Jeremias" Appelle, so wird Jahwe auch die eigenen
Appelle erhören. Das impliziert, daß die in den KT im Munde Jeremias formulierten Appelle, daß und wie Jahwe in der Zukunft eingreifen soll, um den
Frommen zu ihrem wahren Stellenwert zu verhelfen und die Gottlosen entsprechend zur Rechenschaft zu ziehen, zugleich die Gerichtserwartung der hinter
den KT stehenden Frömmigkeit widerspiegeln. Folglich darf man in diesen Appellen Hinweise erwarten, die genauere Rückschlüsse auf die Gerichtserwartung
dieser Frömmigkeit gestatten. Im folgenden soll daher versucht werden, im
Rückgriff auf charakteristische Vorstellungen und Artikulationen den Erwartungshorizont der KT besser zu erfassen. Zugleich wird sich so ergeben, ob sich
die oben vorgenommene Zuweisung der KT[4] in den Zusammenhang nachexilischer
Auseinandersetzungen innerhalb der Jahwegemeinde weiter absichern läßt oder zu
modifizieren ist.

Für einen solchen Versuch bieten sich in erster Linie folgende Textstellen an:
In Jer 11,22f ist in einem Jahwewort davon die Rede, daß Jahwe die Männer von
Anatot heimsuchen (pqd) wird mit der Folge, daß Schwert und Hunger zum Tode führen. Es wird keinen "Rest" geben, wenn Jahwe Unheil ($r^c h$) über sie
bringt im "Jahr ihrer Heimsuchung" ($\check{s}nt\ pqdtm$).

In Jer 12,3 ersehnt der Beter, daß Jahwe die Gegner "wie Schafe zum
Schlachten" ($lṭbḥh$) wegreißt, sie für den "Tag des Mordens" weiht ($hqd\check{s}m$
$lywm\ hrgh$).

Nach Jer 17,17 ist Jahwe für den Beter "Zuflucht" ($mḥsy\ ^{ɔ}th$) am "Unheilstag" ($ywm\ r^c h$). Anschließend wird Jahwe aufgefordert, diesen Unheilstag
selbst herbeizuführen und die Gegner zu zerbrechen.

---

[4] Vgl. oben S.38ff.

Nachdem in Jer 18,21 Jahwe bestürmt wurde, die Gegner samt Anhang durch Hunger und Schwert zu vernichten, dringt der Beter in v.23 darauf, daß Jahwe ihnen ihre Schuld nicht vergibt und ihre Sünde nicht abwischt; zur Zeit seines Zorns (b^ct ^2pk) soll er an ihnen handeln.

In Jer 11,20 und Jer 20,12, also im ersten und letzten KT, konstatiert der Beter: "Ich werde deine Rache an ihnen sehen".

2. Das Zeugnis der "Konfessionen"

a) Jer 11,22-23

Die als Jahwerede gestalteten Verse 11,21-23 heben sich klar vom Kontext (Ich-Rede des Beters) ab. Zudem könnten die jeweils in Jer 11,20 und Jer 12,1 auftauchenden Stichworte $ṣdq$ (auf Jahwe bezogen) und ryb (auf den Beter bezogen) daraufhindeuten, daß die hier vorliegende Ich-Rede des Beters jetzt durch diese Jahwerede gestört ist. Nach DUHM[5] "verrät schon der prosaische und dazu schlechte Stil den Ergänzer". Daher ist zunächst zu kären, ob diese Verse überhaupt für unser Vorhaben mitzuberücksichtigen sind.

Nicht zu bestreiten ist, daß die gesamte Einheit Jer 11,18 - 12,6 Kompositcharakter hat. Die einzelnen Bestandteile (Jer 11,18f.20.21-23; Jer 12,1-4. 5.6) lassen jedoch keineswegs sicher erkennen, daß dieser Kompositcharakter auf ein sukzessives Anwachsen zurückzuführen ist, also als "Komposition" verschiedener Bearbeiter zu gelten hat.[6] Beachtet man, daß 11,18 - 12,6 offensichtlich einen vorgegebenen Textzusammenhang unterbrechen, da in Jer 11,15ff[7] und in Jer 12,7ff jeweils vom Tempel die Rede ist,[8] so steht man bei Annahme einer sukzessiven Entstehung von 11,18 - 12,6 vor der Frage, welches "Kernstück" der jetzigen Gesamteinheit zu welchem Zweck zwischen 11,15-17 und 12,7ff untergebracht worden sein könnte. Macht man die Probe aufs Exempel und spielt alle Möglichkeiten durch, so ergibt sich keine Lösung. Daher ist m.E. davon auszugehen, daß 11,18 - 12,6 im wesentlichen in der vorliegenden Textanordnung als ad hoc erstelltes Kompositgebilde für die Verklammerung zwischen 11,15-17

---

[5] Jeremia, S.113.

[6] So VERMEYLEN, Redaktionsgeschichte, passim.- Jer 12,4abα ist allerdings ein deutlicher Nachtrag.

[7] Trotz des stark verderbten Textes ist noch deutlich zu erkennen, daß hier eine mit dem Tempel (vgl. v.15) zusammenhängende Frage verhandelt wird.

[8] Vgl. auch $lydydy$ Jer 11,15 und $ydydwt$ Jer 12,7b!

und 12,7ff geschaffen worden ist.[9] Daß gerade 11,18 - 12,6 verstärkt kompositionelle Züge trägt,[10] hängt m.E. damit zusammen, daß in dieser ersten
"Konfession" verschiedene Momente auf einen Nenner zu bringen waren, die für
die Einschaltung der KT generell, also auch für das richtige Verständnis der
übrigen von Bedeutung waren. So war es wichtig, hier den prophetischen Beter
als in einer Verfolgungssituation stehend vorzustellen (Jer 11,18f); ferner war
vorab deutlich zu machen (und entsprechend in der letzten "Konfession" zu
wiederholen, vgl. Jer 20,12f), daß trotz der Klagen und Anklagen, die der Beter
im folgenden an Jahwe richtet, seine Einstellung zu Jahwe positiv und letztlich
zuversichtlich war (Jer 11,20). Daß auch Jer 11,21-23 eine wichtige Funktion
haben, ergibt sich daraus, daß erst daraufhin dem Leser klar ist, wen er sich als
den Sprecher dieser "Konfession" vorstellen muß. Denn erst nachdem die zuvor
erwähnten Anfeindungen anonymer Kreise, denen sich das in 11,18f nicht spezifizierte Ich ausgesetzt sieht, als Anfeindungen seitens der Männer aus Anatot
und als Ablehnung eines Propheten aufgedeckt sind,[11] rückt "Jeremia" ins Bild.
Zugleich berühren sich diese Verse mit 12,6, wo von Anfeindungen aus dem
engsten Kreis der Verwandten die Rede ist.[12] Jer 12,1-4 stellen das Grundproblem vor, das dem Beter zur Anfechtung wurde; Jer 12,5.6 deuten die Verschärfung der Situation an, die der Beter zu erwarten und zu bestehen hat.

Sind somit Jer 11,21-23 wichtige Bestandteile der gesamten Einheit, so ergibt
sich für die darin angedeutete Gerichtserwartung folgendes: In v.22 wird den
Gegnern des Propheten Jahwes Heimsuchung (*pqd*) angesagt. Die weiteren

---

[9] Vgl. zu weiteren Einzelheiten unten S.68. – Auch für THIEL geht 11,18-
12,6, bzw. "die Zusammenordnung der in 11,18 - 12,6 enthaltenen Einheiten"
(vgl. Redaktion 1-25, S.160f) auf eine Hand zurück; er sieht hier wie schon
in 11,1-17 eine deuteronomistische Redaktion am Werk, verkennt aber bei
dieser Einschätzung die deutlichen Unterschiede zwischen beiden Textkom-
plexen hinsichtlich der jeweils verhandelten Problemstellung. Während das
Anliegen von 11,1-17 "primär in der Interpretation der eingetretenen
Katastrophe zu sehen ist" (so THIEL selbst, a.a.O., S.151; vgl. auch S.156),
geht es in 11,18 - 12,6 um die Frage, warum Jahwe nicht endlich im Gericht
an den Gottlosen handelt. Das Problem in 11,18 - 12,6 ist nicht wie in 11,1-
17, warum die Katastrophe von 587 eingeteten ist, sondern vielmehr, warum
sich der Gerechtigkeitswille Jahwes noch nicht durchgesetzt hat.
[10] Vgl. ähnlich die letzte "Konfession" Jer 20,7-13; anders Jer 17,14-18; Jer
18,18-23. Jer 15,10-21 ist wegen der schwierigen Textverhältnisse ein Sonderfall.
[11] Vgl. ähnlich McKANE, Jeremiah, S.255.
[12] Dieses Motiv ist für einige KE-Psalmen charakteristisch; vgl. besonders Ps
55,13ff; ferner Ps 31,12; 40,10; Job 19,13ff u.ö..

Formulierungen (Schwert und Hunger) lassen erkennen, daß das Geschehen von 587 vor Augen stehen soll.[13] An sich hätte diese Unheilsansage ausgereicht, um deutlich zu machen, daß die hier zu den näheren Bekannten und Verwandten zählenden Gegner ihrem verdienten Unheilsgeschick nicht entgehen, bzw. im Blick auf den im Jeremiabuch später dargelegten Gang der Ereignisse tatsächlich nicht entgangen sind. Die Weiterführung mit v.23 setzt daher einen besonderen Akzent. Hier geht es dem Verfasser offensichtlich darum, mit dem Verweis auf das "Jahr der Heimsuchung" ($\check{s}nt\ pqdtm$) die Katastrophe von 587 als eine besondere Veranstaltung Jahwes zu qualifizieren.

Welche Vorstellungen verbinden sich mit einer "Heimsuchung" Jahwes ($pqdh$), zu deren Zweck Jahwe einen bestimmten Zeitpunkt[14] herbeiführt? Von den hier zu berücksichtigenden Textstellen haben Jer 46,21; Jer 48,44 (49,8); Jer 50,27 (50,31) Jahwes (künftiges) Gericht an den Völkern vor Augen. Wenn nach Jes 13,11[15] Jahwe am ganzen Erdkreis die Bosheit und an den Frevlern die Verschuldung heimsucht, so ist hier, wie die Fortsetzung in Jes 13,12 (Die Überlebenden werden noch seltener als Feingold sein!) belegt, an das bevorstehende Läuterungsgericht gedacht. Im Blick auf die eben genannten Stellen deutet sich diese Vorstellung zumindest auch für das Gericht an Moab (Jer 48,44f), Edom (Jer 49,8-11) und Babel (Jer 50,27f; vgl. 50, 31f) an.[16] In Jes 10,3 steht deutlich "ein letztes, den weiteren Gang der Volksgeschichte entscheidend bestimmendes Gerichtshandeln Jahwes" vor Augen.[17] Ob Hos 9,7 tatsächlich als Beleg für eine sehr frühe Verwendung des $pqdh$-Begriffs gelten kann, ist nicht sicher.[18] Zur Verwendung des Begriffs in Jer 6,15 (vgl. 8,12) hat schon DUHM klargestellt, daß der ganze Vers diejenigen in den Blick rückt, die "nicht im großen Läuterungsgericht zum gereteten 'Rest' v.9 gehören"[19]. Mit der "Zeit

---

[13] Vgl. ähnlich Jer 18,21.
[14] Vgl. Jes 10,3 (ywm); Jer 6,15 (^{c}t ; vgl. Jer 8,12); Jer 10,15 (^{c}t ; vgl. Jer 51,18); Jer 11,23 ($\check{s}nh$; vgl. Jer 23,12); Jer 46,21 (^{c}t); Jer 48,44 ($\check{s}nh$); Jer 49,8 (^{c}t); Jer 50,31 (^{c}t); Hos 9,7 ($ymym$); Mi 7,4 (ywm).
[15] Ohne $pqdh$; siehe aber pqd !
[16] Offen bleiben kann hier, ob an diesen Stellen der Termin der $pqdh$ als noch bevorstehend gedacht ist, oder ob im Rückblick auf bestimmte, für diese Völker unheilvolle Geschichtsereignisse diese als $pqdh$-Ereignisse charakterisiert werden sollen.
[17] Vgl. KAISER, Jesaja 1-12, S.109f; vgl. S.104.113.217.
[18] Zu Mi 7,4 vgl. WOLFF, Micha, z.St..
[19] Jeremia, z.St..

der Heimsuchung" in Jer 10,15 "wird wahrscheinlich auf die Erwartung an-
gespielt, dass in der eschatologischen Endzeit das Heer der Höhe in der Höhe
heimgesucht" werden soll Jes 24,21.22"[20].

Diese Durchsicht über die Verwendung des *pqdh*-Begriffs ergibt für Jer 11,23,
daß mit ihm die Katastrophe von 587 als "Läuterungsgericht" gekennzeichnet ist,
in dem selbst diejenigen, die "Jeremia" als Verwandte oder Bekannte nahestan-
den, zu den Verlorenen zählten, weil sie sich gegen die von diesem Jeremia
vertretene Auffassung vom kommenden Gerichtswirken Jahwes stellten. Zugleich
wird hier damit allen späteren der Spiegel vorgehalten: So wird es wieder sein,
wenn Jahwes letzte "Heimsuchung" stattfindet. Übrig bleiben auch dann nur
diejenigen,[21] die sich auf eine weitere, letzte Heimsuchung Jahwes eingestellt
haben, d.h. die Botschaft der hinter den KT stehenden Kreise ernst nehmen.

Inwieweit sich diese Vorstellung vom *pqdh*-Handeln Jahwes schon mit den
Erwartungen der Qumrangemeinde berührt, wo ebenfalls der *pqdh*-Begriff einen
besonderen Stellenwert einnimmt, kann hier nicht geklärt werden. Interessant ist
immerhin, daß CD XIX,10ff ebenfalls die Katastrophe von 587 mit einer
"Heimsuchung" identifiziert und hier von einer ersten *pqdh* spricht: "Diese (die
Frommen) werden gerettet werden zur Zeit der Heimsuchung, aber die übrigen
werden dem Schwert ausgeliefert werden, wenn der Gesalbte kommt aus Aaron
und Israel; wie es gewesen ist zur Zeit der ersten Heimsuchung, von der er
durch Ezechiel gesagt hat: Das Zeichen zu zeichnen auf die Stirn derer, die
seufzen und stöhnen. Aber die übrigen wurden dem Schwert übergeben, das die
Bundesrache vollstreckt. Und ebenso wird das Gericht über alle sein, die in
seinen Bund eingetreten sind, aber nicht an diesen Gesetzen festhalten..."[22].
Auf weitere Einzelheiten einzugehen, ist vorerst nicht sinnvoll. Die Möglichkeit
weiterer Berührungspunkte zwischen den KT und Vorstellungen der Qumrangemeinde ist jedoch im Auge zu behalten.

b) Jer 12,3b

Die Vorstellung von Jer 12,3b, daß Jahwe "wie Vieh zum Schlachten" (*ltbḥh*)
wegreißt, begegnet in Thr 2,21 im Rückblick auf die Katastrophe von 587: "Du
hast getötet am Tage deines Zorns, du hast ohne Erbarmen geschlachtet". Ez
21,15.20 wendet diese Formulierung in einem Wort an, das als Ankündigung des

---

[20] So DUHM, Jeremia, z.St.; vgl. auch DUHM zu Jer 23,12!
[21] Vgl. Jer 11,23a.
[22] Übersetzung nach LOHSE, Texte aus Qumran, S.101f.

Unheils von 587 verstanden werden will, und stellt darin das Schwert, "das zum Schlachten geschärft ist", in Aussicht. Zwar kann auch im Blick auf ein individuelles Geschick eine bestimmte Situation der Gefahr und der Not damit umschrieben werden, daß der Betroffene sich wie ein Schaf "zum Schlachten"[23] fühlt. Aber von den eben angeführten Stellen abgesehen, die Jahwes umfassendes Gerichtshandeln von 587 zum Thema haben, bestätigen wiederum zahlreiche an die Völker gerichtete Drohungen,[24] daß die in Jer 12,3a an Jahwe ausgesprochene Bitte mehr ausdrückt als lediglich den Wunsch, Jahwe möge jeweils den einzelnen Frevler ($r\check{s}^c$; vgl. 12,1) zwecks Aufrechterhaltung des individuellen Zusammenhangs von Tun und Ergehen seinem verdienten Verderben ausliefern.

Nach Jes 65,12 droht den Abtrünnigen,[25] daß sie sich "alle zur Schlachtung ducken" müssen, also ins Gericht müssen, während den "Knechten" Jahwes[26] Heil in Aussicht gestellt wird.[27] Im jetzigen Kontext bewirkt Jes 65,1-16a,[28] daß erst nach diesem Gericht das in Jes 65,16b-25 angesagte Heil kommen kann, dem Heil also ein Gerichtsgeschehen vorausgeht, in dem zwischen Frommen ("Knechte" Jahwes) und Gottlosen ($^czby\ yhwh$) unterschieden wird und letztere vernichtet werden, so daß nur die sich als "Knechte" Jahwes fühlenden Kreise am kommenden Heil Anteil haben werden.

Eine ähnliche Vorstellung begegnet in Jer 25,30ff. Hier taucht das "Schlachten" im Kontext eines großen von Jahwe veranstalteten Welt- oder Völkergerichts auf. Während dieses Gerichts – Jahwe richtet "alles Fleisch" (v.31a)– sollen die Gottlosen ($r\check{s}^cym$ [29]) dem Schwert übergeben werden. In v.34 wird dann eine als "Hirten" und "Herren der Schafe" umschriebene Gruppe zum Jammern aufgefordert, weil ihre Tage zum "Schlachten" ($l\ tbwh$) voll sind.[30] Auch in diesem Text ist also die Vorstellung von einem, diesmal universalen Gerichtshandeln Jahwes enthalten, das die endgültige und umfassende Beseitigung aller Gottlosen mit sich bringen soll.

---

[23] Vgl. Jer 11,19; Ps 37,14; Ps 44,23; Jes 53,7.
[24] Vgl. Jes 14,21; Jer 50,27; Jer 51,40 Babel; Jes 34,2.6 Edom; Jer 48,15 Moab; Ez 21,33 Ammon.
[25] Vgl. Jes 65,11 $^czby\ yhwh$!
[26] Vgl. Jes 65,13 "meine Knechte"!
[27] Jes 65,13ff.
[28] Vgl. WESTERMANN, Jesaja 40-66, S.323: Jes 65,1-16a ist "bestimmt von dem Gegensatz der Abtrünnigen und der Knechte und dem künftigen Geschick beider".
[29] Vgl. DUHM. "Die Gottlosen mögen nicht bloß die Heiden, sondern auch die abtrünnigen Juden sein"; Jeremia, z.St..
[30] DUHM (Jeremia, S.209) denkt an "die Könige der Heidenwelt".

Die Fortsetzung von Jer 12,3bα mit "bezeichne sie als geweiht (oder: "weihe sie") für den Tag des Mordens" bestätigt, daß es nicht darum geht, Jahwe lediglich zu Maßnahmen aufzurufen, die sicherstellen, daß den je Einzelnen im Lauf seines Lebens sein verdientes Geschick ereilt. Vielmehr ist auch hier an einen Gerichtsakt gedacht, in dem alle Gottlosen umfassend und endgültig zur Rechenschaft gezogen werden sollen. Zugleich geht aus der hier gewählten Formulierungsweise deutlich hervor, daß dieser KT mehr beabsichtigt als eine Charakterisierung der Katastrophe von 587.[31] Das erhellt ein Blick auf Jes 30,25, wo von einem "Tag des großen Mordens" (*bywm hrg rb*) die Rede ist.[32] Nach DUHM begegnen in dem Abschnitt Jes 30,18-26 "dieselben Vorstellungen wie die der spätesten Eschatologiker"; die äußere Situation erweist sich bestimmt durch "Drangsalierung..., Mutlosigkeit des Volkes nebst Zeichen der Verirrung, ja von Abfall"[33]. - "Charakteristisch ist" für den Verfasser "wie für das spätere Judentum, daß ihm... das große Morden den Hauptinhalt des Gerichts bildet und ein Gefühl des Behagens verursacht, da er es so eng an die voraufgehenden idyllischen Bilder anschließt"[34]. Bei den Kreisen, "in denen unsere Heilsschilderung beheimatet ist..., handelt es sich um Männer, die dank ihres eschatologischen Wissens als Lehrer in ihrer Gemeinde stehen, aber über den Kreis der sich als die 'Demütigen und Armen' verstehenden Frommen hinaus mit ihrer Botschaft kein Gehör finden, vgl. 29,19"[35].

Die auffällige Berührung mit 1QH XV,17 ("..., aber die Gottlosen hast du geschaffen für [die Zeit] deines [Zor]nes, und von Mutterleib an hast du sie geweiht für den Schlachttag"[36])[37] kann man wohl nur so erklären, daß 1QH XV,17 unsere Jeremiastelle vor Augen hatte und für ihr Anliegen aufgreift.[38]

---

[31] Vgl. Thr 2,21.

[32] Die Formulierung *whqdšm lywm hrgh* (Jer 12,3bα) ist sonst im AT nirgends belegt; vgl. aber 1QH XV,17! Auch die Terminangabe *ywm hrgh* taucht nur in unserer Stelle und etwas abweichend (*ywm hrg*) in Jes 30,25 auf. Zu *haeraeg* vgl. sonst nur noch Ez 26,15; Jes 27,7; Est 9,5; Prov 24,11; *hrg* sonst nur Jer 7,32; Jer 19,6; Sach 11,4.7.

[33] Jesaja, S.222.

[34] DUHM, Jesaja, S.224.

[35] So das Urteil KAISERs, Jesaja 13-39, S.239f.

[36] *hqdštm lywm hrgh* !

[37] Übersetzung nach LOHSE, Texte aus Qumran, S.167.

[38] Daß das Jeremiabuch in einigen Qumran-Schriften bewußt berücksichtigt wird, belegt z.B. 1QH II,14 (vgl. Jer 15,10); II,29 (vgl. Jer 18,22); II,32 (vgl. Jer 20,13); V,7f (vgl. Jer 16, 16); V,22f (vgl. Jer 15,10); VIII,24 (vgl. Jer 17,6); VIII,30f (vgl. Jer 20,9); IX,30 (vgl. Jer 1,4); XV,12f (vgl. Jer 10,23);   XV,17 (vgl. Jer 12,3); XV,21 (vgl. Jer 10,23b); 1QS II,8 (vgl. Jer 18,23); auffällig ist, daß diese Stellen überwiegend auf die "Konfessionen" anspielen; vgl. auch Chr. WOLFF, TU 118, S.124ff; da sich die Anspielungen überwiegend für Passagen nachweisen lassen, die auf den "Lehrer der Gerechtigkeit" zurück-

Die Unterschiede zwischen beiden Textaussagen sind deutlich: In 1QH XV,17
steht fest, daß Gott die Gottlosen von vornherein für den Tag seines Zorns
geschaffen und von Mutterleib an für den *ywm hrgh* geweiht hat.[39] Diese
Vorstellung deutet sich Jer 12,3 noch nicht an. Die an Jahwe gerichtete Bitte,
die zuvor als *rš᷃c᷃ym* klassifizierten Mitglieder der Jahwegemeinde[40] für den
ywm hrgh zu "weihen", impliziert jedoch, daß der *ywm hrgh* schon einen
festen Platz im Erwartungshorizont der KT-Frömmigkeit hat. Zugleich muß man
die Überzeugung voraussetzen, daß das Vernichtungsgeschehen an jenem Tag
generell auf die Gottlosen zielt. Unsicher scheint nur zu sein, ob die vor
Augen stehende Gruppierung in das Vernichtungsgeschehen mit einbezogen sein
wird, weil ja der Beter hier noch appellieren muß, daß seine Gegner wie *rš᷃c᷃ym*
zu behandeln sind. Das deutet auf gewisse Zweifel, ob Jahwe mit der eigenen
Beurteilung der Gegner übereinstimmt. Solche Zweifel müssen dann aber damit in
Zusammenhang stehen, daß die Gegner tatsächlich Jahweverehrer sind, sich als
solche ausgeben und entsprechend auftreten.

c) Jer 17,17-18

In der diesen KT abschließenden Bitte fordert der Beter Jahwe auf, den
Unheilstag (*ywm r᷃ch*) für die Gegner herbeizuführen (v.18b). Zugleich ist er
sich offensichtlich dessen bewußt, daß auch er selber mit diesem Unheilstag
konfrontiert sein wird; denn in dem vorausgehenden Appell an Jahwe (v.17)
beruft er sich darauf, daß Jahwe an diesem Tag (*bywm r᷃ch*) seine "Zuflucht"[41]
sein wird. Somit ist das bevorstehende Ereignis des *ywm r᷃ch* analog dem Geschehen von 587 ein von Jahwe herbeigeführtes umfassendes Gericht, in dem

---

geführt werden, folgert WOLFF sogar, "daß die Konfessionen Jeremias diesem Mann, der aus der chassidäischen Bewegung kommt, vertraut waren"
(a.a.O.,S.129).

[39] Vgl. zum hier vorliegenden Prädestinationsgedanken LICHTENBERGER, Studien, S.67ff.

[40] Vgl. Jer 12,2bα: "Jahwe ist nahe in ihrem Munde".

[41] *mḥsh* und *ḥsh* etc. im Jeremiabuch nur hier! Von Jahwe als "Zuflucht" ist
in der prophetischen Literatur nur noch die Rede in Jes 25,4 (im Zusammenhang mit einem Jahwegericht); Joël 4,16 (im Zusammenhang mit dem *ywm
yhwh*); Zeph 3,12 (*wḥsw bšm yhwh* – im Zusammenhang mit dem letzten
Läuterungsgericht; vgl. CD XX,34: *ky ḥsw bšm qdšw*); vgl. noch Nah 1,7
und Jes 57,13. In den Psalmen hofft der Beter in allen möglichen Gefahren
auf Jahwe als seine Zuflucht (vgl. z.B. Ps 14,6 bei Anschlägen von Gegnern;
Ps 6,14; 62,8; Ps 71,7 in Zeiten der Anfeindung; Ps 142,6 vor Verfolgern).

nur der Fromme bestehen wird. Der Beter sehnt diesen "Unheilstag"[42] herbei, weil er sich dann ins Recht (im Blick auf v.15), seine Gegner aber ins Unrecht gesetzt erfahren wird. Die Appelle in 17,17a.18a sind dann m.E. nicht auf das Geschick des Beters und das seiner Gegner am Unheilstag selbst zu beziehen; sie resultieren vielmehr aus der Not des Beters, die er gegenwärtig und möglicherweise bis zum "Unheilstag" selbst zu erdulden hat. Daß Jahwe die Zuflucht am Unheilstag sein wird, muß die Möglichkeit ausschließen, daß Jahwe in der Gegenwart zum "Schrecken" wird (v.17a), daß der Beter in Beschämung und Schrecken dastehen muß, aber nicht seine Gegner (v.18a).

d) Jer 18,23

Der Beter richtet hier an Jahwe die außerordentliche Bitte, er möge die Schuld der Gegner nicht vergeben und ihre Sünde nicht abwischen und zur Zeit seines Zornes an ihnen handeln. Da schon in den vorausgehenden Versen Jer 18,21f Jahwe zum Strafhandeln an den Gegnern aufgefordert wurde, ist 18,23 als erneuter Appell auffällig. Es scheint eine gewisse Doppelung vorzuliegen.[43] Dem Kontext nach ist mit der in v.23 angesprochenen Verschuldung der Gegner zunächst wohl der auf den Tod des Beters zielende Anschlag gemeint (v.23aα). Von einem solchen Anschlag ist offensichtlich im Blick auf v.22b (vgl. v.20aß) die Rede. Daß die Gegner "Jeremia" unschädlich zu machen suchen, ist jedoch nur die äußere Seite ihrer Sünde. Ganz gleich wie man Jer 18,20aα versteht, ob als Äußerung des Beters oder als Zitat aus dem Munde der Gegner,[44] die hier aufgeworfene Frage läßt erkennen, daß im Hintergrund der für den Beter so bedrohlichen Feindschaft eine theologische Auseinandersetzung steht. Spricht der Beter hier selbst, so drückt er mit dieser Frage aus, daß er völlig zu Unrecht abgelehnt wird, war er doch für die Gegner zum Guten eingetreten, indem er

---

[42] *ywm r^{c}h* sonst nur noch Jer 51,2; Ps 27,5; Ps 41,2! – Die an Jahwe gerichtete Bitte, den *ywm r^{c}h* herbeizuführen, ist im AT sonst völlig unüblich, ebenso *hby$^{\mathrm{)}}$* als Aufforderung an Jahwe.

[43] Für ITTMANN (Konfessionen, S.39) gehört Jer 18,23 nicht mehr zum ursprünglichen KT ("spätere Bearbeitungsstufe"); die Argumente für diese Einschätzung überzeugen jedoch nicht. Der Hinweis, daß "keine Parallelen aus dem Jeremiabuch" angeführt werden können, ist nur unter der Voraussetzung stichhaltig, daß die KT auf Jeremia selbst zurückgeführt werden können; außerdem müßten entsprechend weitere Aussagen in den KT späterer Bearbeitung zugewiesen werden (vgl. z.B. Jer 12,3bß *ywm hrgh* ; Jer 17,17f *ywm r^{c}h* [nur noch in Jer 51,2]; die Aufforderung an Jahwe *hby$^{\mathrm{)}}$ ^{c}lyhm ywm r^{c}h* ist im AT völlig singulär.

[44] So HUBMANN, BEThL LIV, S.284ff.

vor Jahwe fürbittend dessen Zorn von ihnen abzuwenden suchte (v.20aß). Er ist
also der Gute, dem von seinen Gegnern Böses erstattet wird. Ist v.20aα Zitat
aus dem Munde der Gegner, so soll damit ihre Gegenposition zum Beter belegt
werden: Sie halten sich für die Guten, die nichts Böses zu befürchten haben.
Die in jedem Fall den Beter und seine Auffassung vom Zorneshandeln Jahwes
ablehnenden Verhaltensweisen der Gegner sind also insgesamt der Grund, Jahwe
zu dem Gerichtshandeln aufzufordern, in dem sie als die Widerlegten dann
dastehen werden. Die entsprechenden Appelle in v.21.22a stellen deutlich
Unheilsabläufe vor Augen, die an die Katastrophe von 587 denken lassen. Ihre
Funktion innerhalb dieses KT im Kontext des Jeremiabuches ist folglich,
nachzuweisen, daß sich diese Bitten erfüllt haben, der Beter also und seine
Auffassung von Jahwe bestätigt worden ist. Konnte man sich auf diesem Wege[45]
vergewissern, daß Jahwe zum Gericht wie damals so auch künftig antreten wird,
so scheint in v.23 ein zusätzlicher Aspekt der so abgesicherten Gerichtserwartung verhandelt zu werden. Denn in diesem Vers steht im Hintergrund nicht die
Frage, ob und wann das Gericht eintreten wird. Daß hier über v.21.22aα
hinausgehend die Verschuldung der Gegner das Thema ist und Jahwe darauf
festgelegt werden soll, diese Verschuldung nicht zu vergeben etc., deutet darauf
hin , daß die Möglichkeit der Vergebung von Schuld im Horizont der Gerichtserwartung des Beters eine wichtige Rolle spielt. Diese Möglichkeit möchte der
Beter für die gegnerische Seite ausgeschlossen wissen. Verständlich erscheint
dieses Anliegen nur, wenn der Beter voraussetzen kann, daß die Gegenpartei von
Möglichkeiten weiß und sie auch wahrzunehmen sucht, das Problem eigener
Verschuldung vor Jahwe zu bewältigen. Im Hintergrund der Auseinandersetzungen
zwischen beiden Frömmigkeitsrichtungen steht also nicht nur der Streit über das
künftige umfassende Gerichtswirken Jahwes; strittig ist auch die Frage, unter
welchen Voraussetzungen mit der Vergebung Jahwes gerechnet werden kann, d.h.
konkret, unter welchen Voraussetzungen die entsprechenden kultischen Maßnahmen (Gebete, Opfer etc.), die auf Jahwes Vergebung hinzielen, akzeptiert
werden.
Ähnliche Bitten[46] finden sich sonst nur noch Neh 3,37[47] sowie in Ps 69,28
und Ps 109,14. Während Neh 3,37[48] für die weitere Aufhellung der Äußerung in

---

[45] Vgl. ähnlich Jer 11,22!
[46] Vgl. KNIERIM, Hauptbegriffe, S.223f.
[47] Weithin parallel mit unserer Stelle!
[48] Neh 3,36f ist kaum ursprünglicher Bestandteil der Nehemiadenkschrift (Wir-
    Rede!); vgl. dagegen Neh 13,29; siehe auch Neh 5,19; Neh 13,14.22.31.

Jer 18,23 ausfällt, ergibt sich aus den beiden Psalmenstellen, daß der Beter auch hier jeweils in Auseinandersetzungen mit Gegnern innerhalb der Jahwegemeinde steht.

In Ps 69 ist er deutlich der Vertreter einer Gruppe (vgl. v.7). "Sein Leiden ist nicht die Frucht der Verschuldung (5), sondern eine Folge der Hingabe und der (sic!) 'Eiferns' für Jahwe"[49]. Ob der Beter "zur Gruppe der Eiferer um den Wiederaufbau des Tempels gehörte"[50] oder ob der Konflikt daraus resultierte, daß der Beter im Blick auf Tempel und Tempelkult besondere Forderungen und Ansprüche erhob,[51] sei dahingestellt. Die Gegenseite hat sich jedenfalls in den Augen des Beters ihm selbst und Jahwe gegenüber verschuldet. Daß sie mit ihren Opferfeiern, "durch die sie ihre Gemeinschaft mit Gott, ihre *ṣdqh* , öffentlich demonstrieren und den Beter mit dieser religiösen Handlung endgültig ins Unrecht versetzen"[52], Erfolg haben, soll Jahwe dadurch verhindern, daß er seinen Zorn über sie ausgießt und ihre Schuld aufhäuft (v.25. 26). Ob in den Appellen in Ps 69,23–30, daß die Gegenseite alsbald von Jahwe zur Rechenschaft gezogen werde, zugleich der Gedanke an ein künftiges umfassendes Zornesgericht Jahwes mitschwingt (vgl. v.25), läßt sich nicht mit Sicherheit entscheiden. Immerhin spielt die Vorstellung vom Buch, in dem die Gerechten verzeichnet sind etc. (vgl. Ps 69,29) eine große Rolle in eschatologisch orientierten Texten.[53]

In jedem Fall ist deutlich, daß in diesem Psalm die an Jahwe gerichtete Bitte, Schuld nicht zu vergeben, damit auch die kultisch–religiösen Bemühungen der Gegenseite vor Augen hat.[54] Ebenso deutlich ist die klare Trennungslinie zwischen zwei einander widerstreitenden Richtungen. Die Gegenpartei befindet sich nach Ansicht des Beters mit ihrer religiösen Einstellung und ihrer kultischen Praxis grundsätzlich im Widerspruch zu Jahwe und damit im Gegensatz zur eigenen Frömmigkeit. Die Bitte, Schuld nicht zu vergeben, resultiert folglich hier und entsprechend in Jer 18,23 daraus, daß den Gegnern die Legitimität

---

[49] KRAUS, Psalmen 1, S.483.
[50] So die Erwägung von KRAUS, Psalmen 1, S.481.483 im Blick auf v.10.
[51] So WEISER, Psalmen, S.336.
[52] KRAUS, Psalmen 1, S.484.
[53] Vgl. Jes 65,16; Mal 3,16; Dan 7,10; Dan 12,1.
[54] Das trifft ähnlich auch für Ps 109,6–19 zu (vgl. besonders v.7 und v.14f); nach KRAUS (Psalmen 2, z.St.) und WEISER (Psalmen, z.St.) zitiert der Beter in diesem Teil des Psalms seine Gegner, um zu demonstrieren, wie man gegen ihn vorgeht. Danach wäre, anders als in Jer 18,23, hier der Beter derjenige, dem die kultische Bewältigung seiner Schuld nicht gelingen soll.

ihrer religiösen Überzeugungen und Praktiken abgestritten wird.[55] In Jer 18,23 kann und muß die Gegenseite daher nur noch dem Zorn Jahwes überantwortet werden. Ihre Widerlegung wird jedoch nicht je und je und auf das individuelle Geschick bezogen erfolgen. Der Beter weiß oder erhofft einen endgültigen Akt Jahwes, den Zeitpunkt des Jahwezornes (Jer 18,23bß $b^c t$ $^{\prime}pk$).

Eine weitere Aufhellung des Vorstellungshorizontes, in dem sich der Beter mit seinem Appell in Jer 18,23 bewegt, verspricht die Durchsicht jener Textstellen in der prophetischen Literatur, die ebenfalls von einem bestimmten Zeitpunkt als Fixpunkt für Jahwes Zorn sprechen,[56] bzw. von einem künftigen umgreifenden Wirksamwerden dieses Zorns handeln und damit auf ein Geschehen nach 587 vorausblicken, das die endgültige Entscheidung über die Auseinandersetzungen und Strittigkeiten zwischen "Gottlosen" und "Frommen" innerhalb des Jahwevolkes bringen wird.

Der in Jes 13,6–13 geschilderte "Tag Jahwes" (vgl. v.6) wird in v.9 als ein Tag mit Grimm und Zornesglut[57] charakterisiert, der darauf abzielt, die Sünder von der Erde zu vertilgen (vgl. auch v.11). "Das Gericht über Babel, das der Verfasser ja zunächst ankündigen will, weitet sich ihm unter der Hand aus zu einem allgemeinen W e l t g e r i c h t"[58]. "Die Heimsuchung gilt gemäß dem universalen Charakter des hier angekündigten Jahwetages der Erde (tbl), es ist aber bezeichnend, daß es ihre B o s h e i t ist, die ihr Gericht findet und parallel zur 'Erde' von den $r\check{s}^c ym$ gesprochen wird"[59]. "Die Hochmütigen und Gewalttätigen... werden von dem über die Erde hereinbrechenden Gerichtstag getroffen und zerbrochen"[60].

In Jes 66,15 ist zwar nicht explizit von einem Zeitpunkt (ywm o. ä.) die Rede, an dem sich Jahwes Zorn auswirkt. Es steht jedoch deutlich vor Augen

---

[55] Vgl. ähnlich 1QS II,1–10, wo in Zeile 8f für die Leute des "Loses Belials" (Zeile 5), also die Gegner der Qumrangemeinde, strikt jede Möglichkeit der Vergebung abgeschlten wird: "Gott sei dir nicht gnädig, wenn du zu ihm rufst, und er vergebe nicht, deine Sünden zu sühnen ($wl^{\prime}$ $yslḥ$ $lkpr$ ^cwwnyk); er erhebe sein zorniges Angesicht über dich zur Rache..."; vgl. dazu LICHTENBERGER, Studien, S.109ff.

[56] Die in Jer 18,23 vorliegende Formulierung $b^c t$ $^{\prime}pk$ ist sonst nicht belegt. Vom "Tag" des Zorns ist in Thr 1,2; Thr 2,1.21.22 rückblickend auf 587 die Rede.

[57] ^cbrh $wḥrwn$ $^{\prime}p$; vgl. auch v.13bß ywm $ḥrwn$ $^{\prime}pw$.

[58] So WILDBERGER, Jesaja 2, S.517.

[59] WILDBERGER, Jesaja 2, S.518.

[60] So zu Jes 13,10–12 KAISER, Jesaja 13–39, S.18; Jes 13,2–22 ist nach KAISER nachexilisch und "protapokalyptisch", vgl. a.a.O.,S.6; für WILDBERGER stellt Jes 13 "eine bedeutungsvolle Stufe des Weges Israels zu einem apokalyptischen Geschichtsverständnis dar" (Jesaja 2, S.529).

das Kommen Jahwes zum Zorn[61] im Zusammenhang eines künftigen Gerichtshan-
delns an "allem Fleisch" (v.16). HANSON faßt Jes 66,1-16 insgesamt als Einheit
auf,[62] um dann die Kernaussagen wie folgt zu charakterisieren: "(1) the present
era is dominated by evil, vitiating all hope that existing order can be redeemed;
(2) a great judgement is imminent, in which Yahwe will commit his enemies to
destruction, but will deliver those faithful to him; (3) beyond that judgement
lies a new era of prosperity and blessing, when the evil world will be sup-
planted by a paradisiacal realm ordained for the faithful"[63]. Dagegen meint
VERMEYLEN verschiedene Bearbeitungsstufen erkennen zu können. Die uns interessierenden Verse 15f will er als letzte Eingriffe einer Bearbeitung apo-
kalyptischer Natur einordnen (3. Jahrhundert). Jes 66,14b zusammen mit v.5f
gehören einer ins 4. Jahrhundert anzusetzenden Bearbeitungsschicht an, in der
sich der im Volk zwischen "Gottlosen" und "Frommen" aufgebrochene Gegensatz
widerspiegelt und der Ausschluß der äußeren und inneren Feinde vom zukünftigen Heil verhandelt wird.[64]

Obgleich also HANSON und VERMEYLEN die Frage der Entstehung von Jes
66,1-16 unterschiedlich beantworten, stimmen sie doch darin überein, daß im
Hintergrund der uns interessierenden Redeweise vom künftigen Zorneswirken
Jahwes Auseinandersetzungen um den wahren Jahweglauben stehen und daß für
die in diesem Text enthaltenen Aussagen eine Frömmigkeitsrichtung verantwortlich ist, die in dem künftigen Zornesgericht ihre eigene Bestätigung und zugleich die endgültige Verwerfung der Gegner erhofft.

Von einem "Tag" des Zornes Jahwes weiß ferner das Zefanjabuch.[65] Auch hier
stehen Spannungen zwischen verschiedenen Gruppierungen innerhalb der Jahwegemeinde im Hintergrund. Deutlich wird unterschieden zwischen denen, die
als die "Armen" und "Demütigen" zuletzt als "Rest Israels" übrig bleiben
werden,[66] und denen, die Jahwe als die "Hochmütigen"[67] aus Jerusalem entfernt.
Gedacht ist also an ein umfassendes Läuterungsgericht. Auf diesen Tag zu warten, fordert Zeph 3,8 auf. Es ist der Tag, an dem Jahwe seinen Zorn ausgießt.
Da ḥkh (v.8) stets "warten" im Sinne von "geduldig harren" meint,[68] wenn
Jahwe oder sein Handeln vor Augen steht, kann es sich in dem mit ḥkw ein-
geleiteten v.8 nicht um ein den Angesprochenen geltendes Drohwort handeln.

---

[61] Vgl. v.15b 1hšyb bḥmh ᵓpw ; vgl. auch v.14b.
[62] Ca. 520 v.Chr. entstanden; vgl. Apocalyptic, S.172.
[63] A.a.O., S.185.
[64] Vgl. VERMEYLEN, Du prophète Isaïe II, S.492ff, jeweils z.St..
[65] Vgl. Zeph 2,2.3 und 3,8.
[66] Vgl. Zeph 3,12; ferner Zeph 2,3.
[67] Vgl. Zeph 3,11.
[68] Vgl. Jes 8,17; Jes 30,18; Jes 64,3; Hab 2,3; Ps 33,20; Ps 106,13; Dan 12,12.

Die Angesprochenen sind unzweifelhaft folglich von denen zu unterscheiden, auf die der angesagte Zorn Jahwes zielt.[69] Somit gelten hier als Ziel des Jahwezorns entweder die in Zeph 3,3f genannten Gruppierungen, die wegen ihrer Untaten[70] das Zornesgericht treffen soll, oder die Völker selbst, die Jahwe versammeln will. Im ersten Fall wären die Völker lediglich das Gerichtswerkzeug, um Jahwes Zorn an den Schuldigen in Jerusalem zur Wirkung zu bringen. Gegen diese Auffassung spricht allerdings der Sprachduktus von Zeph 3,8. Wie zu $l^{\circ}sp$ und $lqbṣy$ so ist Jahwe auch Subjekt zu $lšpk$. Muß man das "über sie" folglich auf die Völker beziehen, so kann man gegen eine Fortsetzung der vorausgehenden Verse in diesem Sinn nicht einwenden, daß für v.8 eine Unheilsansage zu erwarten ist, die den in Zeph 3,1–7 angezeigten Jerusalemer Mißständen korrespondiert, also hier die Berücksichtigung der Völker nicht am Platz sei.[71] Hier ist daran zu erinnern, daß, wie ein Blick auf Jes 33 zeigt, die Vernichtung feindlicher Völker[72] und die damit verbundene Offenbarung der Macht Jahwes[73] zugleich "auch für das Gottesvolk seine Problematik (besitzt), weil es nicht nur aus den Frommen, sondern auch aus Sündern besteht"[74]. Die gleiche Vorstellung[75] dürfte für Zeph 3,8 und den weiteren Kontext ausschlaggebend gewesen sein. Nur so erklärt sich, warum zum geduldigen Harren auf diesen Tag Jahwes aufgerufen werden kann: Vor Augen steht ein umfassendes Zornesgericht Jahwes, in dem alles Hochmütige etc. in Israel wie unter den Völkern vernichtet wird, die Demütigen und Frommen jedoch als Rest übrigbleiben werden. Daß wir mit dieser Sichtweise Zeph 3 einem um 630 v.Chr anzusetzenden Propheten[76] absprechen müssen, ist deutlich. Der gesamte Vorstellungshorizont, die Sprache[77]

---

[69] Die Lesart im masoretischen Text "über sie" ($^{c}lyhm$) geht also in Ordnung; gegen ELLIGER (Zefanja, z.St.) und RUDOLPH (Zefanja, z.St.), die das "über sie" (auf die Völker bezogen) auf eine nachträgliche Textänderung (ursprünglich: "über euch") zurückführen möchten.

[70] Vgl. noch Zeph 3,7b.

[71] Vgl. so die Argumentation RUDOLPHs, Zefanja, S.290.

[72] Vgl. Jes 33,11f und Jes 33,3.

[73] Jes 33,13.

[74] So KAISER, Jesaja 13–39, S.270; Jes 33,14a faßt nach KAISER "wohl eine im Gegensatz zu der Gemeinde von v.2 und v.22 stehende innerjüdische Gruppe ins Auge" (a.a.O., S.271); vgl. auch DUHM, Jesaja, S.243f.

[75] Vgl. auch Jes 59; dazu HANSON, Apocalyptic, S.133.

[76] Vgl. so z.B. RUDOLPH, Zefanja, S.255.

[77] Vgl. zum "Ausgießen des Jahwezorns über die Völker" Ps 79,6 und Jer 10,25; zum Vorwurf, keine Zurechtweisung anzunehmen ($lqh mwsr$ Zeph 3,2.7) und nicht zu hören, vgl. Jer 7,28; Jer 17,23; Jer 32,33; Jer 35,13; nach THIEL (Redaktion 1–25, S.125) ist die Kombination dieser Aussageelemente für die deuteronomistische Bearbeitung im Jeremiabuch charakteristisch; hkh im Sinne geduldigen Harrens als Haltung der Frommen begegnet nur in späten Texten (vgl. schon oben Anm.68); zu hsh (Zeph 3,12) in Verbindung mit ^{c}ny (o.ä.) ist in der prophetischen Literatur nur noch Jes 14,32 vergleichbar (vgl.

sowie die sich im Hintergrund abzeichnende Separierung einer Frömmigkeitsrichtung, die sich als die "Armen" und "Demütigen" im Gegensatz zu den offiziellen
politischen und religiösen Instanzen Jerusalems sieht,[78] all das spricht gegen
eine Entstehung in vorexilischer Zeit.[79]

Von einem künftigen umfassenden Zorneshandeln Jahwes (nach 587) lesen wir
ferner Jer 30,23f.[80] Hier handelt es sich um die Ansage des Gerichts über die
Gottlosen ($rš^c ym$).[81] "Die Gottlosen... müssen erst durch den großen Gottessturm beseitigt werden, bevor die vollkommene Zeit kommen kann".[82] So
lange und bis dahin wendet sich Jahwes Zorn nicht. Er muß erst zur Vollendung
kommen. Die gleiche Vorstellung scheint in Jer 25,30–38 eine Rolle zu spielen.[83]

e) Jer 20,12

Daß auch Jer 20,12[84] mit dem Verweis auf Jahwes künftige Rache an den gottlosen Gegnern ($^ɔr^ɔh\ nqmtk\ mhm$) einen künftigen Gerichtsakt Jahwes vor Augen stellt, ergibt eine Überprüfung all jener Stellen in den Prophetenbüchern,
in denen von Jahwes Rachehandeln in der Zukunft die Rede ist.[85] Läßt man die
zahlreichen Belege beiseite, nach denen Jahwes Rache auf die Völker zielt, so
bleiben allein Aussagen in Jes 1,24 und Jes 59,17 übrig. Jes 59,17 denkt ganz
deutlich an eine Rache, die im Zusammenhang mit einem künftigen Läuterungsgericht den Frevlern gilt: "Das Handeln Gottes... ist eine zweiseitiges: ein
Vernichten der Feinde Israels, was hier auf die Frevler bezogen wird, und ein
Befreien Israels, was hier eingeschränkt ist auf die Frommen in Israel"[86]. Auch
Jes 1,24 scheint die Vorstellung von einem künftigen Läuterungsgericht

---

dazu KAISER, Jesaja 13–39, S.47); zur Bezeichnung einer religiösen Haltung
   mit *dl* und *^c ny* vgl. Jes 26,6; Jes 66,2.
[78] Vgl. Zeph 3,1–4!
[79] Daß die Könige nirgends erwähnt werden, erklärt man in der Regel damit,
   daß Zefanja eben noch zur Zeit des unmündigen Josia aufgetreten sei; es
   fällt aber auf, im gesamten Buch nirgends Reflexionen über den
   Stellenwert des Königtums auftauchen; zumal im Blick auf die Heilserwartungen hätte dergleichen nahegelegen.
[80] Vgl. Jer 23,19f.
[81] Die *rš^c ym* begegnen im Jeremiabuch nur in Jer 5,26; Jer Jer 12,1; Jer 23,19;
   Jer 25,31; als Gattung nur in späten Texten!
[82] DUHM, Jeremia, S.243.
[83] Wir können hierzu auf Einzelheiten verzichten und auf die Ausführungen
   oben S.49 und McKANE, Jeremiah, z.St. verweisen.
[84] Vgl. Jer 11,20.
[85] Vgl. *nqm* und *nqmh* .
[86] Vgl. WESTERMANN, Jesaja 40–66, S.279.

anzudeuten.[87] Die in Jer 20,12 geäußerte Hoffnung auf Jahwes Rache erinnert außerdem an Ps 94,1ff (v.1 *ʾl nqmwt*). KRAUS hält es für möglich, "daß das Einschreiten des 'Weltenrichters' einen eschatologischen Charakter mit der Zeit bekommen hat"[88]. Die angesprochenen Frevler (*ršᶜym*) "sind offenbar in der Führungsschicht des Gottesvolkes zu suchen (5)"[89]. Der Psalm ist "in späte (nachexilische) Zeit anzusetzen"[90].

3. Zusammenfassung

Die Gerichtserwartung in den KT ist in den an Jahwe gerichteten Appellen lediglich in komprimierter Form angedeutet. Das ist gattungsmäßig bedingt. Ausführliche Beschreibungen und Ausmalungen des erwarteten Gerichtsgeschehens sind in diesen Appellen nicht angebracht. Der Beter konzentriert sich in seinen Bitten um die Herbeiführung des Gerichts darauf, daß Jahwe in der Zukunft endgültig handeln möge. Das "Wie" dieses Handelns, der gesamte Vorstellungshorizont, in dem das Eingreifen Jahwes seinen Platz hat, kann weithin unausgesprochen bleiben. Immerhin läßt die in den Appellen verwendete Terminologie deutlich erkennen, daß ein klar umrissenes Bezugsgeflecht impliziert ist und auch für den Leser als bekannt vorausgesetzt werden kann.

Eine Durchsicht der Appelle ergibt, daß der Beter seine Hoffnung auf ein künftiges Unheilsgeschehen setzt, das Jahwe zu einem bestimmten Zeitpunkt herbeiführen wird. Dieser Zeitpunkt steht als "Jahr der Heimsuchung" (Jer 11,23), "Tag des Mordens" (Jer 12,3), "Tag des Unheils" (Jer 17,17f), "Zeit des Zorns" Jahwes (Jer 18, 23) vor Augen.

Gleiche oder zumindest ähnliche Charakterisierungen eines für die Zukunft erwarteten Unheilsgeschehens lassen sich nur in sehr späten, vorwiegend nachexilischen Textschichten der Prophetenbücher nachweisen.[91] Die sich in diesen Texten äußernde Frömmigkeit weiß sich ebenso wie der Beter in den KT durchweg in einem Konflikt mit anderen Richtungen innerhalb des eigenen Volkes.[92] Auch hier stehen im Hintergrund weithin Auseinandersetzungen um den wahren Jahweglauben. Dem Gegeneinander von "Frommen" und "Gottlosen"

---

[87] Vgl. KAISER, Jesaja 1–12, S.53ff.
[88] Psalmen 1, S.654.
[89] KRAUS, Psalmen 1, S.655.
[90] KRAUS, Psalmen 1, S.654.
[91] Vgl. besonders Jes 13,9ff; Jes 30,18–26; Jes 59,1–20; Jes Jes 65,8–16; Jes 66,1–16; Jer 25,30–38; Jer 30,23f; Zeph 3.
[92] Vgl. besonders Jes 30,18–26 in Verbindung mit Jes 29,17–24; Jes 59,1–20; Jes 66,1–16; Zeph 4; vgl. auch Ps 69.

scheint ein Gegeneinander von Angehörigen der Führungs- bzw. Oberschicht im Volk und solchen Kreisen zu entsprechen, die sich an den Rand gedrängt fühlen. Entsprechend konzentriert sich die Zukunftshoffnung bzw. Gerichtserwartung auf ein künftiges, umfassendes und endgültiges Gerichtshandeln Jahwes, in dem allein die "Frommen" (die Demütigen, die Armen, die Gerechten etc.), aber nicht die "Gottlosen (die Sündern, die Stolzen, die Tyrannen etc.) bestehen werden.

Im Blick auf diese Korrespondenzen bestätigt sich also die oben[93] vorgenommene Standortbestimmung der KT. Die Gerichtsappelle in ihrer besonderen Diktion und im Kontext eines Prophetenbuches[94] sowie die sich in den KT spiegelnde innere und äußere Konfliktsituation der sich hier artikulierenden Frömmigkeit[95] sprechen unzweifelhaft für die Entstehung dieser Texte in nachexilischer Zeit.

Die Trägerkreise der KT sind identisch oder stehen zumindest in großer Nähe zu jenen Gruppierungen, die nach dem Zeugnis zahlreicher spätexilischer Passagen in den Prophetenbüchern mit einem künftigen entscheidenden Gerichtshandeln Jahwes rechnen, dieses Gericht aber nicht in erster Linie als Gericht und Rache Jahwes an den Israel feindlichen Völkern verstehen,[96] sondern als auf Israel zielendes Läuterungsgericht. Bevor die Erwartung einer von Jahwe herbeigeführten Heilszeit erfüllt werden kann, ist nach dieser Konzeption nicht nur das Problem der Bedrohung Israels durch äußere Feindmächte zu lösen und den Fremdvölkern im Gericht Jahwes für die von ihnen erfahrenen Unterdrückungen und Ungerechtigkeiten heimzuzahlen. Zumindest gleichgewichtig werden die Ungerechtigkeiten und Verschuldungen innerhalb des eigenen Volkes empfunden. Wie die feindliche Völkerwelt von außen Israel bedroht und das erhoffte Heil verzögert, aber gerade deswegen von Jahwe die Durchsetzung seines Gerechtigkeitswillens im Blick auf die Völkerwelt erwartet werden kann, so fühlt man sich in den vor Augen stehenden Texten analog in Israel selbst von feindlichen Mächten bedroht.

Die den "Frommen" feindlich gegenüberstehenden Gruppierungen der "Gottlosen" (der Stolzen, Tyrannen etc.) nehmen also für die Frommen die gleiche Rolle ein wie die Feindvölker für das gesamte Jahwevolk. Die in den entsprechenden Texten an Jahwe erhobenen Appelle, das Gericht über sie herbeizuführen, ebenso wie jene Jahweworte, die in der prophetischen Literatur die

---

[93] Vgl. S.38ff.
[94] Vgl. dazu besonders oben S.36ff.
[95] Vgl. dazu oben S.33ff.
[96] Vgl. z.B. Ps 79,6ff; Mi 4,12; Joel 4.

entsprechenden Zusagen enthalten, dokumentieren folglich, daß sich wie Israel im Gesamtgefüge der Völkerwelt so entsprechend die Frommen im gesellschaftlichen und religiösen Gesamtgefüge des eigenen Volkes ohnmächtig fühlen. Wenn ihnen nur noch die Erwartung bleibt, daß Jahwe in einem umfassenden endgültigen Gerichtsgeschehen analog dem Gericht an den Völkern die Feinde vernichtet und damit den Frommen zu ihrem Recht verhilft, so unterscheidet diese Frömmigkeitsrichtung nicht mehr zwischen äußeren und inneren Feinden. Der Zorn, die Rache Jahwes etc. muß innerhalb und außerhalb Israels wirksam werden. Völkergericht und Läuterungsgericht an Israel können als ein und dasselbe Geschehen vorgestellt werden. Von diesen Überlegungen ausgehend wäre zu überprüfen, ob nicht die auffälligen Berührungen zwischen den KT und Jer 25,30–38 darauf zurückzuführen sind, daß das hier angekündigte Weltgericht Jahwes "über alles Fleisch", in dem die "Gottlosen" ($rš^{c}ym$; v.31) dem Schwert übergeben werden, mit in die Konzeption der KT-Frömmigkeit hineingehört.

Eine ganz andere Frage ist, warum und auf welchem Wege die "Frommen" innerhalb des Jahwevolkes an den Rand gedrängt wurden. Sind dafür gesellschaftliche Gegebenheiten (Schichtengefälle, Randgruppendasein etc.) zu veranschlagen oder spielen hier von vornherein Grundsatzfragen im religiösen Bereich eine ausschlaggebende Rolle?

IV. ERWÄGUNGEN ZUR THEOLOGISCHEN POSITION DER GEGNER

1. Die Fragestellung

Die hinter den "Konfessionen" stehende Glaubensrichtung geht bei der Charakterisierung der ihr feindlich gegenüberstehenden Kreise keineswegs so weit, ihnen neben der Ablehnung der im prophetischen Beter personifizierten eigenen Glaubensüberzeugungen zugleich auch die grundsätzliche Ablehnung Jahwes vorzuhalten. Auffällig ist nämlich, daß an keiner Stelle der Vorwurf erhoben wird, die Gegner wären zur Verehrung fremder Götter übergegangen.[1] Ebensowenig ist von sozialen Vergehen die Rede oder davon, daß man in diesem Punkt von Jahwes Gesetz etc. abgewichen sei.[2] Zwar wird darüber geklagt, daß die Gegner "Jeremias" Auftreten als Prophet im Namen Jahwes unterbinden wollen;[3] aber es muß ihnen auch zugestanden werden, daß Jahwe "sie gepflanzt" hat[4] und daß sie Frucht bringen. Ja, es kann nicht übersehen werden, daß Jahwe "in ihrem Munde" ist, wenn auch mit der Einschränkung "fern von ihren Nieren"[5]. Dem scheinen in gewisser Weise Hinweise zu korrespondieren, daß die Gegner mit Jahwes Nachsicht, Duldsamkeit o.ä. rechnen.[6] Denn wenn "Jeremia" in 18,23 im Blick auf seine Gegner den Vorwurf der Sünde und der Schuld erhebt, indem er an Jahwe appelliert, ihnen nicht zu vergeben, so ist zu fragen, ob er diesen Punkt "Vergebung Jahwes" nicht deswegen hier verhandelt und verworfen wissen möchte, weil er in der theologischen Konzeption der Gegner eine wichtige Rolle spielt.[7]

---

[1] Vgl. dagegen zu diesem häufig erhobenen Vorwurf im Jeremiabuch z.B. 1,16; 2,5ff; 2,20; 2,23-27; 3,1ff; 3,6-13; 4,1; 5,7ff; 7,16ff; 8,1ff; 9,12ff; 11,10.12f.17; 13,25-27; 15,3-4; 16,10-13; 18,13ff; 19,4ff.13; 22,8f; 25,6f; 32,29.32ff; 35,15; 4,1ff.
[2] Vgl. dagegen die häufigen Vorwürfe in dieser Richtung z.B. Jer 5,1ff; 5,26-28; 6,13.19; 9,1ff; 26,4.13; 32,23.
[3] Vgl. Jer 11,21.
[4] Vgl. Jer 12,2a.
[5] Jer 12,2b.
[6] Vgl. Jer 18,23.
[7] Vgl. dazu oben S.52ff.

Nach Jer 17,15 lehnen die Gegner "Jeremias" offensichtlich nicht generell das Wort Jahwes ab; sie haben jedoch Vorbehalte gegenüber dem Wort, wie es dieser "Jeremia" ansagt.[8]

Wird in Jer 18,18 mit einem echten oder fingierten Zitat belegt, daß sich die Gegner auf die "Tora des Priesters, den Rat des Weisen und das Wort des Propheten" berufen, so geht daraus zugleich hervor, daß man diesen Gegnern nicht bestreiten kann, die klassischen Verbindungsmöglichkeiten zu Jahwe für sich in Anspruch zu nehmen und einen Zugang zu Jahwe zu suchen. Der zuständige Verfasser, der hier die gegen seine eigene Position gerichtete Argumentation seiner Gegner referiert, kann folglich nicht davon absehen, daß diese Gegner, jedenfalls nach ihrem Selbstverständnis, fest auf dem Boden des Jahweglaubens stehen und ihrerseits auf ihrer Rechtgläubigkeit insistieren.

Lassen somit die in den "Konfessionen" enthaltenen Vorwürfe und Anspielungen im Blick auf die Position der Gegner durchaus noch erkennen, daß diese Gegner, so wie sie selbst verstehen, keineswegs aus der Beziehung zu Jahwe herausgefallen sind, so empfiehlt es sich, hier im Interesse eines besseren Verständnisses der "Konfessionen" und ihrer Hintergründe genauer zu sondieren. Es soll im folgenden daher versucht werden, die jetzt durch die Sichtweise der Verfasser der "Konfessionen" verzerrt dargestellte theologische Position der Gegner exakter zu orten.

2. Das Zeugnis der "Konfessionen"

a) Jer 12,1–4

Innerhalb von Jer 11,18 – 12,6[9] bewegt den Beter die Frage, warum die Gottlosen und Abtrünnigen so erfolgreich und sicher leben. Offensichtlich hat Jahwe sie "gepflanzt" (v.2a), sie sind fest "verwurzelt" und "bringen Frucht". Es läßt sich auch nicht bestreiten, daß Jahwe "nahe in ihrem Munde ist" (v.2bα). Im gleichen Atemzug weist der Beter jedoch darauf hin, daß das nichts zu bedeuten

---

[8] Vgl. Jer 11,21.
[9] Zum Aufbau vgl. oben S.45ff.

hat (v.2bß). Zu diesem Urteil gelangt er offensichtlich im Blick auf die in 12,4bß dokumentierte Denkweise seiner Gegner.[10]

Eine Klärung der Frage, welche Gruppe innerhalb der Jahwegemeinde der Beter hier konkret vor Augen hat und welche theologische Position sie vertritt, hängt weitgehend davon ab, wie 12,4bß zu interpretieren ist. M liest "er sieht nicht unser Ende" ("das, was nachher kommt"[11]), während Lxx als Subjekt "Gott" und anstelle von $^{\circ}hrytynw$ offensichtlich ein $^{\circ}rhwtnw$ vor Augen hat.[12] Die von der Lxx bezeugte Lesart ("Gott wird unsere Wege nicht sehen") läuft ganz deutlich darauf hinaus, die Gegner als solche zu charakterisieren, die in Zweifel ziehen oder gar grundsätzlich bestreiten, daß Jahwe die "Wege" des Menschen "prüft" oder "beobachtet"[13]. Dann wären hier die Gegner des Beters in der Nähe jener Skeptiker gesehen, wie wir sie mehrfach in sehr späten Psalmen angegriffen und angeklagt wiederfinden, weil man hier von der Überzeugung ausgeht, daß Jahwe sich nicht um den Einzelnen und Recht und Unrecht in der Welt kümmert.[14] Allerdings wird in diesen späten Psalmen regelmäßig hervorgehoben, daß diese Skeptiker nicht erst auf Grund ihrer Denkweise, sondern schon im Blick auf ihre unverhüllt abfällige Redeweise über Jahwe als "Gottlose" erkennbar und ausgrenzbar sind. So gilt für Ps 73: "dbr br^c in 8 bezieht sich wohl auf die spöttischen und verleumderischen Worte der $r\check{s}^c ym$, die sich über Gott und Mensch hinwegsetzen"[15]. Die gleiche Charakterisierung des $r\check{s}^c$ wie in Ps 73 begegnet in Ps 10. Auch hier ist er derjenige, der nicht nur im Herzen,[16] sondern sogar offen heraus[17] die Miß-achtung Jahwes praktiziert.[18] In diesem Punkt unterscheidet sich jedoch die in Jer 12,2ff vorliegende Charakterisierung der $r\check{s}^c ym$ Die Gegner des Beters können jedenfalls nicht als solche $r\check{s}^c ym$ angesehen werden, die "Jahwe nicht

---

[10] Jer 12,4abα ist später eingedrungen, um hervorzuheben, daß das Verhalten der Gottlosen und ihr Gedeihen als Ursache für mißliche Zustände im Bereich der Vegetation (Dürre) gewertet werden muß.

[11] Vgl. ThWAT, S.115.

[12] Warum diese Lesart vor der von M bezeugten den Vorzug haben muß, wird von RUDOLPH (Jeremia, z.St.), WEISER (Jeremia, z.St.), ITTMANN (Konfessionen, S.85f) u.a. bei ihrer Entscheidung nicht begründet!- Zu $^{\circ}hryt$ im Jeremiabuch vgl. noch Jer 5,11 "wenn es damit zu Ende ist"; Jer 17,11 (neben "in der Mitte seiner Tage"), zu $^{\circ}hryt\ hymym$ vgl. Jer 23,20 (=30,24); 48,47; 49,39; ferner 31,17.

[13] Vgl. zu dieser Überzeugung Ps 139,3; Job 13,27 (=33,11); 34,21.

[14] Vgl. Ps 73.

[15] KRAUS, Psalmen 1,S.506.

[16] Vgl. dazu Ps 10,4.6.

[17] Vgl. dazu Ps 5,10.

[18] Ps 10,3; vgl. Job 21,14!

anrufen"[19]. Während die in den genannten späten Psalmen vor Augen gestellten r$\overset{\text{y}c}{s}$ym gar nicht (mehr?) zur Jahwegemeinde gezählt werden können, kann das für die "Gottlosen" in Jer 12,1ff so nicht veranschlagt werden. Diese Beobachtung legt den Schluß nahe, daß die Lxx-Lesart in Jer 12,4bß ihre Entstehung der Absicht verdankt, hier gegen den älteren, in M überlieferten Text ein Bild des "Gottlosen" einzutragen, der sich auch nach außen längst von der Jahwegemeinde gelöst hat und dementsprechend auch offen propagieren kann, daß es ihm auf Jahwe gar nicht mehr ankommt.[20] Möglicherweise spiegelt also die Lxx-Lesart "Gott sieht nicht unsere Wege" schon jene Anfechtung wider, in die die Jahwegemeinde im Blick auf jene Gottlosen geriet, die, obwohl sie bei Leugnung jeglicher göttlichen Vorsehung dem Jahweglauben gänzlich indifferent oder gar ablehnend gegenüberstanden,[21] es dennoch zu Wohlstand und Glück etc. gebracht hatten. D.h. die Lxx oder auch deren Vorlage interpretiert den in Jer 12,1ff angezeigten Konflikt zwischen dem Beter und seinen Gegnern schon nicht mehr als eine Auseinandersetzung zwischen verschiedenen Frömmigkeitsrichtungen innerhalb der Jahwegemeinde.[22]

Während die Lxx aus den vermuteten Gründen "Gott" zum Subjekt der Aussage in Jer 12,4bß macht, ist in der M-Fassung zunächst noch offen, wer als Subjekt von "er sieht nicht unser Ende" zu gelten hat. Die meisten Ausleger rechnen zwar mit Jahwe als Subjekt;[23] es besteht aber ebensogut die Möglichkeit, daß hier "Jeremia", bzw. der Beter gemeint ist, hier also die Aussage beabsichtigt ist: "Er (Jeremia) wird unser Ende nicht sehen".

Vom Kontext und der Problemlage des Beters aus betrachtet erscheint diese Aussage sogar am naheliegendsten. Falls mit Jer 12,4bß eine Aussage über Jahwe beabsichtigt gewesen wäre, hätte wohl auch wie in vergleichbaren Texten Jahwe als Subjekt ausdrücklich genannt werden müssen.[24] Ist der Beter selbst mit die-

---

[19] Vgl. Ps 14,4.
[20] Vgl. zu diesem Bild des Gottlosen Sap.Sal. Kap.2!
[21] Vgl. dazu Sir 16,17-23; ferner HENGEL, Judentum, S.256f.
[22] Zu solchen Konflikten vgl. z.B. Jes 29,13; hier heißt es vorwurfsvoll: "Und Jahwe sprach: Weil sich dieses Volk nur mit seinem Munde naht (term. techn. der Kultsprache, vgl. Nu 8,19; Jer 30,21; Ez 44,13; dazu KAISER, Jesaja, 13-39, S.217, Anm.7) und mich nur mit seinen Lippen ehrt, während sein Herz fern von mir ist, und ihre Furcht vor mir nichtig, angelerntes Menschengebot..."; dazu KAISER (a.a.O., S.217): "Unser Autor sieht ein Volk, zwischen dem und sich selbst er durch die pronozierte Bezeichnung als 'dieses Volk' eine gewisse Distanz herstellt, auf dem verkehrten Wege einer Kultfrömmigkeit".
[23] Unter dem Einfluß der Lxx-Lesart!
[24] Vgl. Ps 94,7; ähnlich Ps 10,4.11; (Ps 64,6 ohne Subjektangabe, aber als Frage); Job 22,13; Job 31,4 und Job 34,21 (vgl. jeweils den Kontext); Dtn 32,19f.

ser Aussage gemeint, so konnte auf seine ausdrückliche Benennung deswegen verzichtet werden, weil dem Leser von Jer 11,19 her ausreichend bekannt ist, mit wem sich die Gegner auseinandersetzen. Auch in diesem Vers steht ja der Beter als Angriffsziel seiner Gegner deutlich vor Augen, ohne daß weitere Klarstellungen erforderlich sind. Das gleiche ist in Jer 20,10b der Fall. Das $l^{\circ}yr^{\circ}h$ ... im Munde der Gegner auf den Beter bezogen korrespondiert zudem hervorragend der Selbstaussage des Beters in Jer 11,20b ("ich werde deine Rache an ihnen sehen"), indem so die vom Beter vertretene Hoffnung für irrelevant erklärt wird, daß Jahwes Rache ihnen gilt und an ihnen zum Ziel kommen wird.

Soll das Zitat aus dem Munde der Gegner (analog zu Jer 11,20) ausdrücken: "Er wird es nicht erleben, was er sich von Jahwe gegen uns erhofft"[25], "er wird unser Ende, unseren Tod,[26] also Jahwes Rache[27] nicht sehen", so dient diese Feststellung dazu, die den Beter abweisende Einstellung seiner Gegner zu illustrieren. Hervorgehoben wird auf diese Weise, daß sich diese abweisende Einstellung gerade gegen die spezifische Gerichtserwartung des Beters richtet. Folglich stehen die als "Gottlose" abqualifizierten Gegner keineswegs in einer direkten Frontstellung zu Jahwe selbst.[28] Für den Beter erschließt sich deren Frontstellung Jahwe gegenüber nur aus der Tatsache, daß sie sich in einer Frontstellung ihm gegenüber befinden. Weil sie ihn ablehnen und sein Jahweverständnis bekämpfen, kann er ihr Festhalten am Jahweglauben und ihre religiöse Praxis nur noch als Äußerlichkeit ansehen.

Der in Jer 12,2bß erhobene Vorwurf erinnert an Jes 29,13, wo mit ähnlichen Formulierungen eine auf den Kult konzentrierte Frömmigkeit in Frage gestellt wird.[29]

Nach allem läßt sich im Blick auf Jer 11,18 – 12,6 die Position der Gegner folgendermaßen charakterisieren:

Sie können offensichtlich nicht der gängigen sozialen Vergehen bezichtigt werden, wie das sonst häufig der Fall ist, wenn der Vorwurf der Gottlosigkeit erhoben wird.[30] Die vom Beter konstatierte Gottlosigkeit resultiert auch nicht aus einer Einstellung, in der Jahwe für das praktische Leben keine Rolle spielt;

---

[25] Vgl. ähnlich Ps 118,7 "ich werde auf meine Hasser herabsehen"; Ps 112,8; Ps 91,8 "du wirst sehen die Vergeltung an den Gottlosen"; Ps 52,8; 107,42; Job 22,19.
[26] Vgl. Nu 23,10!
[27] Vgl. Jer 11,20b und Ps 91,8.
[28] Das deutete auch schon Jer 12,2abα an!
[29] Vgl. dazu oben Anm. 22; den intensiven äußerlichen Umgang mit Jahwe im Kult (Jahwe täglich suchen, fasten, seine Wege wissen wollen etc.) stellt auch Jes 58,1-12 kritisch vor Augen.
[30] Vgl. z.B. Jer 5,26-28; 9,1ff u.ö..

denn "Jahwe ist nahe in ihrem Munde" (Jer 12,2bα). Die Gegner können anscheinend nur deswegen als $rš^c ym$ bezeichnet werden, weil sie im Gegensatz zum
Beter und seinen Auffassungen stehen.[31] Sie befinden sich in einflußreichen
Positionen, Jahwe hat sie "gepflanzt", sie haben Erfolg, sind fest eingewurzelt,
bringen Frucht.[32] Lassen sie sich durch die Auffassung vom kommenden Gericht
nicht irritieren, so vermutungsweise deswegen nicht, weil sie ihr Tun und
Ergehen vor Jahwe im engsten Zusammenhang sehen und darin eine Ordnung
erkennen, die sie sich nicht durch eine nachgeschobene, zusätzliche Überprüfung[33] relativieren lassen wollen. Eine Entscheidung der Frage, ob die Gegner in
einer engen Beziehung zu wichtigen Institutionen der Jahwegemeinde stehen, ist
von Jer 11,18 - 12,6 allein kaum möglich. Gewisse Anhaltspunkte lassen sich
m.E. aus der Stellung im jetzigen Kontext entnehmen.

In Jer 11,15 und 12,7, also jeweils kurz vor und kurz nach der jetzigen "Konfession" ist pointiert vom Tempel ("mein Haus") die Rede. Die "Konfession"
unterbricht also deutlich eine thematisch ausgerichtete Abfolge. Im Blick auf
den jetzigen Kontext ist die Annahme naheliegend, daß die vom Beter angegrif-
fene Gruppierung hier in einen Zusammenhang mit jenen Vorgängen gebracht
werden soll, die in Jer 11,15f kritisch angesprochen worden sind. Trotz großer
Unklarheiten läßt Jer 11,15f immerhin noch soviel deutlich erkennen, daß hier
Fehlverhaltungen im Tempel, und zwar wohl seitens der Priesterschaft[34] vor
Augen stehen. Die Einordnung von Jer 11,18 - 12,6 in den jetzigen Kontext
könnte also damit zusammenhängen, daß der Verfasser der "Konfession" die
Gegner des Beters in einer engen Verbindung mit am Tempel wirkenden Kreisen,
also in erster Linie Priestern sieht.[35]

---

[31] Das erinnert an die Einschätzung der Jerusalemer Priesterschaft in der
   Qumrangemeinde; auch hier findet das Prädikat $rš^c$ Verwendung, vgl. 4QpPs
   37, IV,8; 1pHab VIII,8; XI,4; XII,2.8 u.ö..
[32] Vgl. Jer 12,1bß.2a.
[33] Vgl. $bḥn$ in Jer 12,3aß.

[34] Vgl. Jer 11,15 $bśr\ qdš$!
[35] Daß sich die metaphorische Aussage in Jer 12,2a eng mit der in Jer 11,16a
   berührt, ist unübersehbar.

b) Jer 17,15

In Jer 17,15[36] fragt die gegnerische Seite nach dem Stellenwert des vom Beter vertretenen Jahwewortes: "Wo ist das Wort Jahwes? Es komme doch!" Deutlich ist, daß das "Wort Jahwes" hier nicht das von Propheten verkündigte und vertretene Gesetz, Mahnrede[37] o.ä. bedeutet. Die kritische und ablehnende Rückfrage nach dem Stellenwert des Jahwewortes, die der Beter als Infragestellung seiner Position empfindet, zielt ohne Zweifel auf das vom prophetisch orientierten Beter vertretene Jahwewort als Zukunftsansage.

Die Position der Gegner läßt sich genauer umreißen, wenn man sich die in den KT vertretene Konzeption vom künftigen Handeln Jahwes vor Augen hält. Da wir auf diesen Punkt in einem besonderen Abschnitt ausführlicher eingegangen sind,[38] genügen hier einige Hinweise.

Wie aus den zahlreichen Bitten, Klagen und Anklagen vor Jahwe hervorgeht, steht der Beter nicht nur in einer äußeren Konfliktsituation. Der Auseinandersetzung mit den Feinden korrespondiert eine Auseinandersetzung mit Jahwe. Diese Auseinandersetzung bezieht zwar auch die Anfeindungen und Bedrohungen seitens der Gegner mit ein. Zentrales Thema ist jedoch jeweils die Frage nach dem Geschick des Frommen und des Gottlosen,[39] bzw. nach dem Gerechtigkeitswillen Jahwes. Alle Bitten und Klagen konzentrieren sich letztlich darauf, daß Jahwe diesen Gerechtigkeitswillen durchsetzen möge. Offensichtlich denken die Verfasser der KT nicht (mehr?) an ein den Tun-Ergehen-Zusammenhang jeweils stabilisierendes und garantierendes Handeln Jahwes. Sie können sich die

---

[36] Zur Abfolge "Bitte um Heilung" (zu $rp^{\supset}$ vgl. Jer 15,18) und "Hilfe" Jer 17,14 und daran anschließend v.15 "Verweis auf die Reden der Feinde" vgl. z.B. Ps 41,5 und v.6ff (Im Blick auf den jetzigen Aufbau von Ps 41 wäre zu erwägen, ob nicht Jer 17,12f zur folgenden "Konfession" hinzuzuziehen ist, da auch Ps 41,1-4 [incl. v.12-13] das eigentliche individuelle Klagelied 41,5-11 umranken und damit das Mittelstück innerhalb des so konzipierten Dankliedes zu einem Bericht von Not und Hilfe umfunktionieren; vgl. KRAUS, Psalmen 1, S.312. Offen ist allerdings dann immer noch, ob Jer 17,12f von der gleichen Hand stammt wie 17,14-18 oder eine spätere Vorschaltung darstellt.); Ps 31,10f und v.12-14; Ps 7,2f (Bitte um Hilfe vor Feinden) und v.4ff (Unschuldsbeteuerung; vgl. Jer 17,16) sowie v.7 (Bitte um Jahwes Gerichtshandeln); Ps 59,2f (Bitte um Hilfe), v.4 (Verweis auf die Gegner), v.5 (Unschuldsbeteuerung), v.6 (Bitte um Jahwes Gerichtshandeln); Ps 119. 89ff u.ö..

[37] Vgl. dazu im Jeremiabuch: 6,19; 11,10; 13,10; 19,15; 23,22; 25,8; 26,4f; 26,19; 35,13 u.ö..

[38] Vgl. oben S.43ff.

[39] Vgl. Jer 12,1-3; Jer 18,23; Jer 11,20 und Jer 20,12.

Überwindung der gegenwärtigen Unrechtsverhältnisse und eine Klärung des Stellenwertes der Frommen wie der Gottlosen nur noch so erhoffen, daß Jahwe in einem künftigen umfassenden Akt eingreift, also endgültig zum Gericht kommt.

Diese "eschatologisch" ausgerichtete Konzeption des Jahweglaubens stößt offensichtlich auf Widerstand, bzw. provoziert kritische und ablehnende Rückfragen, wie sie in Jer 17,15 zitiert werden.

Auf Spuren ähnlicher Konflikte zwischen zwei einander widerstreitenden Richtungen innerhalb des Jahweglaubens stößt man auch in Jes 66,5ff: "Höret das Wort Jahwes, die ihr bangend auf sein Wort achtet: Es sagen eure Brüder, die euch hassen, die euch wegdrängen um meines Namens willen, Jahwe möge sich doch verherrlichen, daß wir auf eure Freude sehen können! Doch sie werden zuschanden werden"[40].

Zwar ist deutlich ("eure Brüder") ausgesprochen, "daß beide Gruppen noch der gleichen Gemeinschaft angehören"[41]; aber die, die bangend auf Jahwes Wort achten,[42] erfahren Haß und Ablehnung derjenigen, denen gegenüber sie für Jahwe und sein Wort, wie sie es verstehen, eintreten. Das Zitat aus dem Munde der Gegner erhellt, daß man sich deswegen gegen dieses Eintreten für Jahwe und sein Wort wendet, weil man die dafür ausschlaggebende besondere Zukunftshoffnung ablehnt. WESTERMANN vermutet, daß diese Zukunftshoffnung Heilsverheißungen im Auge hat oder propagiert, muß dann allerdings die Antwort auf die Frage offen lassen, "warum der Hohn und Haß sich gerade auf das Festhalten an der Heilsverkündigung bezieht"[43]. M.E. ist es daher naheliegender, daß die Zukunftserwartung der in Jes 66,5 Angesprochenen Jahwes künftiges Heils- und Unheilshandeln zugleich vor Augen hat. Dafür spricht gerade WESTERMANNs Beobachtung einer Schicht von selbständigen Worten und Zusätzen innerhalb von Jes 55-66, "in denen allen die Situation, in die hinein sie gesprochen werden, durch eine beginnende Scheidung zwischen Frommen und Frevlern charakterisiert ist"[44] und "in der es nicht mehr möglich war, allen zugleich das Heil anzukündigen"[45].

---

[40] Übersetzung nach WESTERMANN, Jesaja 40-66, S.329.
[41] So WESTERMANN, a.a.O., S.330.
[42] "die zu seinem Wort hinzittern"; vgl. Jes 66,2; Esr 9,4; Esr 10,3.
[43] A.a.O., S.330.
[44] Vgl. Jes 56,9 - 57,13; 57,21; 59,2-8; 65,1-16a; 66,3-4; 66,5; 66,17 (so WESTER-MANN, a.a.O., S.245).
[45] WESTERMANN, a.a.O., S.242.

Das Eintreten für Jahwe und sein Wort in dem Sinne, daß sein Kommen und seine Verherrlichung für die einen zum Gericht und für die anderen zum Heil als bevorstehend angesagt wurde, dürfte erst eigentlich die Aversion und den Haß der "Brüder" bewirkt haben. Denn alle diejenigen innerhalb der Jahwegemeinde, die sich nicht zu den in Jes 66,5 angesprochenen Frommen zählten und deren Überzeugung teilten, mußten sich vorhalten lassen, daß Jahwes Kommen ihnen zum Gericht werde.[46] Für diese Auffassung spricht außerdem, daß von der "Verherrlichung" Jahwes[47] durchaus die Rede sein kann, wenn Jahwes Gerichtshandeln in Aussicht gestellt wird.[48] Daß die künftige "Freude"[49] sich auf den Gerichtsaspekt beziehen kann, belegen jene Zukunftsbilder, die von Jahwes Kommen zur Vergeltung und Rache handeln und in denen entsprechend die Freude derjenigen angesagt wird, die aus diesem Geschehen als die Erlösten und Geretteten hervorgehen.[50]

Kann man nach allem in Jes 66,5 Spuren eines innerjüdischen Parteienstreites erkennen, der aus der unterschiedlichen Einschätzung "eschatologischer" Erwartungen resultiert, so ist bedauerlicherweise darüber hinaus eine Charakterisierung derjenigen schwierig, die wie die in Jer 17,15 Zitierten den "eschatologisch" orientierten Kreisen ablehnend gegenüberstehen. Denn die naheliegende Identifizierung mit den in verwandten Schichten mehrfach erwähnten Frevlern[51] führt nicht wesentlich weiter.

Falls man Jes 66,1-16 allerdings, wie HANSON neuerdings vorschlägt,[52] als zusammenhängende Texteinheit auffaßt, bleibt immerhin zu erwägen, ob nicht die in Jes 66,5 angesprochenen Gegner Vertreter hierokratischer Kreise sind. Dafür könnte man besonders Jes 66,1-4 veranschlagen. HANSON sieht Jes 66,1ff im zeitlichen Kontext der Wiedererrichtung des Tempels, also um 520 v.Chr entstanden. Der Protest gegen den Tempel (Jes 66,1f) und den Opferbetrieb richtet sich dann gegen jene Kreise, nach deren Auffassung im Gefolge von Haggai die Wiedererrichtung des Tempels den Anbruch der Heilszeit bewirkt.[53] "Underlying this passage (Jes 66,5) seems to be the schism which in the sixth century came to cut so deeply into the post-exilic community, dividing Israelite against

---

[46] Vgl. so konsequent auch Jes 66,5Ende; vgl. auch Jes 66,15f.
[47] So Jes 66,5 mit BHS App.: *ykbd* (ni.).
[48] Vgl. Jes 26,15; Ez 28,22; 39,13.
[49] *bśmḥtkm* ; eventuell ist hier *wśmḥtkm* zu lesen; vgl. HANSON, Apocalyptic, S.166, Anm. b; vgl. Jes 56,7 *wśmḥtym* ; Jer 31,13.
[50] Vgl. Jes 35,10 und 35,4; Jes 29,19 und v.20; 30,29f.
[51] Vgl. Jes 57,21; 59,2-8.
[52] Apocalyptic, S.161ff.
[53] HANSON, Apocalyptic; S.178.

Israelite as visionaries and realists parted company. Not some foreign enemy is the threat to the faithful, but their very brethren, the priestly group in control of the cult"[54].

Im Blick auf HANSONs Sichtweise ist allerdings kritisch im Auge zu behalten, daß die zeitliche Zuordnung der in Jes 66 enthaltenen Texteinheiten weiterhin strittig ist. Aber auch wenn man mit VERMEYLEN[55] Jes 66,1f und Jes 66,5 (zusammen mit v.6 und v.14b) verschiedenen Redaktionsstufen zuordnet, ist in Rechnung zu stellen, daß selbst dann der uns interessierende Vers 5 jetzt in enger Verbindung mit Jes 66,1f auftaucht, also diejenigen, die mit dem Tempelbau die hierokratische Restauration verfolgen, in den Augen des Verfassers von v.5 jenen nahe stehen müssen, die hier als die Gegner der "eschatologisch" orientierten Gruppe abgelehnt werden.

Eine weitere, Jer 17,15 vergleichbare Aussage, die eine distanzierte Einstellung gegenüber der Ansage von Jahwes künftigem Gerichtswirken bezeugt, begegnet innerhalb der Komposition von sieben Weherufen in Jes 5,8-24; 10,1-4 in 5,19. Nach KAISER[56] "... spiegelt die Geschichte der Weherufe im kleinen nicht nur die Geschichte der jesajanischen Sammlung, sondern auch die geistigen Strömungen und Auseinandersetzungen im Jerusalemer Judentum der Perserzeit wider". Jes 5,19 gehört zusammen mit 5,9-10.12.14.17 und 10,3 zu einer Nachinterpretation,[57] die die sieben Weherufe "jedenfalls noch im fünften Jahrhundert eschatologisch und d.h. auf ein letztes, den Gang der Volksgeschichte entscheidend bestimmendes Gerichtshandeln Jahwes hinausblickend"[58] deutet. Mit seiner Rede vom Wirken und Plan Jahwes wird Jes 5,19 sich dann "... auf die Skepsis der Jerusalemer Oberschicht gegen die eschatologische Verkündigung beziehen"[59]. Über diese durch den jetzigen Kontext von Jes 5,19 abgesicherte Eingrenzung derer, deren anti-eschatologische Einstellung hier mit Zitat belegt ist, kommt man hier jedoch leider nicht hinaus.

Einen ähnlichen, möglicherweise den gleichen Konflikt, wie er als Hintergrund für Jer 17,14ff besonders im Blick auf v.15 zu veranschlagen ist, deutet Jer 23,16ff an.[60] Jer 23,17 betont, daß die Propheten zu den "Verächtern" des

---

[54] HANSON, Apocalyptic, S.181.
[55] Du prophète Isaïe, S.445ff.
[56] Jesaja 1-12, S.105.
[57] Zu Einzelheiten vgl. KAISER, Jesaja 1-12, S.102ff.
[58] KAISER, Jesaja 1-12, S.110.
[59] KAISER, Jesaja 1-12, S.104.
[60] Auf eine ausführliche Analyse des schwierigen Gesamtkomplexes Jer 23,9-40 "über die Propheten" (Jer 23,9) muß hier verzichtet werden; vgl. noch unten S.92ff.

Wortes Jahwes[61] reden, ihnen $\check{s}lwm$ zusagen[62] und ihnen versichern, daß kein Unheil über sie kommt.[63] Unser Vers ist deutlich im Rückgriff auf Jer 4,10 und 5,12 formuliert worden. Während Jer 4,10 von einer allgemein (für dieses Volk und für Jerusalem) in Anspruch genommenen Heilszusage die Rede ist und Jer 5,12 im Anschluß an v.11 ähnlich allgemein für Israel und Juda feststellt, daß man hier der Überzeugung ist, über beide "Häuser" könne kein Unheil kommen, scheint für den Verfasser von Jer 23,17 die besondere Anstößigkeit darin zu bestehen, daß gerade von ihm als Verächter des Jahwewortes abgelehnte Gruppierungen Heilszusagen erhalten. Beachtet man, daß Jer 23,17-20 die in Jer 23,16 und 23,21f vorliegende Jahwerede unterbrechen, also erst nachträglich eingeschaltet worden sind, so wird deutlich, daß die im vorgegebenen Text vorliegende Kritik an der vor Augen stehenden Prophetie noch einmal verschärft werden soll. Jer 23,16. 21f kritisiert, daß die Propheten nicht das Volk mit dem Verweis auf Jahwes Wort zur Umkehr zu bringen suchen, also ihre eigentliche Aufgabe als Gesetzes- bzw. Umkehrprediger nicht wahrnehmen. Für den Verfasser von Jer 23,17 ist diese Prophetie deswegen völlig pervertiert, weil sie außerdem auch noch mit der uneingeschränkten Heilszusage Jahwes künftiges Gerichtswirken generell ausschließt.

Die Zurückweisung und Korrektur dieser Konzeption bietet der Verfasser offensichtlich in Jer 23,19f[64] (vgl. Jer 30,23f). Diese Verse kündigen das Gericht über die "Gottlosen" ($r\check{s}^c ym$) an, weil sich entgegen der in v.17 monierten Überzeugung Jahwes Zorn noch nicht gewendet hat,[65] sondern erst noch endgültig zum Ziel kommen wird. Eine solche Ankündigung "ist ihrer ganzen Art nach spät und ein Zeugnis für die Parteiungen in der jüdischen Gemeinde sowie für die Sehnsucht nach dem wahren Israel"[66]. Erst wenn das Problem der Gottlosen ($r\check{s}^c ym$) gelöst ist, kann die Heilszeit anbrechen. Zu den Gottlosen wird hier dem Kontext nach jene Richtung innerhalb der Gemeinde gerechnet, die von der Gegenwart des Heils, bzw. von dem Ende des Unheilswirkens Jahwes ausgeht. Zu dieser Richtung gehört offensichtlich auch eine $\check{s}lwm$-Prophetie.

Im Blick auf Jer 17,15 und die hier angesprochenen Gegner läßt sich nach allem folgendes festhalten; die herangezogenen Texte belegen: Es gab in der

---

[61] Vgl. BHS App. z.St..
[62] Vgl. Jer 4,10.
[63] Vgl. Jer 5,12.
[64] Jer 23,18 ist wahrscheinlich "eine skeptische Zwischenbemerkung von später Hand", so THIEL, Redaktion 1-25, S.251; vgl. RUDOLPH, Jeremia, z.St..
[65] Vgl. Jer 23,20.
[66] So LEVIN, Verheißung, S.186 zu Jer 30,23f; ob Jer 23,19f von Jer 30,23f im jetzigen Kontext abhängig ist oder umgekehrt Jer 30,23f nachträglich auf Jer 23,19f zurückkommt, kann hier offen bleiben.

nachexilischen Zeit führende Gruppierungen,[67] die eine theologische Konzeption
vertreten, nach der Jahwes Unheilswirken abgeschlossen ist. Dementsprechend
befehden sie alle Auffassungen, die in diesem Punkt irritieren konnten, bzw. die
religiöse Einstellung der herrschenden Kreise in Jerusalem in Frage stellten.[68]
Sie werden von denen, die sich z.B. in Jes 66,5ff zu Wort melden, noch als
"Brüder" anerkannt, zugleich wird jedoch gegen sie der Vorwurf erhoben, daß
sie ihre Machtstellung dazu benutzen, die Gegenseite gleichsam zu "exkom-
munizieren"[69]. Daß diese Konfrontation in großer Nähe zu der steht, wie sie als
Hintergrund für die KT zu veranschlagen ist, läßt sich nicht übersehen. Das muß
allerdings nicht bedeuten, daß es sich hier um völlig miteinander identische, also
gleichzeitig anzusetzende Parteienkonstellationen handelt. Denn daß in Jes 66,5
die Gegner immerhin noch weiter als "Brüder" bezeichnet werden können, in den
KT dagegen nur noch von uneingeschränkter Ablehnung und Verwerfung die
Rede ist, spricht eher dafür, daß die KT in einem späteren Stadium der
Auseinandersetzungen abgefaßt worden sind. Folglich wird man die in den KT
bezeugte Frontstellung als Fortsetzung und Zuspitzung eines schon länger
währenden Streites einstufen. Daraus resultiert: Die im Hintergrund der KT
stehenden Auseinandersetzungen haben eine Vorgeschichte, die sich zurückver-
folgen läßt.

c) Jer 18,18

Die in diesem Vers zitierte oder unterstellte Argumentation, mit der die Gegner
"Jeremias" dessen prophetisches Wort abweisen ("denn nicht mangelt es [ist
verloren gegangen] dem Priester die Tora und dem Weisen der Rat und dem
Propheten das Wort"), erscheint im Rahmen unserer Fragestellung besonders
interessant und aufschlußreich. Bevor wir allerdings die in diesem Vers enthaltenen Informationen im Blick auf die theologische Position der der KT-Frömmigkeit gegenüberstehenden Richtung auswerten können, ist zu klären, ob der für
diesen Vers zuständige Verfasser überhaupt ein Vertreter der KT-Frömmigkeit

---

[67] Jes 5,19: Jerusalemer Oberschicht; Jes 66,5: Tempel und Tempelkult repräsen-
     tierende Kreise (vgl. Jes 66,1f); Jer 23,17. 19f: heilsprophetische Kreise.
[68] Die Feststellung in Jer 20,8 "Jahwes Wort ist mir zu Hohn und Spott
     geworden jeden Tag" dürfte entsprechend die Befehdungen vor Augen haben,
     die sich gegen die Überzeugung und Verkündigung von Jahwes noch
     ausstehendem Gerichtswirken wenden.
[69] Vgl. Jes 66,5 und dazu WESTERMANN, Jesaja 40-66, z.St..

ist, bzw. der gleiche Autor ist, der auch für die Verse 19–23 verantwortlich zeichnet. Denn die Zugehörigkeit von v.18 zu 18,19–23 ist nicht allgemein anerkannt.[70]

Wir setzen zu diesm Zweck mit Beobachtungen ein, die sich hinsichtlich der Stellung dieses Verses im Kontext ergeben. In der ersten Vershälfte ist von "Anschlägen" (*mḥšbwt*) die Rede, die eine nicht näher beschriebene Gruppierung ("wir") gegen Jeremia plant. Das Stichwort "Anschläge" taucht schon in Jer 18,12 auf, wo es das abwegige Verhalten der Judäer und Jerusalemer der Forderung Jahwes gegenüber kennzeichnet, nämlich den "Starrsinn ihres bösen Herzens", mit dem die "Umkehr vom bösen Weg", die Besserung ihres Wandels und ihrer Taten ausgeschlagen wird. Die folgenden Verse 13–17, ein begründetes Unheilswort, erscheinen nun als Antwort Jahwes[71] auf die in v.12 charakterisierte Einstellung. Demnach soll jetzt v.18 offensichtlich als weitere Reaktion der in 18,11 Angesprochenen verstanden werden.

Im Blick auf den vorausgehenden Kontext nimmt jedoch v.18 eine deutliche Akzentverschiebung vor. Während in 18,12 die direkte und gewollte Absage an Jahwe von Seiten der Judäer und Jerusalemer das Thema ist und die Anklagen in v.13–17 vom offenen Abfall[72] handeln, stellt sich nach v.18 das abwegige Verhalten als Ablehnung und Befehdung "Jeremias" und seiner Worte dar. Für den Verfasser von v.18 ist demnach "Wandel auf dem bösen Wege" (v. 11f), bzw. Abfall von Jahwe nicht mehr nur auf die direkte und offene Ablehnung Jahwes beschränkt. Auch diejenigen, deren Verhältnis zu Jahwe nicht mit dem Verdikt "offener Abfall" belegt werden kann, befinden sich in einem gestörten Verhältnis zu Jahwe, sofern sie sich gegen diesen Propheten und seine Worte stellen.

Die rechte Einstellung Jahwe gegenüber ist nach Auffassung des Verfassers von v.18 an der rechten Einstellung dem Propheten gegenüber erkennbar, unabhängig davon, wie sich das Verhältnis zu Jahwe in der Sicht der Angesprochenen selbst gestaltet. Den Verfasser von v.18 bewegt also nicht, daß es Gruppierungen gibt oder gab, die sich völlig von Jahwe abgewendet haben. Die in 18,12 beschriebene grundsätzliche Absage wird gleichsam modifiziert und spezifiziert.[73] Selbst wenn nicht grundsätzliche, offene Untreue aufgezeigt

---

[70] Für THIEL z.B. (Redaktion 1–25, S.271f) beginnt die eigentliche "Konfession" mit v.19, während er v.18 als redaktionell einstuft.

[71] Vgl. *kh ᵓmr yhwh* .

[72] V.15 *lšwᵓ yqṭrw* , vgl. Jer 19,13.

[73] Wenn THIEL (Redaktion 1–25, S.217f und HUBMANN (BEThL LIV, S.292f) Jer 18,18 und 18,11f auf der gleichen Stufe der Textentwicklung ansiedeln, so übersehen sie dabei, daß der Hintergrund von v.18 eine neue Fragestellung ist!

werden kann, entscheidet sich im Blick auf das Verhältnis zu Jahwe alles daran, ob die Worte dieses "Jeremia" Beachtung finden (v.18bß).

Daß dieser Vers "konstruiert"[74] oder kompositionell erstellt worden ist, ist deutlich.[75] Er hat die Funktion einer Einleitung;[76] der zuständige Autor formuliert mit dem Ziel, die folgenden Aussagen im jetzigen Kontext zu verklammern. Diese Einschätzung schließt nicht aus, daß die Verse 19-23 auf den gleichen Autor zurückgehen. Aber selbst wenn man annehmen wollte, daß 18,19-23 schon vorgegeben war, kann gar nicht bezweifelt werden, daß zwischen v.18 und diesen Versen jetzt ein sehr enger Zusammenhang hergestellt ist. Wie bereits angedeutet, wehrt sich der Autor von v.18 implizit gegen die Auffassung, daß sich die rechte Einstellung zu Jahwe allein schon darin manifestiert, daß man sich auf die offiziellen Instanzen der Jahwereligion berufen kann. Der Grund dafür kann nur der sein, daß er in dem Verweis auf diese offiziellen Instanzen einen Angriff auf seine eigene Position erkennt. Somit führt v.18 in die Konfliktsituation ein, in die der Verfasser mit seiner eigenen Frömmigkeitshaltung geraten ist und um deren Bewältigung es ihm geht. Daraufhin können die anschließend an Jahwe gerichteten Klagen als Ausdruck der aus diesem Konflikt resultierenden Nöte eingeordnet werden. Die Anzeige des Konflikts in v.18 (Anschläge und Anfeindungen seitens der Gegner, die Frage nach dem wahren Jahweglauben) und die diese Konfliktsituation charakterisierenden Klagen des Beters in den Versen 19-23 korrespondieren aufs engste. Derjenige, der v.18 verfaßt hat, steht auch hinter den Aussagen von 19-23, sei es, daß er diese Klagen selbst formuliert hat, sei es, daß er hier auf die in den eigenen Reihen übliche Gebetspraxis Bezug nimmt.

Folglich steht einem Versuch nichts mehr im Wege, die in v.18 enthaltene Argumentation der Gegenpartei bei unseren Bemühungen mitzuberücksichtigen, den theologischen Standort der Gegner in den KT genauer zu bestimmen.

Der Verfasser will hier mit den der Gegenseite zugeschriebenen Äußerungen deren Denkweise illustrieren und damit klarstellen, warum man nicht auf die Worte "Jeremias" achtet.[77] Insgesamt zielen nach seiner Auffassung die Gegner darauf ab, den Anspruch der sich in der Gestalt des Jeremia manifestierenden Frömmigkeitsrichtung als unangemessen und überflüssig abzuweisen. Daß man sich zu diesem Zweck auf das Amt des Weisen, des Propheten und des Priesters beruft, ist in diesem Zusammenhang nur dann ein vom Verfasser sinnvoll

---

[74] Vgl. THIEL, Redaktion 1-25, S.218; allerdings ist die Zuordnung zu einer deuteronomistischen Redaktion im Jeremiabuch hier nicht zutreffend!
[75] Gegen ITTMANN, Konfessionen, S.52.
[76] Vgl. so auch GUNNEWEG, Interpretation, S.408.
[77] $w^{\textsupbackslash}l\ nq\check{s}ybh\ {}^{\textsupbackslash}l\ kl\ dbryw$ – So mit M!

eingebrachter Hinweis, wenn er tatsächlich Anhaltspunkte[78] dafür hat, daß die genannten Instanzen für die Position der Gegenseite einen besonderen Stellenwert haben.[79] Ein Versuch, diesen Stellenwert genauer zu erheben, ergibt möglicherweise wichtige Hinweise, mit deren Hilfe der theologische Standort der Gegner besser durchschaubar wird.

Wir setzen ein, indem wir uns näher mit dem sich in v.18 spiegelnden Gegensatz zwischen Prophet und Prophet befassen und uns zunächst einmal darum bemühen, die Hintergründe aufzudecken, die mit dieser Konstellation zusammenhängen dürften, daß auf der einen Seite die Gegner auf dem von ihnen favorisierten Prophetenwort (*dbr hnbyʾ*) bestehen, während sich der für v.18 verantwortliche Verfasser sowie die sich in den KT artikulierende Frömmigkeit auf Prophetenworte berufen, für deren Autorität "Jeremia" in Anspruch genommen wird. Diese Vorgehensweise empfiehlt sich deswegen, weil wir im Jeremiabuch auch sonst auf Indizien stoßen, aus denen hervorgeht, daß solche und ähnliche Auseinandersetzungen über den Stellenwert des prophetischen Wortes geführt worden sind. Es handelt sich um jene Stellen, in denen ebenfalls Propheten und ihr Wort im Gegensatz zu Person und Wort des Propheten Jeremia gesehen werden. Beurteilen die Gegner in den KT unter Berufung auf die offiziellen Instanzen die Glaubensauffassungen der KT-Frömmigkeit und verbunden damit ihr Verständnis des prophetischen Wortes als illegitim,[80] so ist anzunehmen, daß auf der anderen Seite die in den KT vertretene Frömmigkeit wiederum diesen offiziellen Instanzen die Legitimität bestreiten und deren Auffassung von Prophetie und Prophetenwort als pervertiert zurückweisen muß. Es kann daher von vornherein nicht ausgeschlossen werden, daß dieser Spezialstreit auch sonst Spuren hinterlassen hat und sie sich dort finden lassen, wo kritische Anfragen zum Stellenwert der (nichtjeremianischen) Prophetie sowie Hinweise auf Fehlhaltungen der Priester und Propheten[81] artikuliert sind.

Im folgenden soll daher überprüft werden, ob und wo hier Ausagen vorliegen, die in einem näheren oder gar engen Kontext zu dem in Jer 18,18 angesprochenen Spezialstreit stehen.

---

[78] Die Frage, ob in v.18 tatsächlich die Gegner zitiert werden oder fingierte Aussagen vorliegen, muß hier nicht entschieden werden. In jedem Fall wird hier auf diese drei Ämter deswegen Bezug genommen, weil ihr Stellenwert zwischen beiden Parteien strittig ist.

[79] Die Gegenseite muß sich nicht unbedingt ausschließlich aus den Repräsentanten der genannten Instanzen zusammensetzen; hier ist mit einem breiten Umfeld zu rechnen.

[80] Vgl. Jer 11,12b; 18,18b.

[81] Vgl. den Vorwurf *šqr* z.B. in Jer 14,13ff; 23,11ff u.ö..

3. Der strittige Stellenwert des Prophetenwortes
– Jer 18,18 und das Zeugnis anderer Texte im Jeremiabuch –

Darf man, wie die bisherigen Untersuchungen bereits gezeigt haben, generell davon ausgehen, daß die in den herangezogenen Texten vor Augen stehenden Auseinandersetzungen zur Vorgeschichte jener Konfliktsituation gehören, die dann zur Zeit der Abfassung der KT unheilbar zum Ausbruch gekommen ist,[82] so ist zu erwägen, ob nicht auch der in Jer 18,18 angedeutete Spezialstreit über das rechte Verständnis des prophetischen Wortes in diese Vorgeschichte hineingehört und somit ebenfalls eine e i g e n e Vorgeschichte hat. Dann dürften auch Einblicke in diese spezifische Vorgeschichte einem besseren Verständnis dieses Streites und der darin einander entgegenstehenden Positionen dienlich sein. Allerdings ergibt sich bei einem Versuch, den Spuren dieser Vorgeschichte nachzugehen, daß dabei der gesamte Fragenkomplex des zwischen Unheils- und Heilsprophetie ausgetragenen Widerstreits ins Blickfeld rückt. Da es jedoch hier nicht möglich ist, das einschlägige Material umfassend zu berücksichtigen und zu sichten, beschränken wir uns im folgenden auf einige wenige, aber charakteristische Stellen im Jeremiabuch, die gewisse Rückschlüsse gestatten.

a) Jer 4,10

In Jer 4,10 wird implizit die Frage nach dem Stellenwert von Heilszusagen angeschnitten. Folgt man der M-Fassung von v.10,[83] so hätte sich Jeremia klagend an Jahwe gewendet und im Blick auf die zuvor mitgeteilten Unheilsworte darauf verwiesen, daß, da Jahwe doch vorher Heil zugesagt hatte, er sich nun angesichts der bedrohlichen Situation (v.10b) als trügerisch[84] erweist.

Eine vergleichbare Argumentation ist in Jer 32 erkennbar. Die an das Jer 32,15 von Jeremia formulierte Heilswort anschließenden Verse 16–25 laufen implizit auf die Frage hinaus, wie angesichts der ausweglosen Lage und des von Jahwe beschlossenen Unheils die durch die Symbolhandlung des Ackerkaufs

---

[82] Vgl. oben S.73f.
[83] Vgl. auch unten Anm.89!
[84] Zu *nš'* vgl. sonst Jer 29,8; 37,9; in Jer 29,9 wird auf die Propheten verwiesen, durch die man sich nicht "täuschen lassen" soll, wenn sie im Namen Jahwes auftreten (v.9).

dokumentierte Heilsansage überhaupt sinnvoll und akzeptabel sein kann. Somit wird hier dem Sachverhalt Rechnung getragen, daß in vorgegebenen Jeremia-Traditionen neben Unheilsworten auch Heilsworte eine Rolle spielten. Im Hintergrund steht die Frage, ob denn angesichts der offenkundigen Unheilssituation nach 587 und der damit bestätigten Unheilsbotschaft des Propheten ebenfalls überlieferte Heilsansagen obsolet geworden waren, bzw. in welchem Verhältnis Heils- und Unheilswort zu sehen waren. Die Lösung des Problems liegt jetzt in Jer 32,42ff vor:[85] Wie Jahwe das Unheil herbeigeführt hat,[86] so wird er auch, aber eben erst nachdem das Unheilswort verwirklicht worden ist, all das Heil bringen, das er angesagt hat.[87] Analog zu Jer 32,25, wo es "Jeremia" selbst ist, der den Stellenwert eines Heilswortes gerade angesichts des von Jahwe angesagten und unmittelbar bevorstehenden Unheils[88] problematisiert und in Frage stellt, darf man sich folglich in Jer 4,10 mit der M-Lesart ("und ich sprach") "Jeremia" als Sprecher vorstellen.[89] Der Verfasser läßt ihn in der an Jahwe gerichteten Klage ein Problem ansprechen, wie es demjenigen vor Augen gerückt ist, der die im Namen Jahwes vorgetragenen Unheilsverkündigungen und das Unheil selbst auf der einen Seite mit der ebenfalls im Namen Jahwes ergangenen Heilszusage auf der anderen Seite in Einklang zu bringen sucht, und das deswegen, weil er den positiven Stellenwert auch der Heilszusage nicht von vornherein und grundsätzlich durch das Unheilswort aufgehoben sieht.

Im übrigen bleibt selbst bei Bevorzugung der Lxx-Lesart zu beachten, daß auch in diesem Fall der gegen Jahwe erhobene Vorwurf der Täuschung noch darauf abhebt, daß das Wort vom Heil (šlwm) auf Jahwe selbst zurückgeht.[90] Der Verfasser belastet ja nicht, wie es auch möglich gewesen wäre,[91] die vor Jahwe klagenden Sprecher mit dem Vorwurf, daß sie sich selbst und andere

---

[85] Jer 32,27ff sind das Ergebnis noch späterer Reflexionen und nachträglich zwischengeschaltet; zum Werdegang im Einzelnen vgl. neuerdings LEVIN, Verheißung, S.167 und 172ff.

[86] Vgl. Jer 32,24.

[87] Vgl. Jer 32,42b!

[88] Vgl. Jer 32,24.

[89] Gegen die Mehrheit der Forscher wie z.B. DUHM (Jeremia, z.St.), RUDOLPH (Jeremia, z.St.), ITTMANN (Konfessionen, S.108, Anm. 108), für die die Lxx den ursprünglichen Text bietet ("und sie sagen"), woraufhin sich in v.10 dann die zuvor genannten Gruppen (v.9), besonders die Propheten, äußern und auf diese Weise die in v.9b erwähnte Bestürzung dieser Gruppen illustriert wäre.- Für M entscheiden sich CARROLL (Chaos, S.161) und McKANE (Jeremiah, z.St.).

[90] In Jer 14,13b (vgl. dazu unten S.87ff) steht ebenfalls ein Heilswort als Jahwewort im Mund der Propheten vor Augen. Allerdings wird hier anschliessend die Legitimation dieser Propheten grundsätzlich bestritten. In dieser Richtung ist auffälligerweise zu Jer 4,10 nichts vermerkt!

[91] Vgl. Jer 29,8; 37,9!

getäuscht haben, und nun ist es herausgekommen.[92] Auch die Lxx-Version läßt folglich immer noch erkennen, daß die Heilszusage in Gegenüberstellung zur Unheilsverkündigung nicht deswegen problematisiert wird, weil es sich um eine von den zuvor genannten Gruppen fälschlicherweise vertretene Heilszusage handelt. Problematisiert wird ja immer noch gerade die Heilszusage Jahwes selbst, und zwar in einer Weise, daß pointiert Jahwe als der Verantwortliche in den Blick rückt und dessen "Logik" uneinsichtig erscheint. Die Art der in Jer 4,10 erfolgten Problemanzeige, daß von Jahwe gleichermaßen hergeleitete und daher gleichermaßen ernst zu nehmenden Unheilsprophetie und Heilsprophetie miteinander im Widerstreit liegen müssen, ist daher keineswegs so auszulegen, daß sich der zuständige Verfasser damit schon selbst in einem endgültigen oder unheilbaren Gegensatz zur Heilsprophetie befindet.

Wir können hier nicht klären, ob die Schwierigkeiten, wie sie in Jer 4,10 angesprochen werden, tatsächlich schon vor dem Eintritt der Unheilssituation von 587 in voller Schärfe zur Debatte stehen konnten.[93] In jedem Fall mußten sie in aller Deutlichkeit nach 587 aufbrechen, als mit der eingetretenen Unheilssituation der Stellenwert jeglicher Heilsprophetie ins Wanken geraten war. Höchstwahrscheinlich ergaben sich jedoch die eigentlichen Schwierigkeiten gar nicht deswegen, weil man im Rückblick auf frühere Heilsprophetie und die entsprechende theologische Konzeption sich nachträglich der Aufgabe stellen wollte, nun abzuklären, ob und warum diese frühere Heilsprophetie fehlgegangen war. Denn hält man sich vor Augen, daß der historische Jeremia selbst mit großer Wahrscheinlichkeit auch wieder Heil angesagt hatte,[94] jedenfalls alsbald nach 587 in die allmählich anwachsende Sammlung jeremianischer Traditionen Heilsworte eingedrungen sind, so mußte dieses literarisch fixierte Nebeneinander von Unheils- und Heilsworten aufeinander abgestimmt werden, jedenfalls solange man für beide an der Herleitung von Jahwe und damit ihren besonderen Ansagewert festhielt.

Während es in Jer 4,10 lediglich zur Problemanzeige kam, meinte man in Jer 32 das Problem des ungeklärten Neben- oder Gegeneinander von Heils- und Unheilsworten so lösen zu können, daß zu gewissen Zeiten, so im Rückblick auf die Situation von 587, der Unheilsverkündigung zwar die Präferenz zukam, das Heilswort deswegen aber nicht grundsätzlich aufgehoben war. Bestritten wird nicht, daß von Jahwe ergangene Heilsworte vorliegen und daß man sich darauf

---

[92] Vgl. Ez 13,1ff.
[93] Zur neuesten Diskussion über den gesamten Fragenkomplex vgl. z.B. CARROLL, Chaos, S.158-197.
[94] Vgl. z.B. Jer 32,15!

berufen kann. Aber, so wird man Jer 32,24f.42-44 hier veranschlagen dürfen, wichtig ist, die von Jahwe vorgesehene Abfolge Unheil - Heil im Auge zu behalten, also den rechten Zeitpunkt für die Heilsankündigung zu erkennen, bzw. zu erkennen, daß die Realisierung der Heilsworte die volle Realisierung der Un- heilsworte zur Voraussetzung hat.[95] Nach dieser Lösung scheint eine grundsätz- liche Weichenstellung erreicht zu sein: Solange man die Gegenwart als Un- heilssituation wertete, verwirklichte sich immer noch das Unheilswort. Über- lieferte Heilsworte blieben in Geltung; ihre Geltung erstreckte sich jedoch erst auf jene auf die Unheilszeit folgende Zeit. Zum eigentlichen Streit über den Stellenwert der Heilsprophetie konnte es bei dieser Sichtweise an sich gar nicht mehr kommen. Streit konnte nur noch darüber entstehen, ob und wann es berechtigt war, den Anbruch der Heilszeit bzw. die Unheilswende zu propagie- ren.

Mit Hilfe des so zustande gekommenen zweigliedrig "eschatologischen Schemas" konnten Spannung und Widerspruch zwischen Unheils-und Heilsansage behoben werden. An dieses Schema hält sich im Grunde auch die KT-Frömmigkeit. In der strittigen Frage nach dem Wie, Wann, Warum einer Unheilswende und der Reali- sierung der Heilsworte versucht man hier jedoch eindeutige Klarheit zu gewin- nen, indem ein entscheidendes, von weltlichen Abläufen und Entwicklungen unabhängiges Handeln Jahwes postuliert wird, das nicht einfach den Umschlag von Unheil in Heil bewirkt, sondern zwischen beidem eine deutliche Zäsur setzt: An der Umbruchstelle zwischen Unheilszeit und Anbruch der Heilszeit steht das Läuterungsgericht. Erst durch dieses Läuterungsgericht kann die gegenwärtige Unheilszeit als eindeutig abgeschlossen gelten. Ein direkter Umschlag von Unheilsgegenwart in Heilszeit ist hier offensichtlich deswegen nicht denkbar, weil in diesem Fall nicht den gegenwärtigen Unrechtsverhältnissen und Fehlverhaltungen Rechnung getragen wäre, das Postulat einer Gerechtigkeits- ordnung Jahwes also aufgegeben werden müßte.

Die KT-Frömmigkeit und ihre Vorgänger dürften kaum Anstoß daran genommen haben, wenn gegenwärtiges, partiell oder individuell erfahrenes Heil auf Jahwe zurückgeführt wurde. Sobald jedoch die allmähliche Konsolidierung des sozialen und religiösen Lebens als die Unheilswende ausgegeben wurde und diese gleichsam organisiert werden konnte oder sollte - ein solcher Ansatz dürfte besonders mit dem Wiederaufbau des Tempels und der Wiederaufnahme eines ge- regelten Kultus verbunden gewesen sein - so mußte dagegen von denen

---

[95] Möglicherweise steht gerade auch dieser Punkt im Hintergrund der in Jer 28 geschilderten Auseinandersetzung zwischen Hananja und Jeremia; vgl. auch CRENSHAW, Prophetic Conflict, S. 73.

Einspruch erhoben werden, die die Diskrepanz zwischen Anspruch und Wirklichkeit an dem für sie entscheidenden Punkt wahrnahmen, nämlich, daß die
Realität keineswegs die erhoffte, von Jahwe garantierte Gerechtigkeitsordnung
repräsentieren konnte. Warum eine solche Diskrepanz nicht allgemein, sondern
nur von bestimmten Kreisen, schließlich von der KT-Frömmigkeit wahrgenommen
wurde, diese Frage ist im Auge zu behalten. Ist sie damit zu beantworten, daß
diese Kreise sich vom "Heil" ganz real ausgeschlossen   sahen, daß sie die
Führungspositionen etc. anderen überlassen mußten, daß sie ohne Einfluß waren
etc., daß sie wie auch immer benachteiligt aus dieser Benachteiligung heraus die
propagierte Ordnung ablehnten und so nach einer "höheren" trachteten? Man
kann das nicht ausschließen. Allerdings ist ebensogut eine persönliche Betroffenheit in einem anderen Sinn vorstellbar, eine Betroffenheit, die daraus resultiert,
daß die Ferne Gottes, das Defizit einer von Jahwe vollzogenen Gerechtigkeitsordnung darin erkannt wurde, daß alle Versuche und Anstrengungen, die Nähe
Gottes und seine Heilsordnung zu bewerkstelligen, nichts als menschliche Wege
bleiben und eben nur Menschliches bewirken.

b) Jer 5,12f und 5,31

Anders als Jer 2,8; 2,26; 22,13, wo Propheten vorgeworfen wird, daß sie mit dem
Baalskult in Verbindung stehen, bestreitet Jer 5,13 den Propheten, daß ihnen das
Wort (scil. "Jahwes"; vgl. Lxx!) zur Verfügung steht. Unklar ist, an welche
prophetische Richtung hier gedacht ist. Ist v.13 als direkte Fortsetzung des
Zitats in v.12 aufzufassen, so wäre darin an eine prophetische Richtung gedacht,
die sich der in v.12 artikulierenden Auffassung, daß man Schwert und Hunger
nicht sehen werde, entgegenstellte, also gerade diese Unheilsmächte ankündigt.
Zitiert würde in Jer 5,12f also eine Richtung des Jahweglaubens, die vom Standpunkt ihrer Heilshoffnung aus generell weitere Unheilsprophetie für unberech-
tigt erklärt.

Allerdings ist auch die Auffassung möglich, daß der Verfasser von v.13 hier
nachträglich kommentierend die in v.12 zitierte Überzeugung als Ergebnis oder
Wirkung heilsprophetischer Verkündigung einstufen will[96] und somit klarstellt,
daß solche Propheten, also Heilspropheten, sich nicht auf das Wort Jahwes
berufen können.[97]

---

[96] Vgl. Mi 3,11; Jer 23,17.
[97] Beide Auffassungen werden vertreten; vgl. ITTMANN, Konfessionen, S.175,
    Anm. 616.

In jedem Fall spiegelt Jer 5,12f Differenzen wider zwischen einer Richtung, die eine Heilsorientierung befürwortet, und einer Prophetie, die auf der Unheilsperspektive beharrt. Daß es sich hier um Differenzen handelt, mit denen sich der historische Jeremia auseinanderzusetzen hatte, ist unwahrscheinlich. Hier wird in der Rückprojektion ein exilisch-nachexilisches Problem vorgeführt. Im jetzigen Kontext des großen Komplexes von Unheilsworten (Jer 4,5 – 6,30), die sich ja dadurch auszeichnen, daß die Katastrophe von 587 als ihre Erfüllung gelten muß, kann die Poblematisierung von Heilshoffnungen und einer entsprechenden Prophetie ja nur die Funktion haben, spätere Generationen vor Heilseuphorie zu warnen und die Sicherheit zurückzuweisen, daß künftiges Unheilswirken Jahwes nun ausgeschlossen ist. Andernfalls müßte man die Verklammerung dieses Themas mit dem Kontext der Unheilsworte lediglich darauf zurückführen, daß historische Reminiszenzen zu einem Punkt eingebracht wurden, der sich mit der Katastrophe von 587 von selbst erledigt hatte. Eine vor 587 vertretene Heilsprophetie war ja mit diesem Datum als Selbstbetrug widerlegt und keiner Diskussion mehr wert erwiesen.

Wie für Jer 5,12f wird man auch für 5,31 veranschlagen, daß hier nicht lediglich eine Bemerkung des historischen Jeremia verklammert wurde, um seine, anderen Propheten gegenüber ablehnende, Haltung zu dokumentieren. 5,31 bezichtigt die Propheten der Irreführung ($nb^{\prime}w\ b\check{s}qr$); anders als in Jer 2,8 ($nb^{\prime}w\ bb^{c}l$) geht es hier also nicht um eine Prophetie, die das Volk in seiner Fremdgötterverehrung bestärkt. Der Vers ist zusammen mit v.30 nachträglich an Jer 5,26-29 angehängt worden.[98] Während der Verfasser von Jer 5,26ff belegen will, daß Jahwes Heimsuchung (pqd v.29a) berechtigt ist (oder: war), hat der Verfasser von v.31 Gruppierungen ("Propheten und Priester") vor Augen, die gegen eine solche Auffassung agieren. Gegen ihre Position scheint er nichts anderes vorbringen zu können als die Überzeugung, daß sie zuletzt (v.31b) eben doch ihre Widerlegung erfahren wird.

Daß hier Gruppen erwähnt werden, die sich dagegen sperren, daß mit Jahwes Heimsuchung an seinem Volk zu rechnen ist, wird man, selbst wenn historische Reminiszenzen an Jeremia entgegenstehende Auffassungen vor 587 vorliegen sollten, jetzt im Blick auf den vorliegenden Kontext und den Nachtragscharakter von Jer 5,30f so werten müssen, daß damit zu Auseinandersetzungen Stellung bezogen werden soll, die nach 587 innerhalb der Jahwegemeinde ausgetragen

---

[98] Nach HOSSFELD/MEYER (Prophet, S.65) handelt es sich um "ein relativ selbständiges, authentisches, fragmentarisches Wort"; DUHM dagegen schreibt Jer 5,18-31 "ganz und gar den Ergänzern" zu (Jeremia, S.62) und hält diese Verse für "mindestens jünger als Tritojesaja" (a.a.O., S.64), m.E. zu Recht!

wurden. Die Position des Verfassers ist deutlich: die offenkundigen Unrechtsverhältnisse[99] setzen Propheten und Priester ins Unrecht, die mit ihrem Wirken die
Zeit der Heimsuchung durch Jahwe für beendet erklären.

c) Jer 14,13-16

Mit dem Vorwurf, daß die Propheten *šqr* prophezeien (v.14), indem sie ansagen,
daß man sich vor Schwert und Hunger nicht zu fürchten brauche (v.13), weil
Jahwe *šlwm* schenke (v.13b), bringen diese Verse im Blick auf den vorausgehenden Kontext deutlich ein neues Thema zur Sprache.

Jer 14,2-6 stellt eine Dürrekatastrophe vor Augen, woraufhin in 14,7-9 eine
Klage des Volkes mit Sündenbekenntnis und Appellation an Jahwe mitgeteilt
wird. Nachdem v.10 betont hat, daß Jahwe sich nicht mehr umstimmen läßt, wird
in v.11 der Prophet Jeremia direkt angesprochen: Jahwe versagt ihm jegliche
Möglichkeit der Fürbitte. Der Verfasser dieses Verses scheint somit Jer 14,7-9
als eine Bitte Jeremias aufzufassen.[100] Will man die andere Möglichkeit nicht
ausschließen, daß er in diesen Versen eine Dokumentation der Haltung des
Volkes erkannte, so muß der Verweis darauf, daß Jahwe die Fürbitte Jeremias
untersagt, damit zusammenhängen, daß sich ihm die Frage aufgedrängt hatte,
warum Jeremia nicht mit fürbittendem Eintreten vor Jahwe dem Volk bei-
steht.[101] In jedem Fall, ob nun der Fürbitte der Erfolg versagt werden soll oder
sie erst gar nicht erfolgte, ist Jeremia in den Augen des Verfassers von Jer
14,10f entlastet, da nach seiner Auffassung das Volk grundsätzlich verdorben
war. Insgesamt steht im Hintergrund der jetzigen Abfolge Jer 14,7-11 das
Problem, warum Jahwe nicht zu einer Zurücknahme seines Vernichtungsbeschlus-
ses bereit gewesen ist, auch nicht unter der Voraussetzung, daß das Volk seine
Verschuldung erkennt und sich Jahwe wieder reuig zuwendet.

Daß der Verfasser allerdings überhaupt auf Schuldgeständnis und Reue des
Volkes zu sprechen kommt, um schließlich doch nur festzustellen, daß dergleichen nur den wankelmütigen Charakter des Volkes[102] belegt, ist m.E. ein
sicheres Indiz dafür, daß er die fraglichen Verse 14,7-9 keineswegs selbst
eingebracht hat. Diese kollektive Klage muß in der ihm vorliegenden Fassung

---

[99] Vgl. Jer 5,26ff.
[100] Vgl. THIEL, Redaktion 1-25, S.182.
[101] Vgl. I Sam 12,23!
[102] Vgl. Jer 14,10 *nw ͨ* .

seines "Jeremiabuches" schon fest verankert gewesen sein.[103] Erst daraufhin
stellte sich ihm die Aufgabe, den merkwürdigen Sachverhalt zu verhandeln, daß
es bußfertige Äußerungen der in seinen Augen unbußfertigen und verlorenen
Generation vor 587 gab. Dieser merkwürdige Sachverhalt war jedoch für ihn nur
deswegen entstanden, weil er diese Worte in seinem "Jeremiabuch" mit dem
historischen Jeremia in Verbindung brachte, zumindest also vom Propheten unter
dessen Worte aufgenommen erachtete, also davon ausging, daß hier Äußerungen
des Volkes aus der Zeit vor der Katastrophe vorgeführt wurden. Das muß jedoch
dem tatsächlichen Sachverhalt keineswegs entsprechen. Es ist durchaus möglich,
daß solche an Jahwe gerichteten Schuldbekenntnisse und Bitten um Rettung erst
die Situation nach 587 widerspiegeln, also nachträglich mit jener Sammlung
verknüpft wurden, die zunächst nur aus Worten Jeremias über bevorstehendes
und gegenwärtiges Unheil sowie den entsprechenden Klagen und Aufforderungen
zur allgemeinen Volksklage bestand.[104] Weil solche Texte im Zusammenhang einer Sammlung von "Worten Jeremias" der späteren Auffassung entgegenstanden,
daß die totale Katastrophe von 587 durch das totale Versagen des unbußfertigen
Volkes verursacht worden war, galt es, sie entgegen ihrer Aussageintention
umzudeuten, bzw. "Jeremia" die Fürbitte im Namen des Volkes zu verwehren.[105]

Allerdings dürfte damit noch nicht das Hauptanliegen der jetzigen Abfolge Jer
14,7ff erfaßt sein. Das zeigt die jetzige Weiterführung des Textes mit v.12.
Dieser Vers scheint besonderen Wert darauf zu legen, daß auch die kultischen
Bemühungen (Fasten und Opfer) von seiten des Volkes bei Jahwe keine Wirkung
erzielen. Ist davon auszugehen, daß eine vorgegebene Verklammerung des
Schuldbekenntnisses Jer 14,7-9 mit einer bereits existierenden Sammlung von
"Worten Jeremias" die in Jer 14,10f gebotene abwertende Einschätzung eines
solchen Bekenntnisses provozierte, weil solche Äußerungen einer späteren
Auffassung von der restlosen Verdorbenheit des ganzen Volkes vor der
Katastrophe entgegenstand, so läßt sich dagegen für die in v.12 enthaltenen
Bemerkungen über kultische Veranstaltungen keineswegs nachweisen, daß damit
ebenfalls bereits vorgegebene Anspielungen auf im Jahwekult vollzogene Opfer

---

[103] Vgl. auch Jer 3,22b-25; 10,23-25; 14,19-22.

[104] Zur Frage nach der Entstehung und Gestaltung einer ersten Sammlung
jeremianischer Worte vgl. jetzt auch LEVIN Verheissung, S.153ff; siehe
ferner unten Teil B, S.113ff.

[105] Vgl. so auch Jer 15,1 im Anschluß an 14,20-22; in Jer 7,16 und 11,14 ist das
Verbot der Fürbitte jeweils mit dem Abfall zu fremden Göttern begründet
(vgl. 7,9 und 7,17ff zu 7,16 und 11,13[1o-12] zu 11,14); damit rücken anders
als im Kontext zu 14,11 zugleich die Gründe für die Verwerfung des Volkes
deutlicher in den Blick.

etc. aufgegriffen worden sind und nun aus dem gleichen Grunde wie das Schuldbekenntnis Jer 14,7–9 negativ bewertet wurden. Selbst wenn man in Erwägung zieht, daß das Thema "Fasten und Opfer" in v.12 assoziativ zu der in Jer 14,7–9 belegten Bußhaltung des Volkes in den Blick geraten sein mag, so wird hier damit doch ein zusätzlicher Aspekt angesprochen. Die in Jer 14, 10f erfolgte Klarstellung, daß die zuvor dokumentierte Bußhaltung des Volkes von Jahwe damals nicht akzeptiert wurde, weil sie nur die Wankelmütigkeit des Volkes widerspiegelte, bedurfte ja keineswegs einer Ergänzung in dem Sinn, daß damals ebenfalls Fasten und Opfer von Jahwe abgewiesen worden waren. Wird das Thema "Fasten und Opfer" hier dennoch angesprochen, und zwar in einer Weise, daß eindeutig legitime Kultvorgänge gemeint sind,[106] so ist zu fragen, in welcher Absicht das hier geschieht.

Keinesfalls kann man v.12 so verstehen, als liege hier der Versuch vor, auch mit diesem Punkt "Fasten und Opfer" das die Katastrophe provozierende Verhalten des Volkes zu illustrieren. Weder in Jer 14,10f noch in 14,12 geht es im eigentlichen Sinne um das Thema "die Katastrophe und ihre Ursache"[107]. Nicht über die Verschuldungen, die die Katastrophe herbeiführten, wird hier verhandelt, sondern vielmehr über die Verhaltensweisen, die an sich gerade nicht Jahwes Unheilshandeln zur Folge haben durften (Bußklage, prophetische Fürbitte, Fasten und Opfer). Thema ist also der Stellenwert des Kultes und der Kultpraxis.

Der entscheidende Punkt, um den es dem Verfasser geht, scheint zu sein: Nicht das Fehlen von Sündenbekenntnis, Fasten und Opfer hat schließlich in die Katastrophe geführt; vielmehr hat Jahwe gerade trotz solcher Vorkehrungen im kultischen Bereich das Unheil eintreten lassen. Damit ist deutlich der Stellenwert des Kultes relativiert: Der ordnungsgemäß vollzogene Kult allein bietet keine Heilsgarantie. Muß man daher gerade diese Auffassung für die Entstehung der jetzigen Abfolge Jer 14,7–12 veranschlagen, so hat dieser Text deutlich eine kultkritische Stoßrichtung. Da man davon auszugehen hat, daß die bisher behandelten Verse erst in exilischer oder noch späterer Zeit konzipiert wurden,[108] gehören diese kultkritischen Äußerungen in die Auseinandersetzungen über den wahren Stellenwert des Kultes in diesem Zeitraum nach 587. Ging es dem Verfasser darum, im Rückblick auf die Katastrophe von 587 zu belegen, daß der Vollzug kultischer Maßnahmen allein nicht schon Unheil abwendet und

---

[106] In Jer 14,1–15 wird nirgends der Vorwurf der Verehrung anderer Götter erhoben!
[107] Gegen THIEL, Redaktion 1–25, S.188.
[108] Das ist in der neueren Forschung weithin unstrittig; vgl. z.B. THIEL, Redaktion 1–25, S.178ff, besonders S.183; McKANE, Jeremiah, z.St.; CARROLL, Chaos, S.114f.

schließlich Heil zur Folge hat, so steht er mit dieser Auffassung offensichtlich
in einer Frontstellung zu einer Konzeption, die, zumindest in seinen Augen, die
Gewährung von Heil gerade auf Grund eines ordnungsgemäß vollzogenen Kultes
erwartete und propagierte.[109] Wie sich zeigen läßt, sind aus dieser Frontstellung
heraus auch die jetzt anschließenden Verse Jer 14,13ff formuliert worden.

V.13 wird zwar mit dem Verweis auf die Heilsprophetie ein neues Thema
eingeführt; die enge Verknüpfung mit den vorausgehenden Versen ergibt sich
jedoch daraus, daß "Jeremia" im Blick auf die abwehrende Haltung Jahwes mit
diesem Verweis eine Entschuldigung des Volkes versucht. Für THIEL wirkt v.13
"wie ein aus der Retrospektive gewonnener Erklärungsversuch, hinter dem
wieder die Begründung der eingetretenen Katastrophe zu stehen scheint"[110].
"Die Begründung des Unheils rekurriert, durch die Entschuldigung des Propheten
eingeleitet (13), auf ein spezielles... Phänomen: die Heilsprophetie..., ein
Spezialfall der Verschuldung Judas"[111].

M.E. hebt diese Sichtweise zu sehr den Aspekt der Begründung des Gerichts
in den Vordergrund. Daß die sogenannte Heilsprophetie hier als Begründung für
das das Gericht provozierende Verhalten des Volkes dienen soll, ist jedoch nicht
mehr als ein Nebeneffekt. Denn der Akzent liegt ja im folgenden darauf, daß die
Heilsprophetie abgewertet, bzw. generell als Möglichkeit abgewiesen wird. Dafür
ist dann aber die gleiche Stoßrichtung wie in den vorausgehenden Versen zu
veranschlagen. Derjenige Autor, der hier im Anschluß an Jer 14,11f in der
vorliegenden Weise auf diese Prophetie zu sprechen kommt und damit zugleich
eine Verbindung zwischen kultischen Maßnahmen und Heilsprophetie bezeugt,
verhandelt diesen "Spezialfall" nicht, weil bisher die Verschuldung des Volkes
nicht einleuchtend sichergestellt wäre, sondern deswegen, weil ihm wie der vor
Augen stehende Kult ebenso das Phänomen "Heilsprophetie" ein Problem bedeutet, und zwar ein Gegenwartsproblem.

Das Problem der Heilsprophetie und die Frage nach ihrem Verhältnis zur
Unheilsprophetie mußte sich aufdrängen, sobald nach 587 und in einem gewissen
Abstand zu dieser Katastrophe im Kontext kultischer Veranstaltungen neues Heil
angesagt oder gar der *šlwm* -Zustand ausgerufen wurde. Dem konnte von
anderer Seite entgegengehalten werden, daß angesichts der immer noch

---

[109] Warum Jahwe die auf ihn zielenden Bemühungen ablehnt, bzw. warum er
trotzdem "ihrer Sünde gedenken" will (Jer 14,10b), wird in 14,10f nicht
deutlich; dagegen scheint Jer 6,20 die kultkritischen Bemerkungen in Jer
6,19 damit zu begründen, daß die rechte, innere, an der Tora sich ausrich-
tende Einstellung fehlt; vgl. ähnlich auch zu Jer 7,21 die Aussagen in
7,22ff, in denen moniert wird, daß man "nicht auf Jahwe hört".

[110] THIEL, Redaktion 1-25, S.184.

[111] THIEL, Redaktion 1-25, S.184.

währenden Unterdrückung etc. die Unheilsworte weiterhin ihre Wirkung ausübten, die Zeit des vorherbestimmten Unheils also noch andauerte. Dem Verfasser von v.13 ist es offensichtlich ein Anliegen, an dieser Stelle darzulegen, daß – steht aktuell vertetene Heilsprophetie gegen Unheilsprophetie – die Heilsprophetie im Unrecht ist.

Ihm gelingt das, indem er aufzeigt, daß zur Zeit Jeremias die gleiche Frage anstand;[112] die Frage ist damals, so seine Überzeugnung, von vornherein von Jahwe entschieden worden; nicht erst die entsprechenden Ereignisse haben die Unheilsprophetie bestätigt und die aktuelle Heilsprophetie widerlegt. So wie damals die Heilsprophetie von vornherein als $\check{s}qr$ bezeichnet werden konnte und schließlich durch 587 als solche erwiesen war, so werden diejenigen, die in der Gegenwart $\check{s}lwm$ ausrufen oder als unmittelbar bevorstehend verkünden, widerlegt werden.

M.E. wird so das literarische Verfahren und zugleich das Anliegen des Verfasser von Jer 14,7–16 durchsichtig: Für ihn ist die in der Zeit nach 587 im Zuge der allmählichen Reorganisation des sozialen und kultischen Gemeinwesens immer massiver werdende, zumal von kultprophetischer Seite propagierte Überzeugung, daß das Funktionieren des Kultes die Gegenwart von Jahwes Heil gewährleiste oder herbeizuführen in der Lage sei, Irrlehre. Damit, daß der Kultbetrieb sichergestellt ist, ist in seinen Augen noch nichts gewonnen.

Fragt man nach den eigentlichen Hintergründen, die den Verfasser zu seiner Aversion gegen Kult und kultische Heilsprophetie bewogen haben, so fällt im Vergleich mit anderen kultkritischen Texten auf, daß die dort so häufigen Hinweise auf Vergehen im sozialen Bereich hier keine Rolle zu spielen scheinen.[113] Daß die Aversion gegen den vor Augen stehenden Kult daraus resultiert, daß der Verfasser die Grundbedingung des wahren Kultes, also Gehorsam[114] etc. nicht erfüllt sieht, mag durchaus eine Rolle spielen, wird jedoch nicht explizit ausgesprochen. Dagegen unterscheidet sich Jer 14,7–16 von anderen kultkritischen Texten besonders darin, daß hier das Thema "$\check{s}lwm$–Ansage" pointiert behandelt wird, was sonst eben nicht der Fall ist. Ist dann aber die eigentliche Stoßrichtung die im Kult eingebundene "Heilsprophetie", so ganz offensichtlich deswegen, weil damit eigene Überzeugungen in Frage gestellt wurden, und zwar

---

[112] Ob der exilisch/nachexilische Verfasser für das Auftreten von Heilspropheten auf historisch zutreffende Überlieferung zurückgreift oder ob ihn bestimmte Hinweise in der ihm vorliegenden Sammlung von Jeremiaworten zu dieser Annahme führten (vgl. Jer 4,10!) und er daraufhin die Gegebenheiten seiner Zeit zurückprojiziert, sei vorerst dahingestellt.

[113] Vgl. z.B. Jes 1,10–17; Am 5,21–24; Mal 2,13ff.

[114] Vgl. z.B. Hos 8,12f; Mi 6,6.

die Überzeugung, daß die Heilszeit eben noch keineswegs angebrochen ist, auch alsbald noch nicht anbrechen wird, und auch so nicht anbrechen wird, wie sie diese Prophetie ansagt. Die Unheilswende ist noch nicht vollzogen, sie kann auch nicht kultisch begangen oder herbeigezwungen werden. Wird eine Ansage oder Verkündigung in dieser Richtung grundsätzlich abgewehrt, ja als Trug deklariert, so ist das nur sinnvoll und verständlich, wenn die Bedingungen und Voraussetzungen für eine wirkliche Unheilswende anders gewichtet werden, als das auf der gegnerischen Seite geschieht.

Eine prinzipiell andere Sichtweise im Blick auf die Frage nach dem Anbruch der Heilszeit zeichnet deutlich allerdings erst jene Konzeption aus, nach der dem endgültigen Anbruch der Heilszeit ein letztes entscheidendes Läuterungsgericht vorausgeht. Daß in Jer 14,7–16 die Zurückweisung aktueller $\check{s}lwm$–Ansage als $\check{s}qr$ unter diesem Aspekt erfolgt ist, klingt aber nirgends explizit an. Es wäre ebensogut denkbar, daß man sich hier allein schon im Blick auf konstatierbare Mißstände innerhalb der Jahwegemeinde dagegen sperrte, die Ansage vom Anbruch der Heilszeit zu akzeptieren. Vielleicht spielen in diesem Zusammenhang sogar die für die deuteronomistische Theologie so charakteristischen Umkehrforderungen eine wichtige Rolle, weil man darauf abzielte, durch die rechte Umkehreinstellung und die Beseitigung der offenkundigen Mißstände im sozialen und kultischen Bereich die Voraussetzungen erst für die Unheilswende zu erwirken.

Nach allem sind immerhin folgende Rückschlüsse auf den Standort der Gegner in den KT möglich:
Die Aversion der Gegner gegenüber den Frommen richtet sich, wie bereits dargelegt, in erster Linie gegen deren prophetisch orientierte Erwartung eines "eschatologischen" Läuterungsgerichts.[115] In enger Anlehnung an den offiziellen Kult oder sogar als Repräsentanten des Kultes beruft man sich dabei auch auf das eigene Prophetenwort, um so den Anspruch prophetisch orientierter Erwartungen auf Seiten der KT-Frömmigkeit zu entkräften.[116] Wird in Jer 14,7–16 eine Sichtweise erkennbar, die dem offiziellen Kult und der damit verbundenen Heilsprophetie ablehnend gegenübersteht und berührt sich in diesem Punkt diese Sichtweise deutlich mit derjenigen, die in Jer 18,18 die Repräsentanten des Kultes als Gegner benennt, so ist hier von einer ähnlichen Frontstellung auszugehen. Das muß nicht bedeuten, daß Jer 14,7–16 auf die gleichen Verfasserkreise zurückgeht wie die KT. Naheliegender ist die Annahme, daß die KT-Frömmigkeit aus jener sich in Jer 14,7–16 artikulierenden, dem offiziellen

---

[115] Vgl. dazu oben S.43ff.
[116] Vgl. Jer 18,18.

Kultbetrieb gegenüber kritisch eingestellten Richtung hervorgegangen ist. Entsprechend sind die Gegner in den KT im gleichen Umfeld jener Partei anzusiedeln, die in den nachexilischen Auseinandersetzungen den besonderen Stellenwert des Kultes betont und dabei auch auf eine in den offiziellen Kult integrierte "Heilsprophetie" besonderen Wert legt.

d) Jer 6,13-15

Auch in Jer 6,13-15[117] steht offensichtlich das Ringen um den Stellenwert der Heilsprophetie im Hintergrund. Selbst wenn man Jer 6,13b im engen Zusammenhang mit v.13a versteht und so auffaßt, daß die gesamte Anklage "vom Allgemeinen (=Volk, v.13a) zum Einzelnen (=Prophet und Priester, v.13b) voran-(schreitet), um schwerpunktmäßig in v.14 das Aktionsfeld der wichtigen Gruppe, der Propheten, zu analysieren", wie ITTMANN urteilt,[118] so ist doch nicht zu übersehen, daß mit v.13b jetzt völlig neue Aspekte eingebracht werden.

Jer 6,13a konstatiert deutlich das mit $b\d{s}^c$ charakterisierte Fehlverhalten einer Gesamtheit.[119] In v.13b werden, wohl im Blick auf $gdwlm$, zwei führende Gruppierungen in den Vordergrund gestellt. Ihr Vergehen, dem somit ein besonderer Stellenwert zukommt, besteht darin, daß sie ihre Funktion als Priester und Propheten in trügerischer Weise ausüben.

Hier steht also eine ganz andere Verhaltensebene im Blickpunkt als die in v.13a mit $b\d{s}^c$ angesprochene.[120] Dazu kommt: Ist Jer 6,13 im Zusammenhang mit v.12a als die Begründung für das darin angekündigte Unheil zu verstehen, so setzt v.14 mit dem Verweis auf den "Bruch meines Volkes", den die Propheten mit ihrer Verkündigung zu überspielen versuchen, das Unheil als eingetreten voraus.[121] In jedem Fall ist für das Verstehen von Jer 6,13b-15 wichtig, daß

---

[117] Vgl. Jer 8,10ff.
[118] Vgl. Konfessionen, S.109.
[119] Vgl.: $mq\d{t}nm\ w^cd\ gdwlm$.
[120] $b\d{s}^c$ sonst in Zusammenhängen, in denen es um Ungerechtigkeit und Unterdrückung geht (vgl. z.B. Jer 22,17; Ez 22).
[121] Zu $\check{s}br$ als Charakterisierung der eingetretenen Unheilssituation vgl. Jer 4,6; 4,20; 6,1; 8,21; 10,19; 14,17; 30,15; 48,3.5; 50,22.31.54; Thr 2,11.13; 3,48; Jes 30,26; 51,19 u.ö..– Auch ITTMANN erkennt an, daß in v.14 die Bezeichnung $\check{s}br$ "eingetretenes Gericht" vor Augen stellt, sieht dann aber die Propheten als solche charakterisiert, die nicht erkennen, "daß nur der Anfang weiterer, schärferer Strafmaßnahmen Jahwes eingetroffen ist" (Konfessionen, S.109), um daraufhin Jer 6,13b-15 im Kontext der Ereignisse von 587 unterzubringen und jeremianische Herkunft zu postulieren; vgl. zu den Einwänden gegen jeremianische Herkunft unten S.92f!

hier in Anknüpfung an die pauschale Feststellung von v.13a spezifiziert wird und das Augenmerk im folgenden pointiert auf das Phänomen priesterlicher und prophetischer Heilsverkündigung gelenkt wird. Nicht die Frage nach den Gründen für die zuvor mitgeteilte Unheilsansage (v.12) interessiert hier. Es geht allein darum, die Heilsauffassungen der genannten Kreise im Blick auf die tatsächlichen Gegebenheiten ($\check{s}br$) als "Trug" abzuwerten und sicherzustellen, daß die Angesprochenen ihre Widerlegung noch erfahren werden.

Der Text bzw. der zuständige Autor versetzt den Leser zwar in die Zeit Jeremias; aber das geschieht ja nicht aus rein historischem Interesse, um das Bild jener zurückliegenden Zeit zu vervollständigen und über längst überholte Auseinandersetzungen zu informieren. Daß ein (einst?) bestimmtes aktuelles Problem durch seine Darstellung im jetzigen Kontext weiterhin der Aufmerksamkeit empfohlen ist, ist nur einsichtig, wenn die dafür Verantwortlichen hier ein dringliches Gegenwartsproblem sahen und ansprechen wollten. Man muß daher diese Verse jetzt – ob man nun von jeremianischer Herkunft ausgeht oder nicht – ihrer Stellung und ihres Stellenwertes wegen in jedem Fall mit dem Anliegen späterer in Verbindung bringen, die schon auf die Katastrophe von 587 zurückblicken. So ist zu prüfen, ob sich dann nicht auch Spuren aufweisen lassen, die auf solche Anliegen hindeuten und bestätigen, daß hier ein zeitlicher Abstand zur Zeit Jeremias veranschlagt werden muß. Wollte man Jer 6,13b–15 einmal versuchsweise als Äußerungen auffassen, die den historischen Propheten im Konflikt mit einer ihm gleichzeitigen Heilsprophetie zeigen, so kommt im Blick auf den bereits konstatierten $\check{s}br$ des Volkes zur zeitlichen Ansetzung eines solchen Konfliktes nur jener Zeitraum in Frage, der die Situationsangabe $\check{s}br$ erlaubt. Damit gerät man aber ganz dicht an die eigentliche Katastrophe von 587 heran.[122] Um so unverständlicher erscheint es dann, daß das den Heilspropheten angesagte Unheil (v.15) so merkwürdig unkonkret umschrieben wird[123] und keinerlei Bezug genommen wird auf die damaligen Kriegswirren, Nöte etc. Die unkonkrete Redeweise[124] und der Verweis auf die noch ausstehende Zeit der Heimsuchung[125] sind nur verständlich, wenn dem Verfasser von vornherein hier

---

[122] So auch ITTMANN, Konfessionen, S.109.
[123] Vgl. $hby\check{s}w$; "fallen unter die Fallenden", "zur Zeit der Heimsuchung" (v.15.).
[124] Vgl. dagegen Jer 4,9f (hrb); 6,12(!); 14,15; 20,6; 27,15; 28,16; 29,21.
[125] "Zeit (bzw. "Jahr" o.ä.) der Heimsuchung" (= $pqdh$) begegnet überwiegend in späten Textzusammenhängen: Jer 10,15; 11, 23; 23,12; 46,21; 48,44; 49,8; 50,27.31; 51,18; Jes 10,3; 13,11; Ez 9,1; Mi 7,4; Zeph 3,7; Ausnahme(?) Hos 9,7.

eben gar nicht die Situation der babylonischen Bedrohung vor Augen schwebt, er vielmehr an ein anderes, zusätzliches Gerichtshandeln denkt.[126]

Nicht nur die v.15 vorliegende Unheilsansage[127] bleibt merkwürdig unkonkret. Auch die Begründung der Unheilsansage ist auffällig. Im Blick auf den zuvor erhobenen $\check{s}qr$-Vorwurf (v.13b) wird spezifiziert: "Sowohl sich schämen tun sie nicht als auch sich beschämt fühlen verstehen sie nicht". Die Verhaltensweise, die in v.15 die Priester und Propheten verweigern, ist sonst[128] ein bewußter Akt der Reue und Scham wegen vorausgegangener Verschuldungen. Es ist also die hier vermißte subjektive Einsicht in das eigene Fehlverhalten, die dazu führt, daß die Angesprochenen über die $\check{s}br$-Situation hinaus einem Tag der "Heimsuchung" entgegengehen und dann endgültig straucheln, bzw. zu den Fallenden gehören.[129] Damit ist aber impliziert, daß gerade Reue und Scham als Einstellung und Haltung bei denjenigen erwartet wird, die der Zeit der Heimsuchung entgegensehen und dann nicht straucheln wollen. Die erkennbare Differenzierung zwischen objektiv aufweisbarem Schuldverhalten (v.13 $b\check{s}^c$ und $\check{s}qr$) und der inneren Einstellung zu diesem Verhalten ist jedoch kaum ein Anliegen des historischen Jeremia. Ebensowenig konnte es ihm um das Problem gehen, wer im Unheilsgeschehen fällt und strauchelt und wer nicht.[130]

Es ergibt sich demnach für Jer 6,(12)13-15, daß hier eine theologische Konzeption der religiösen Führungsschicht des Volkes kritisiert wird, die aus der zurückliegenden Katastrophe ($\check{s}br$) und deren Folgen "falsche Schlüsse" zieht. Es wird moniert, daß der "Bruch" des Volkes nicht ernst genommen, bzw. die Unheilssituation für beendet erklärt und das Heil als bevorstehend ausgerufen wird, obwohl dafür keinerlei Anlaß bestehe, die Unheilssituation also fortwähre. Zugleich wird aufgedeckt, daß Reue, Scham und Einsicht fehlen; dementsprechend werden die Folgen zum Zeitpunkt der endgültigen Heimsuchung zu tragen sein. Während der Verfasser von Jer 6,(12)13-15 die Gegenwart als Fortsetzung des $\check{s}br$-Geschehens von 587 immer noch unter dem Zorn Jahwes sieht, sich für ihn also Jahwes Zorn noch nicht gewendet hat,[131] gehen die hier Angegriffenen davon aus, daß mit dem Unheilsgeschehen die Schuld abgegolten ist. Das Heil

---

[126] Dem entspricht, daß $rp^{\ni}$ in Verbindung mit $\check{s}br$ im Rückblick auf eine abgeschlossene Katastrophe verwendet wird; vgl. Jer 30,12.17; 33,6; Jes 30,26; Thr 2,13.

[127] V.15a gehört möglicherweise nicht zur gleichen literarischen Stufe wie v.15b.

[128] Vgl. z.B. Jer 3,3; 31,19; Ez 16,54.61; 36,32; 43,10; Zeph 3,11; II Chr 30, 15; Esr 9,6.

[129] Dagegen ist es nach Jer 6,13 der objektive Sachverhalt ungerechten Verhaltens ($b\check{s}^c$), der Jahwes Unheilswirken (v.12) erklärt.

[130] Vgl. zur Spätdatierung von Jer 6,15 auch DUHM, Jeremia, z.St..

[131] Vgl Jer 23,20.

kann jetzt beginnen, bzw. wieder angesagt werden. Die Kategorien Schuld und Sünde spielen wahrscheinlich auch in dieser Konzeption eine Rolle, sie haben aber wohl einen anderen Stellenwert als für den Verfasser von Jer 6,(12)13-15. Während es diesem auf die subjektive Einstellung ankommt und alles daran hängt, daß sich der Mensch seiner schuldhaften Existenz bewußt ist und er sich entsprechend vor Jahwe "schämt" etc., daß er so den Zorn Jahwes auf sich nimmt und auf Jahwes Wendung wartet, dürften Schuld und Sünde für die Gegenseite lediglich als "objektive" Sachverhalte eine Rolle spielen, die, weil sie mit kultischen Mitteln zu bewältigen und zu beheben waren (Opfer etc.), also aus der Welt zu schaffen waren, gar keine Veranlassung bieten konnten, dafür noch einmal und diesmal ein endgültiges Unheilshandeln Jahwes als "Heim-suchung" zu veranschlagen.

e) Jer 30,23f[132]

Es handelt sich um einen Abschnitt,[133] der nachträglich in den jetzigen Kontext eingearbeitet worden ist und als wörtliche Parallele in Jer 23,19f auftaucht. Für die folgenden Erwägungen spielt es keine Rolle, ob diese Verse ihren ursprüng-lichen Ort in Jer 30,22f haben, also dort zunächst eingeschaltet worden sind und im Rückgriff darauf später noch hinter Jer 23,18 untergebracht wurden,[134] oder ob dieses Stück gleichzeitig hier und dort Verwendung fand, eine Möglichkeit, die nicht auszuschließen ist.

Wenn diese Ankündigung des Gerichts über die Gottlosen "weder dem Thema von K.23 (Sprüche über die Propheten) noch der Intention von K.30f (Heil über Israel), noch dem Tenor des engeren Kontextes 30,18ff.; 31,2ff."[135] entspricht, so ist daraus zu folgern, daß diese Verse jetzt eine Korrektur der Kontextaus-sagen bezwecken sollen, weil diese so, wie sie zuvor vorlagen, nicht hingenom-men werden konnten oder zu ergänzen waren.

Für Jer 30 bedeutet das, daß das hier angesprochene Heil erst dann eintreffen kann und voll zum Zuge kommt, nachdem das Gericht sein letztes Ziel erreicht

---

[132] Vgl. Jer 23,19f.
[133] Vgl. schon oben S.73ff.
[134] So LEVIN, Verheißung, S.180, Anm.102; LEVIN wertet Jer 23,19f als sekundäre Übertragung auf die falschen Propheten; das ändert nichts daran, daß diesen Versen die Funktion einer generellen Aussage zukommt.
[135] THIEL, Redaktion 26-45, S.21; für THIEL handelt es sich um einen "isolierten Spruch zweifelhafter Herkunft, der sich mit seiner ganz allgemeinen Androhung eines Gerichts über die Frevler zur Einfügung in verschiedenen Zusammenhänge eignete" (ebd,).

hat: "Die 'Gottlosen', die schlechten Elemente in der Judenschaft (vgl. 1Mak 9,37) müssen erst durch den großen Gottessturm beeitigt werden, bevor die vollkommene Zeit kommen kann"[136]. Solange und bis dahin wendet sich Jahwes Zorn nicht (Jer 30,24 = 23,20)! Vorher ist die $\check{s}lwm$-Ansage durch die Propheten Irreführung. Alle verschrifteten Heilsworte (Jer 30ff) beziehen sich auf die Zeit nach diesem Gericht!

Und der Paralleltext Jer 23,19f[137] hat im jetzigen Kontext die Funktion, zu verdeutlichen und sicherzustellen, daß die in v.17 verhandelte aktuelle prophetische Heilsverkündigung derzeit unangemessen ist. Aber nicht nur deswegen ist sie unangemessen, weil die Propheten ihrer eigentlichen Aufgabe nicht nachkommen, auf Umkehr zu drängen (vgl. v.22), sondern auch deswegen, weil die Zeit des Zorns noch andauert und in einem letzten Läuterunsgericht kulminieren muß, in dem erst noch die $r\check{s}^c ym$ vernichtet werden müssen.

Jer 30,23f ordnet also die im Kontext angesprochenen Heilserwartungen und -vorstellungen zeitlich neu und arbeitet heraus, daß alles Heil erst nach dem letzten noch bevorstehenden Gericht relevant werden kann. Dieses Verfahren erklärt sich am besten, wenn man davon ausgeht, daß der zuständige Interpolator damit seinen eigenen Interessen Rechnung trägt und sich hier gegen die Auffassung einer anderen theologischen Richtung durchzusetzen versucht, die im Blick auf die überlieferte Abfolge prophetischer Worte (Unheilsworte-Heilsworte) die Vorstellung von einem noch bevorstehenden Läuterungsgericht ablehnte. Während der Verfasser sich hier also auf literarischem Wege bemüht, einer seinen Vorstellungen widerstehenden Theologie entgegenzutreten, der Texteintrag also eher mit konzeptionell-theoretischen Fragestellungen zu tun hat, resultiert die mit Jer 23,19ff (im Zusammenhang mit 23,17) vorgenommene Einschaltung eher daraus, daß der zuständige Verfasser oder Interpolator hier auf eine ihm anstößig erscheinende Praxis reagiert. Denn hier richten sich die entsprechenden Verse deutlich gegen Propheten, deren Aktivitäten deswegen abgelehnt werden, weil sie die Unheilswende schon voraussetzen. Es geht an dieser Stelle anders als in Jer 30,23f also nicht darum, hier die eigene theologische Konzeption einzubringen. Hier kommt es dem Verfasser/Interpolator vielmehr darauf an, im Rahmen der ihm vorliegenden Sammlung von Worten über die Propheten eine in seinen Augen erforderliche Klarstellung vorzunehmen und sicherzustellen, daß die Auffassung von einer bereits vollzogenen Heilswende und das entsprechende prophetische Wort illegitim ist.

---

[136] DUHM, Jeremia, S.243.

[137] Vgl. dazu auch oben S.73ff.

Ähnlich wie für den Verfasser von Jer 23,19ff (bzw. Jer 30,23f) dürfte auch
für die Abfassung und Verklammerung von Jer 25,30ff im jetzigen Kontext die
Überzeugung von einem letzten bevorstehenden Läuterungsgericht ausschlaggebend gewesen sein. Denn hier wird die Vorstellung von einem allgemeinen
Völkergericht offensichtlich "umfunktioniert" zum letzten umfassenden Gericht
Jahwes an allen Gottlosen, die im eigenen Volk eingeschlossen. Erst nachdem ein
solches Läuterungsgericht stattgefunden hat, kann das Heil anbrechen. Bis dahin
steht die gesamte Welt unter dem Zorn Jahwes.[138] Die Trägerkreise dieser
Vorstellungen müssen entsprechend alle Versuche in der Gegenwart, das Heil zu
bewirken oder auf kultischem Wege die Voraussetzungen dafür zu schaffen oder
sicherzustellen, ebenso zurückweisen und als Selbsttäuschung ansehen wie die
Bezugnahme auf Heilsworte oder das Wirken von Heilspropheten bzw. ihrer
kultprophetischen Nachfolger, der Tempelsänger.[139]

f) Fazit

Die Durchsicht der charakteristischen Stellen im Jeremiabuch, die die Frage
nach dem Stellenwert prophetischer Heilsankündigungen thematisieren und somit
Auseinandersetzungen widerspiegeln, die möglicherweise in einem weiteren oder
engeren Zusammenhang mit jenem in Jer 18,18 angedeuteten Spezialstreit über
das rechte Verständnis des prophetischen Wortes stehen, ergibt folgendes Bild:
    Die für die Aussagen über den Stellenwert der Heilsankündigungen und der
Heilsprophetie verantwortlichen Verfasser unterscheiden sich durchaus in ihren
Stellungnahmen. Die Bandbreite der Äußerungen reicht von der Problemanzeige,
die auf den Widerstreit zwischen gleichermaßen von Jahwe hergeleiteter Unheils-
und Heilsprophetie verweist,[140] bis hin zur Feststellung, daß sich die Heilsprophetie nicht auf Jahwes Wort berufen kann,[141] oder, daß Heilsansage als Trug
(šqr) anzusehen ist.[142]
    Diesen Urteilen steht um so erstaunlicher jener Sachverhalt gegenüber, daß im
Jeremiabuch andererseits – wie auch sonst in den anderen Prophetenbüchern –
umfangreiche Passagen prophetischer Heilsansagen aufgenommen und sukzessiv

---

[138] Vgl. Jer 25,37!
[139] Vgl. II Chr 20,14ff und I Chr 25,1ff und dazu besonders MOWINCKEL,
    Psalmenstudien III, S.14ff, besonders S.21f.
[140] Vgl. Jer 4,10.
[141] Vgl. Jer 5,12f.
[142] Vgl. Jer 5,31; 14,13-16; 6,13-15.

ausgebaut worden sind, ein Sachverhalt, der deutlich genug belegt, daß hier
vorgegebene oder auch zusätzlich vereinnahmte Heilsworte eine außerordentliche
Hochschätzung erfahren. Als Ursprung und Hintergrund dieses zunächst höchst
widersprüchlich erscheinenden Befundes muß m.E. die sich nach der Katastrophe
von 587 aufdrängende Frage veranschlagt werden, wie auf die damals andauernde
Unheilssituation Heilsprophetie generell – sei es als überliefertes Heilswort, sei
es als aktuell ausgesprochene Heilsansage zeitgenössischer Propheten – abzustimmen war, und in welchem Verhältnis sie zur überlieferten und offenkundig
als wahr erwiesenen Unheilsprophetie gesehen werden mußte, sollte nicht bei
beiderseitiger Herleitung von Jahwe dieser selbst als widersprüchlich erscheinen.[143] Wie an Hand von Jer 32[144] gezeigt werden konnte,[145] fand man die
Lösung, indem man das ungeklärte Neben- und Gegeneinander von Heils- und
Unheilsworten derart in ein Nacheinander umordnete, daß man die Unheilsworte
auf die mit 587 einsetzende und bis zur Gegenwart währende Unheilszeit bezog,
also eine Zeitfolge ansetzte, in der sich ausschließlich die Unheilsworte
realisieren. Heilsworte behielten ihren Anspruch und ihre Geltung; ihre Geltung
erstreckte sich jetzt jedoch erst auf jene Zukunft, die sich nach der vollen
Realisierung der Unheilsworte eröffnete. Mit dieser Lösung, die literarisch ihren
Niederschlag aufbaumäßig im sogenannten zweigliedrigen eschatologischen Schema der Prophetenbücher fand,[146] waren Spannungen und Widersprüche zwischen
tradierten Unheils- und Heilsworten behoben. Ihre "Unlogik" bei gleichzeitiger
Herleitung von Jahwe selbst war damit beseitigt.

Strittig und ungeklärt mußte bei dieser Sichtweise allerdings im weiteren
Verlauf der Geschichte nach 587 bleiben, ob und zu welchem Zeitpunkt und aus
welchen Gründen schließlich eine Unheilswende zu postulieren oder anzusagen
war. Die Auseinandersetzungen in dieser Frage spiegeln sich m.E. in Stellen wie
Jer 5,12f; 5, 31; 6,13–15 und 14,13–16. Hier kann nach allem jedenfalls keine
grundsätzliche Aversion oder Ablehung prophetischer Heilsverkündigung veranschlagt werden. Vor Augen stehen muß den Verfassern dieser kritischen Aussagen vielmehr eine aktuelle nachexilische Heilsprophetie in enger Verbindung zum
offiziellen Kult,[147] die das Ende der Unheilszeit zu propagieren sucht.

---

[143] Vgl. Jer 4,10.
[144] Vgl. Jer 32,24f.42–44.
[145] Vgl. oben S.78ff.
[146] Später noch durch Zwischenschaltung von Unheilsworten an die Völker zu
    einem dreigliedrig eschatologischen Schema ausgebaut!
[147] Vgl. Jer 14,7–16.

Somit stehen die Verfasser dieser Texte schon in einer ähnlichen Frontstellung wie die KT-Frömmigkeit.[148] Hier wie dort berufen sich die angesprochenen Gegner jeweils auf eine dem Kult verhaftete Heilsprophetie, während man selbst an der Unheilsperspektive festhalten zu müssen meint, also den Zeitpunkt noch nicht gekommen sieht, der auf die Realisierung der überlieferten Heilsworte hindeutet oder aktuelle Heilsansage im Namen Jahwes erlaubt. Werden Ansagen in dieser Richtung als Trug deklariert, so offensichtlich deswegen, weil man andere Kriterien für die Beurteilung einer wirklichen Unheilswende anwendet, als das auf der gegnerischen Seite geschieht. In den KT ist, wie wir gesehen haben,[149] die Voraussetzung für den Anbruch der Heilszeit das zuvor von Jahwe vollzogene, jetzt noch ausstehende Läuterunsgericht. Ob diese Konzeption auch schon für die in Jer 5,13; 5,31; 6,13-15 und 14,7-16 artikulierte Ablehnung der Heilsprophetie ausschlaggebend gewesen ist, läßt sich nicht feststellen. Immerhin ist im Jeremiabuch auch außerhalb der KT ein literarischer Niederschlag dieser Sichtweise erfolgt. Jer 30,23f[150] hat jetzt im Blick auf den Kontext die Funktion, klarzustellen, daß die 587 einsetzende Unheilszeit noch andauert und sich Jahwes Zorn erst wendet, nachdem in einem abschließenden Gerichtsakt den bis jetzt währenden Verschuldungen Rechnung getragen und die Gottlosen vertilgt sind.[151]

Die Frage, ob die eine oder andere der oben untersuchten Stellen Reminiszenzen einer Auseinandersetzung enthält, die der historische Jeremia mit einer ihm zeitgenössischen Heilsprophetie durchfechten mußte, kann hier ebenso zurückgestellt werden wie die Frage, ob solche Auseinandersetzungen vor 587 überhaupt eine Rolle gespielt haben. Selbst wenn man dergleichen in Rechnung stellt, ergibt sich völlig unabhängig davon allein schon aus der Art und Weise, wie die betreffenden Texte gestaltet und im Kontext verklammert worden sind, daß hier nicht lediglich eine Fragestellung der Vergangenheit vor Augen steht, es hier vielmehr darum geht, für die nachexilische Gegenwart den Stellenwert überlieferter Heilsworte neu zu gewichten und zugleich den Wahrheitsanspruch aktueller, im Kult verankerter Heilsprophetie zurückzuweisen.[152]

Für die in Jer 18,18 vor Augen gestellte Problematik "Prophetenwort gegen Prophetenwort" ergibt sich folglich, daß die KT-Frömmigkeit auf der einen und

---

[148] Vgl. Jer 18,18.
[149] Vgl. oben S.43ff.
[150] Vgl. Jer 23,19f.
[151] Vgl. auch Jer 25,30ff!
[152] M.E. kommt gerade dieser Aspekt, daß der Stellenwert der Heilsprophetie eben gerade auch ein äußerst strittiger Punkt in exilisch-nachexilischer Zeit gewesen sein muß, in den Untersuchungen von HOSSFELD/MEYER (Prophet gegen Prophet) zu kurz.

ihre Gegner auf der anderen Seite auch in diesem Streitpunkt jeweils ihre Vorgänger haben. War aus den KT selbst schon zu entnehmen, daß die Gegner den offiziellen Kult hochhalten, so läßt sich ergänzen, daß sie in der Gefolgschaft jener Richtungen stehen, die bei ihren Konsolidierungsbemühungen in nachexilischer Zeit der Neuorganisation des Kultes und im Zusammenhang damit kultprophetischen šlwm -Ansagen deswegen einen besonderen Stellenwert einräumten, weil auf diesem Wege die ihrer Auffassung nach zu postulierende Unheilswende deutlich markiert und sichergestellt werden konnte.

4. Zusammenfassung

1. Wertet man die charakteristischen Stellen in den KT aus, die direkte oder indirekte Hinweise auf die theologische Position der Gegner enthalten, so ergibt sich:

Die Gegner vertreten eine streng "antieschatologische" Haltung; d.h. sie lehnen strikt die Vorstellung ab, daß Jahwes endgültiges Gerichtshandeln erst noch bevorstehe[153] und erst dann die wahren Frommen, das wahre Israel von Jahwe bestätigt werde.

Außerdem lassen die KT deutlich erkennen, daß man sich die "antieschatologisch" eingestellten Gegner in einflußreichen Positionen vorstellen muß,[154] daß sie den offiziellen Vertretern des religiösen Lebens nahe stehen oder sogar mit ihnen identisch sind,[155] also eine enge Verbindung zum Tempel und zum Kultpersonal (Priesterschaft, Propheten) wahrscheinlich ist.[156]

2. Es ist zu fragen, ob diese Frontstellung, wie sie in den KT vor Augen steht, eine Vorgeschichte gehabt, sie sich also schon längere Zeit angebahnt hat, bis sie schließlich in jenes Stadium geriet, in dem die Auseinandersetzungen in offene, nicht mehr zu überbrückende Feindschaft umgeschlagen sind.

---

[153] Vgl. Jer 12,4bß (vgl. dazu oben S.64ff); 17,15 (vgl. dazu oben S.68ff); 18,18 (vgl. dazu oben S.74ff).
[154] Vgl. dazu Jer 12,1-4; dazu oben S.64ff.
[155] Vgl. dazu Jer 18,18; dazu oben S.74ff.
[156] Vgl. die Überlegungen zum Kontext von Jer 11,18 - 12,6; dazu oben S.68; vgl. auch S.45f.

Daß die für die KT charakteristische Konstellation zweier einander widerstreitender Glaubensrichtungen keineswegs ein völliges Novum darstellt, geht aus jenen nachexilischen Textpassagen besonders der Prophetenbücher hervor, in denen Spannungen und Gegensätze innerhalb der Jerusalemer Kultgemeinde zur Sprache kommen. Obwohl das zur Verfügung stehende Textmaterial nur exemplarisch ausgewertet werden konnte, haben die oben durchgeführten Sondierungen ergeben, daß die in den herangezogenen Texten vor Augen stehenden Konfliktsituationen mit denen in den KT vergleichbar sind. Denn auch hier ist von Spannungen die Rede, die offensichtlich zwischen Vertretern des offiziellen Kultes und ihren Anhängern auf der einen Seite und weniger einflußreichen Gruppierungen auf der anderen Seite bestanden.

Wenn in den KT die Vertreter des offiziellen Kultes radikal abgelehnt werden und ihnen ihre Rechtgläubigkeit generell bestritten wird, so korrespondiert dem, daß in zahlreichen späten Texten der Prophetenbücher zumindest starke Vorbehalte gegenüber dem Kultpersonal und dem von ihm getragenen Kult artikuliert sind.[157]

Ferner sind in diesen Texten Gegensätze angesprochen, die daraus resultieren, daß "eschatologische" Erwartungen unterschiedlich gewichtet werden.[158] Es ist deutlich zu erkennen, daß im Mittelpunkt des Streites "eschatologische" Erwartungen stehen, Erwartungen, in denen ein künftiges endgültiges Gerichtshandeln Jahwes der zentrale Punkt ist. Diese Erwartungen werden von den Vertretern des offiziellen Kultes nicht nur nicht geteilt, die Anhänger solcher Erwartungen werden sogar befehdet.[159]

Auf Grund dieses Befundes wird man folgern müssen, daß die fraglichen Texte tatsächlich Informationen enthalten, die Einblicke in die Vorgeschichte jenes Konfliktes ermöglichen, der in den KT verhandelt wird. Diese Informationen bestätigen in jedem Fall, daß die in den KT vor Augen stehenden Gegner Anhänger oder Nachfolger jener in nachexilischer Zeit einflußreichen Richtung sind, die in der Wiederaufnahme eines geordneten Kultes das Verhältnis zwischen Jahwe und seinem Volk neu geregelt weiß und entsprechend in diesem Kult die Unheilswende begeht und sicherstellt.

Eine weitere, in Einzelheiten gehende Näherbestimmung der theologischen Position der Gegner in den KT ist hier nicht möglich. Die bisherigen Ergebnisse zeigen immerhin deutlich, daß bei Versuchen in dieser Richtung jene Textmate

---

[157] Vgl. z.B. Jes 29,13 (dazu oben S.66, Anm.22); Jes 58,1ff (dazu oben S.67, Anm.29); Jes 66,1ff (dazu oben S.70ff).
[158] Vgl. besonders Jes 66,5ff (dazu oben S.70f); Jes 5,19 (dazu oben S.72f); Jer 23,16ff (dazu oben S.72f).
[159] Vgl. besonders Jes 66,5ff.

rialien auszuwerten sind, die vor dem Hintergrund nachexilischer Glaubens-
streitigkeiten entstanden sind; alle jene bisher weithin wie selbstverständlich
vorgenommenen Versuche, die in den KT angesprochenen Gegner unhinterfragt
mit den Gegnern des historischen Jeremia zu identifizieren, sind Irrwege.

V. Rückblick und Ausblick[1]

Die hinter den KT stehenden Kreise leiden darunter, daß die Verhältnisse in der Welt nicht Gottes Ordnungswillen korrespondieren. Dennoch halten sie daran fest, daß Gottes Ordnungswille auf diese Welt zielt, daß diese Welt weiterhin unter Gottes Ordnungswillen steht und daß Gott gerecht ist[2]. Sie tun das, weil nach ihrer Auffassung die gegenwärtige Diskrepanz zwischen den tatsächlichen Gegebenheiten der Welt und dem Ordnungswillen Gottes keineswegs endgültig, sondern zeitlich begrenzt ist und in der Zukunft aufgehoben wird.

Die eigenen gegenwärtigen Nöte, die aufgezwungenen Unrechtsverhältnisse etc., die offensichtlich im Widerspruch zu Gottes Ordnungswillen stehen und so die Ferne Gottes in der Gegenwart anzeigen, sollen in der Hoffnung ertragen werden, daß in einem künftigen endgültigen Geschehen Gottes Ordnungswille die Korrektur der Weltverhältnisse erbringen wird und somit Gott und Welt wieder zusammenrücken.[3]

Die Trägerkreise der KT sind identisch oder stehen zumindest in großer Nähe zu jenen Gruppierungen, die nach dem Zeugnis zahlreicher spät- und nachexilischer Passagen in den Prophetenbüchern mit einem künftigen entscheidenden Gerichtshandeln Jahwes rechnen, dieses Gericht aber nicht ausschließlich als

---

[1] Vgl. auch die zusammenfassenden Ausführungen zu den Teilen II. – IV. (s.o.S.27f; 43ff; 63ff).

[2] Vgl. Jer 11,20 und 12,1 sowie 20,12f!

[3] Die Frage, in welchem Vorstellungshorizont sich die KT-Frömmigkeit hier bewegt und wie sich überhaupt die Vorstellung herausbilden konnte, daß Gott erst in einem entscheidenden Zukunftshandeln seinen Ordnungswillen für diese Welt durchsetzen wird, wird man damit beantworten können, daß sich Anhaltspunkte dafür im Rückblick auf Ereignisse ergaben, die man als schon einmal von Gott vollzogene Korrektur der Weltverhältnisse einstufen konnte. War es in exilisch-nachexilischer Zeit gelungen, die Katastrophe von 587 theologisch so zu bewältigen, daß man in diesem Ereignis die aus Gottes Ordnungswillen resultierende umfassende Korrektur von angehäuften Unrechtsverhältnissen sehen konnte, so besaß man damit einen Beleg dafür, daß die Weltverhältnisse Korrekturen Gottes erfahren hatten, also auch künftig erfahren würden. Eine solche dem Willen Gottes entsprechende Korrektur gegenwärtiger Weltverhältnisse kann als Postulat erhoben und als Postulat festgehalten werden, weil die Gegenwart diese in Aussicht genommene Zukunft nicht widerlegen kann.

Gericht und Rache Jahwes an den Israel feindlichen Völkern verstehen, sondern zugleich als auf Israel zielendes Läuterungsgericht.

Bevor die Erwartung einer von Jahwe herbeigeführten Heilszeit erfüllt werden kann, ist nach dieser Konzeption nicht nur das Problem der Bedrohung Israels durch äußere Feindmächte zu lösen und den Fremdvölkern im Gericht Jahwes für die von ihnen erfahrenen Unterdrückungen und Ungerechtigkeiten heimzuzahlen. Zumindest gleichgewichtig werden die Ungerechtigkeiten und Verschuldungen innerhalb des eigenen Volkes empfunden. Wie die feindliche Völkerwelt von außen Israel bedroht und das erhoffte Heil verzögert, für Israel aber gerade deswegen von Jahwe die Durchsetzung seines Gerechtigkeitswillens im Blick auf die Völkerwelt erwartet werden kann, so fühlt sich die KT-Frömmigkeit analog von feindlichen Mächten (Gottlosen, Tyrannen, Stolzen etc.) in Israel selbst bedroht. Da nur noch die Erwartung bleibt, daß Jahwe in einem umfassenden und endgültigen Gerichtsgeschehen analog zu dem Gericht an den Völkern die Feinde im Innern zur Rechenschaft zieht und damit den Frommen zu ihrem Recht verhilft, unterscheidet diese Frömmigkeitsrichtung nicht mehr zwischen äußeren und inneren Feinden. Der Zorn, die Rache Jahwes etc. muß innerhalb und außerhalb Israels wirksam werden.[4]

Mit diesem eschatologischen Ansatz, gegen den Augenschein an der Zuständigkeit und dem Gerechtigkeitswillen Gottes für diese Welt festzuhalten, war die KT-Frömmigkeit jedoch im Lauf der Zeit offensichtlich in eine Krise geraten, weil sich letztendlich doch Resignation und Zweifel breit machen mußten, sofern sich angesichts der sich ausdehnenden Gegenwart das Eingreifen Gottes immer mehr verzögerte und damit auch die Bestätigung des eigenen Stellenwertes ausblieb.[5] Der Glaube, daß die in der Gegenwart empfundene Diastase zwischen der Wirklichkeit und der Gerechtigkeit Gottes durch ein endgültiges Gerichtshandeln Gottes aufgehoben wird und schließlich so Fromme und Gerechte ebenso wie Gottlose und Ungerechte wirkliche Platzanweisung erfahren, geriet in einen Konflikt mit Jahwe selber, je länger sich dieser entzog.

Zugleich standen diese Frommen in einem äußeren Konflikt, weil ihre Auffassung vom künftigen alles entscheidenden Eingreifen Jahwes (Läuterungsgericht) den Widerstand all derer provozierte, die als die Verteter des offiziellen Kultes die Vorstellung ablehnten, daß Jahwes endgültiges Gerichtshandeln erst noch bevorstehe und erst dann die wahren Frommen, das wahre Israel von Jahwe bestätigt werde.[6] In dem Stadium der Auseinandersetzungen, in dem die

---

[4] Vgl. oben S.59ff.
[5] Vgl. die entsprechenden Appelle in den KT!
[6] Vgl. oben S.63ff, s.besonders S.98ff.

"Konfessionen" entstanden sind, war der Riß zwischen beiden Richtungen offensichtlich schon so groß,[7] daß die gemeinsame Basis des Jahweglaubens nicht einmal mehr gegenseitige Akzeptanz bewirkte. Die Trägerkreise der KT stehen deutlich in einer Verfolgungssituation, die die inneren Anfechtungen nur verstärken mußte und die Frage immer drängender werden ließ, wann endlich die im Jahwegericht erhoffte Bestätigung der eigenen und Widerlegung der gegnerischen Position erfolgen würde.

In diesen aus dem Widerstreit zweier theologischer Konzeptionen resultierenden Auseinandersetzungen lag also eine zusätzliche Schwachstelle der KT-Frömmigkeit: Je mehr Zeit verstrich, um so angreifbarer wurde man, um so mehr fühlte man sich an den Rand gedrängt, weil es mit fortschreitender Zeitverzögerung immer schwieriger werden mußte, den Wahrheitsanspruch der eigenen Position überzeugend zu vertreten. Die KT-Frömmigkeit weiß sich eindeutig in der Defensive.

Die permanente, die eigene Existenzweise prägende Spannung zwischen Hoffnung und der offensichtlichen Verzögerung solcher Hoffnung in dieser Phase durchzuhalten, war nur möglich, wenn es gelang, sich der eigenen Existenzweise zu vergewissern, d.h. ihr selber schon einen besonderen Stellenwert zuzuerkennen. Man stand also vor der Frage, wie angesichts nun auch der Bedrohungen und Anfeindungen von außen überhaupt sicherzustellen war, daß man gerade in der Weise, wie man die Diastase zwischen Gott und Welt wahrnehmen und an sich selber erfahren mußte, zugleich Gott erfuhr als den, der diese Diastase zu ertragen und auszuhalten auferlegt hatte.

Das Vorstellungsmaterial selbst, mit dessen Hilfe sich die Hoffnung auf Gottes Korrektur der gegenwärtigen Weltverhältnisse ausmalen ließ, konnte für die KT-Kreise offensichtlich gerade nicht der Ermutigungs- und Vergewisserungsgrund der Hoffnung selber sein.

Es finden sich in den KT auch nicht die geringsten Andeutungen, daß man das Problem, in einer solchen Spannung leben zu müssen, auf die Weise zu bewältigen versucht, daß man durch weitere Hintergrundinformationen den Vorstellungsinhalt der Hoffnung so strukturiert, daß das Moment der Verzögerung nun selber aus jenem Vorstellungskomplex vom künftigen Wirken Gottes resultiert.

Die Erfahrung dieser Spannung zwischen Hoffnung und Verzögerung und die daraus resultierenden Zweifel und Anfechtungen sind zugleich mit der von außen herangetragenen Infragestellung der eigenen Position der Anlaß überhaupt, sich in der Art und Weise der "Konfessionen" zu artikulieren. Dabei ging es jedoch

---

[7] Zur Vorgeschichte der Auseinandersetzungen, wie sie die KT widerspiegeln, vgl. oben S.74 und besonders S.98f.

offensichtlich um mehr als nur darum, die entstandenen Zweifel und Anfechtungen in Worte zu fassen und sie in der Form des Gebets vor Gott
auszubreiten. Denn dazu wäre es nicht nötig gewesen, solche Worte in einem
wie auch immer vorliegenden Jeremiabuch zu verklammern und so dafür die
Autorität des Jeremia in Anspruch zu nehmen. Daß das hier geschieht und damit
die eigene von Zweifel und Anfechtungen geprägte Situation mit der Situation
Jeremias gleichgestellt wird, Jeremia also der wird, der wie man selber hofft,
zweifelt und mit Jahwe ringt, muß dann als Versuch einer retrospektiven
Orientierung gewertet werden.

Es ist aber nicht anzunehmen, daß sich eine solche retrospektive Orientierung
nur darauf konzentrierte, aufzeigen zu können, daß sich eben auch schon der
Prophet Jeremia in einer vergleichbaren inneren und äußeren Situation befand
und darin ebenfalls gescheitert war. Denn Jeremia wäre dann ja nur als der
gesehen, der gleichsam die Ahnenreihe derer eröffnet, in deren Abfolge man
selber steht, und damit hätte man nicht mehr erreicht als eine Generalisierung
der Eigenproblematik.[8]

War es die permanente Spannung zwischen Hoffnung und der offensichtlichen
Verzögerung solcher Hoffnung, die die eigene Existenzweise prägte, und gab es
keine andere Möglichkeit, diese immer wieder verlängerte Spannung auszuhalten
als die, sich nun dieser eigenen Existenzweise so zu vergewissern, daß ihr selber
schon ein besonderer, ausgezeichneter Stellenwert zukam, so dürfte eben diesem
Ziel die retrospektive Orientierung an Jeremia dienen.

Indem man Jeremia die KT in der Mund legt und damit die in der vorgegebenen Jeremiatradition enthaltenen Informationen über die äußeren Schwierigkeiten dahingehend ergänzt, daß eben diesen äusseren Schwierigkeiten korrespondiert, daß Jeremia damit eben auch die Diastase zwischen Gott und Welt
wahrgenommen und an sich selber erfahren hatte, kann man sich zum einen mit
Jeremia identifizieren, weil er wie man selber angesichts der Wirklichkeit in
Leiden und Zweifel an Gott geraten war; zum andern gelingt es auf diese Weise
zugleich, in einem entscheidenden Punkt die eigene Existenzweise gleichsam in
einen höheren Horizont zu rücken; denn hier im Falle "Jeremias" war das klar,
woran man selbst zweifelte: Dieser "Jeremia", wie ihn die überkommene Tradition
vorstellte, hatte in seinen Anfechtungen Gott zugleich als den erfahren, der ihm

---

[8]   Insofern ist HERMISSON zuzustimmen, wenn er hinterfragt, ob "die Texte
      ... überhaupt als Identifikationsmuster für eine Gruppe von Frommen geeignet
      waren", und feststellt: "Nachfolger im prophetischen Amt mochten sie sich
      zueigen machen..., aber eine Lösung bekamen sie mit diesen Texten nicht, es
      sei denn die Auskunft, daß der Jünger nicht besser ist als sein Meister" (vgl.
      Jahwes und Jeremias Rechtsstreit, S.339f).

ausdrücklich zugemutet hatte, ja ihn erwählt hatte (Jer 1,4![9]), die Diastase zwischen Gott und Welt auszuhalten.

Im Blick auf diesen "Jeremia" eröffnete sich so die Möglichkeit, die eigene Existenzweise nun ebenfalls als von Gott auferlegte zu verstehen.[10] Damit war sichergestellt, daß sich gerade darin der ferne Gott anmeldete.[11]

Weil angesichts der Wirklichkeit der Welt, ihrer Ungerechtigkeiten und Undurchschaubarkeiten die Ferne Gottes nicht zu bestreiten ist, sucht also die hinter den "Konfessionen" stehende Frömmigkeitsrichtung sich ihrer eschatologischen Hoffnung zu vergewissern. Sie tut das im Rückblick in die Geschichte. Aber offensichtlich genügt es hier nicht, sich die Gesamtgeschichte oder etwa dem Ordnungswillen Jahwes korrespondierende Gesetzmäßigkeiten des Geschichtsablaufs in Erinnerung zu rufen. Den Ermutigungsgrund, an der eschatologischen Hoffnung festzuhalten, daß sich Gottes Zuständigkeit für diese Welt, sein Gerechtigkeits- und Ordnungswille bewahrheiten wird, findet man nur in Geschick und Geschichte einer historischen Person, der man sich verwandt fühlen konnte.

Wir hatten oben bereits darauf hingewiesen, daß sich die für die KT zuständige Frömmigkeitsrichtung in einer Auseinandersetzung zu bewähren hat, die schon eine längere Vorgeschichte gehabt haben muß[12] und in der es um den Stellenwert der am Prophetenwort orientierten Erwartungen ging. Es hatte sich außerdem ergeben, daß die Erwartungen ebenso wie die Glaubenskrise dieser

---

[9] Daß die Bestimmung Jeremias bzw. seine "Heiligung" zum Propheten schon im Mutterleib in späterer Zeit besonders hervorgehoben wurde, ist aus Sir 49,6f ersichtlich.

[10] Vgl. 1QH IX,30, wo sich der Beter ganz offensichtlich im Rückblick auf Jer 1,4 wie Jeremia als von Mutterleib an von Gott "geweiht" weiß.

[11] Insofern sind die KT im Kontext des Jeremiabuches sehr wohl "als Identifikationsmuster für eine Gruppe von Frommen" geeignet (vgl. oben Anm.8). Nicht darum geht es, daß der Jünger besser ist als sein Meister, sondern darum, daß man mit dem Blick zurück in die Glaubensgeschichte und auf die Repräsentanten dieser Glaubensgeschichte, wie sie in der überkommenen Tradition Gestalt angenommen hatten, der Gefahr entgegenwirken konnte, die eigene Situation als absolute Ausnahmesituation und damit ohne Perspektive vor Gott einstufen zu müssen. Der Versuch, sich in retrospektiver Orientierung mit "Jeremia" zu "identifizieren", ist gleichsam der Protest gegen die verunsichernde Möglichkeit, im Bereich der Geschichte vereinsamt auf verlorenem Posten zu stehen und damit selber ohne Stellenwert im Gesamtablauf von Welt zu bleiben. In diesem Sinne kam es der KT-Frömmigkeit durchaus auf nicht mehr, aber auch auf nicht weniger an, als sich als "Jünger" und somit in der Nachfolge verstehen zu können.

[12] Vgl. oben S.98.

Frommen weithin mit jenen Erwartungen und Glaubenskrisen vergleichbar sind, die die späteren Textschichten der Prophetenbücher widerspiegeln (vgl. z.B. Jes 24-27*; 30,18-26; 59,1-20; 65,8-16; 66,1-16; Mal 3).[13]

Fragt man, ob und wie der soeben charakterisierte theologische Ansatz der KT-Frömmigkeit, sich im Blick auf die von Gott einem Propheten auferlegte Existenzweise des eigenen Glaubens und Stellenwertes vor Gott zu vergewissern, auch sonst in den Prophetenbüchern nachweisbar ist, so ergibt sich folgendes: Wo die Momente des Zweifels, der Anfechtung und des Leidens angesprochen werden,[14] muß man zwar davon ausgehen, daß hier in einer Reihe von Texten auf Grund ihrer Verklammerung in einem Prophetenbuch jeweils der betreffende Prophet als Sprecher vor Augen steht. Aber es ist zugleich deutlich, daß sich solche Texte von den KT unterscheiden und daß sie eine andere Funktion haben. Sie wollen nicht in erster Linie den jeweiligen Propheten als denjenigen kennzeichnen, der als der Beauftragte Jahwes ob seines Auftrags in innere und äußere Konflikte gerät etc. und dem deswegen Vorbildcharakter zuerkannt werden kann, weil an seiner Existenzweise zu belegen ist, daß und wie sich in der bitter erfahrenen Diastase zwischen Gott und Welt dennoch Gott anmeldet.

Während in den KT die Autorität "Jeremias" in der Hinsicht in Anspruch genommen wird, daß die eigenen Probleme und Anfechtungen in einem anderen Licht gesehen werden dürfen, wenn dieser "von Mutterleibe an" von Jahwe geweihte Prophet (Jer 1,4) die Bewältigung der eigenen Situation gleichsam "vorexerziert" hat, wird man in den eben angesprochenen Texten den jeweiligen Propheten eher in seiner Autorität als Offenbarer, Mahner und Unterweiser gesehen haben, also als den, der von den Schwierigkeiten der ihm nahestehenden Kreise weiß,[15] sie aufnimmt, sie erklärt, zum Festhalten an den in Zweifel geratenen Glaubensüberzeugungen ermuntert etc. Man kann ihm entsprechende Texte in den Mund legen, weil er der ist, der ein enormes Vorauswissen hat, der so die eigenen Erwartungen bestätigt, weil er von seiner überlegenen Warte aus immer schon mehr weiß und überblickt und damit neue Horizonte aufreißt, wenn man selbst auf Grund der widerständigen Wirklichkeit den eigenen Erwartungshorizont in Frage stellen muß; kurz: er ist der Garant dafür, daß die eigenen Erwartungen prophetisch legitimiert sind, daß also die eigene Erwartungshaltung an sich schon legitim ist. In solchen Texten ist also seine Autorität als Urheber der über die eigene Weltwirklichkeit hinausweisenden Erwartungen in Anspruch genommen. Insofern traut man ihm auch solche Worte

---

[13] Vgl. dazu oben S.59ff.
[14] Vgl z.B. Jes 24,10; 24,16b; 30,20; 59,1.11; 66,5; Mal 3,13ff.
[15] Vgl. z.B. Jes 26,7ff; 30,18ff; 59,1ff; 66,5ff; Mal 3,13.

der Gegenwartserhellung, der Weisung und der Mahnung, aber auch des Gebets zu, die sich auf die Anfechtungen, Zweifel etc. seiner späteren Nachfolger beziehen. In dieser Inanspruchnahme interessiert an der Person des Propheten nur, – und das brauchte nicht explizit verdeutlicht zu werden, weil es sich von selbst verstand, bzw. von der Tradition so vermittelt wurde – daß er als Offenbarungsmittler ausgezeichnet war, sein Wirken im Auftrag Gottes geschah. Bei dieser Sicht ging es also gar nicht darum, sich mit dem Propheten zu identifizieren, um sich so des besonderen Stellenwertes der eigenen Existenzweise zu vergewissern. Solange es gelang, an den eigenen Erwartungen festzuhalten, weil die Autorität des Offenbarers als Offenbarer ausreichte, den eigenen Glauben durch Weisung und Mahnung immer wieder neu zu stabilisieren, genügte der Blick auf die entsprechenden Texte, im weiteren Sinne: deren Interpretation oder Aktualisierung. Allerdings lassen auch die oben erwähnten Beispieltexte durchaus in Spuren erkennen, daß auf diese Weise keineswegs jene Probleme verarbeitet werden konnten, die entstehen mußten, wenn mit zunehmender Zeitverzögerung der eigene Glaube sich immer mehr in Frage gestellt empfand und schließlich permanent Zweifel und Anfechtungen herrschten. Hier dürften die von höherer Warte vorgebrachten Verweise etc. auf die Erwartungsinhalte und ebenso die entsprechenden Argumente und Mahnungen, daran festzuhalten[16] nach und nach an Überzeugungskraft verloren haben. Denn ein wirklich neues Ermutigungsmoment war darin ja nicht mehr enthalten, wenn die in diesen Texten vor Augen stehenden Frommen infolge ihrer permanenten Anfechtungen letztendlich in eine derartige Glaubenkrise geraten waren, daß sie sich nicht mehr in der Lage sahen, lediglich mit Hilfe der Erwartungsinhalte, die Leiden und Widrigkeiten der Gegenwart zu kompensieren und so die Diastase zwischen Gott und Welt weiterhin auszuhalten.

Da es, wie wir gezeigt haben, gerade in den KT darum geht, das eben angezeigte Defizit zu beheben, erhellen die vorstehenden Erwägungen zugleich, daß zwischen den KT und den oben erwähnten Beispieltexten eschatologischer Frömmigkeit trotz der vorgeführten Unterschiede implizit ein enges Beziehungsgeflecht besteht.

Der Prophet nur als Offenbarer und entspechend nur als Lehrer und Weiser wirkt zwar existenzerhellend; aber weil er so zugleich über der Wirklichkeit schwebt, ihr enthoben zu sein scheint, stellt er letztlich, ist der Glaube auf Grund seiner Erwartungen in die Krise geraten, noch keineswegs einen Ermutigungsgrund zur Existenzbewältigung dar. Andererseits gilt natürlich auch:

---

[16] Vgl. z.B. Mal 3,18 "ihr werdet am Ende doch sehen...".

Der die Diastase zwischen Gott und Welt in aller Schärfe wahrnehmende und an der Weltwirklichkeit leidende Mensch gerät in die totale Orientierungslosigkeit, sofern ihm nicht der Weg der Hoffnung auf den kommenden Gott gewiesen werden kann.

Nur wo beides zusammengesehen wird, wo auch der Offenbarer selber der an der Wirklichkeit leidende und angefochtene Mensch ist, oder wo der an der Wirklichkeit leidende und angefochtene Mensch zugleich als der erkannt werden kann, der seine Existenz unter dem Auftrag des noch kommenden Gottes wahrnimmt, also die erkannte Diastase zwischen Gott und Welt gott- und weltgemäß durchhält, kann sich die auf den kommenden Gott sich konzentrierende Erwartung schon als gegenwartsbezogene und die Gegenwart bestimmende Wahrnehmung Gottes ausweisen.

Die KT-Frömmigkeit hat entsprechend in dieser Richtung die Bewältigung ihrer Glaubenskrise versucht. Sie hatte offensichtlich erfahren, daß die Hoffnung nicht allein auf ihrem Inhalt, auf Vorstellungen und Erwartungen gründet, und seien diese noch so sehr offenbarungsmäßig abgesichert bzw. prophetisch legitimiert. Der Ermutigungsgrund zur eigenen Hoffnung auf den kommenden Gott enthüllte sich für sie dort, wo sich solche Hoffnung im existentiellen Vollzug gegenüber der schmerzhaft erfahrenen Diastase zwischen Gott und Welt zuletzt bewährt hatte. Denn im Blick erst auf solche existentielle Bewährung erschien ihr der ferne, erst noch kommende Gott zugleich als der, der bereits in die Gegenwart hineinwirkte. Daher die in retrospektiver Orientierung einsetzende Suche nach "Belegen" und Beweisen, nach Zeugen einer existentiellen Bewährung solcher Hoffnung. Für die KT-Frommen war Jeremia der Zeuge. In diesem Sinne wurde er zum Ermutigungsgrund, und in diesem Sinne konnte man sich an ihm orientieren und mit ihm identifizieren.

Auch auf Grund dieser Erwägungen dürfte deutlich geworden sein, daß sich der theologische Ansatz der KT-Frömmigkeit in den Gesamthorizont spät- und nachexilischer Eschatologiefrömmigkeit einordnet. Denn damit wird das solcher Frömmigkeit implizit anhängende Defizit behoben, nämlich, wie sich der erst noch kommende Gott der derzeitigen Wirklichkeit "lebendig" und wirksam vermittelt, ein Problem, das sich um so drängender stellte, als für diese Frommen ja der Kult im klassischen Sinne seinen Stellenwert als Vermittlungsinstanz und damit seine Orientierungsfunktion[17] verloren hatte.

Daß und wie man im weiteren Verlauf der nachexilischen Glaubensgeschichte nicht nur an der Gestalt des Offenbarungsmittlers als Offenbarungsmittler (des

---

[17] Vgl. STOLZ, Psalmen im nachkultischen Raum, S.18ff.27f.

Propheten, Visionärs etc.), sondern auch zwecks einer Identifikationsmöglichkeit an der Gestalt solcher "Zeugen" interessiert war, also an der Gestalt derjenigen, die in ihrer persönlichen Existenz trotz gegenwärtiger Leiden und zahlreicher Zweifel die Hoffnung auf den kommenden Gott bewahren konnten, kann hier im Rahmen dieser Studie zu den KT nicht weiter ausgeführt werden. Wir begnügen uns mit einigen wenigen Hinweisen. Anhaltspunkte dafür, daß ein solches Interesse, wie es in den "Konfessionen" greifbar ist, ähnlich oder vergleichbar auch sonst im alttestamentlichen Schrifttum zu Buche geschlagen ist, ergeben sich z.b. schon ganz eindeutig im Blick auf bestimmte KE-Psalmen.[18] Auf die engen Berührungen der KT mit diesen Texten braucht hier nicht noch einmal hingewiesen zu werden. Wichtig für unsere soeben dargelegte Sichtweise ist, daß zahlreiche solche Psalmen explizit mit einer ganz bestimmten, konkret benannten Leidens-, Verfolgungs-, jedenfalls Krisensituation einer historischen Person in Verbindung gebracht werden. Wir erinnern an jene 13 Davidpsalmen, die über die mit *ldwd* erfolgte Herleitung von David hinausgehen und eine solche spezifische Krisensituation des vor Augen stehenden Beters David anzugeben wissen. Wie sind diese durchweg nachgetragenen Angaben[19] zu gewichten?

Im allgemeinen geht man davon aus, "daß sie in geschichtlicher Hinsicht völlig wertlos sind und samt und sonders lediglich auf midraschartigen Kombinationen und Spekulationen beruhen"[20]. Doch damit, daß man diese "biographischen" Vermerke auf Kombinationen und Spekulationen zurückführt, ist noch nicht erklärt, aus welchem Grund und zu welchem Zweck man sich zu solchen Kombinationen und Spekulationen gedrängt sah. Die Auskunft, daß solche kombinierten Angaben "auf 'einleitungswissenschaftlichen' Erwägungen" beruhen,[21] impliziert ja zugleich die Frage nach den eigentlichen Hintergründen solcher "Einleitungswissenschaft". Soweit ich sehe, versteht man weitgehend die "biographischen" Vermerke in der Richtung, daß sie die "davidische" Herkunft der jeweiligen Psalmen zusätzlich zum vorgegebenen *ldwd* absichern sollen. Aber aus welchen Gründen hielt man das für geboten und warum verfuhr man so nicht mit allen "Davidpsalmen"? M.E. kann man Sinn und Hintergrund der

---

[18] Zu klären wäre ferner, ob nicht auch sonst in den späten Passagen der Prophetenbücher die Aufnahme von Ich-Klagen und Gebeten in der Ich-Rede (vgl. z.b. Mi 7,1-7; Jes 24,16aßb-20; 26, 7-21; 59) mit dem Interesse an der inneren Einstellung des Propheten zusammenhängt, dessen Verkündigung im Auftrage Jahwes (=Offenbarung) das jeweilige Buch enthält.

[19] Vgl. jeweils zu Ps 3; 7; 18; 34; 51; 52; 54; 56; 57; 59; 60; 63; 142; zu Einzelfragen vgl. z.B. MOWINCKEL, Psalmstudien VI, S.69ff ("IV. Ursprung der falschen Verfasserangaben"), ferner die einschlägigen neueren Kommentare.

[20] So MOWINCKEL, Psalmstudien VI, S.84; vgl. z.B. auch WEISER, Die Psalmen, S.66f.

[21] Vgl. z.B. EISSFELDT, Einleitung, S.611.

fraglichen Vermerke nur in der Weise erfassen, wie das bereits CHILDS versucht hat.[22] Seine Durchsicht der Texte ergibt: "the most important factor in the formation of the titles appears to be general parallels between the situation described in the Psalm and some in the life of David"[23]. "The learned tradition of the study of Scripture which lay behind the formation of the titles would point to a type of scribal school, but the purpose of the titles was far from academic... David's inner life was now unlocked to the reader, who was allowed to hear his intimate thoughts and reflections. It therefore seems most probable that the formation of the titles stemmed from a pietistic circle of Jews whose interest was particularly focused on the nurture of the spiritual life"[24]. Das Interesse derjenigen, die mit Hilfe solcher Vermerke für die betreffenden Psalmen Krisensituationen im Leben Davids in den Blick rücken, zielt also gar nicht darauf, auf diese Weise die davidische Herkunft deutlicher herauszuarbeiten. Es geht hier vielmehr darum, David gerade nicht nur als den Dichter, sondern eben als den Beter eines solchen Psalms vorzustellen. D.h.: Wichtig ist hier die Gestalt Davids gerade als des verfolgten, leidenden, zweifelnden Beters, der dennoch zugleich als der Erwählte Jahwes vor Augen stehen konnte. Damit ist m.E. "David" als Identifikationsfigur und d.h. als Ermutigungsgrund für den Glauben in Anspruch genommen.[25]

Nicht übersehen werden darf in diesem Zusammenhang, daß offensichtlich auch noch die Produzenten und Tradenten einer Literatur, wie sie z.B. im IV.Esra[26] vorliegt, deutlich ein Interesse an "Esra" im eben angezeigten Sinn verfolgen.[27]

Daß die vorstehenden Ergebnisse zu den "Konfessionen" im Jeremiabuch und die darauf fußenden Erwägungen und Schlußfolgerungen die Frage aufwerfen, ob

---

[22] Vgl. CHILDS, Psalm Titles and Midrashic Exegesis, in: JSS 16, 1971, S.137–150.

[23] A.a.O., S.147; zur zeitlichen Ansetzung: "...the titles are an extremely late post-exilic phenomenon" (a.a.O., S.148).

[24] A.a.O., S.149.

[25] Die Frage, welche Frömmigkeitsrichtung sich hier in "David" wiedererkennen möchte, kann hier offen bleiben.

[26] Vgl. dazu HARNISCH, Der Prophet als Widerpart und Zeuge der Offenbarung. Erwägungen zur Interdependenz von Form und Sache im IV. Buch Esra; HARNISCH zieht in Erwägung, "ob der Primärentwurf von IVEsr nicht bereits vor 70 n. Chr. oder sogar dem ersten vorchristlichen Jahrhundert entstammen könnte" (a.a.O., S.486).

[27] Vgl. HARNISCH, a.a.O., S.477ff. 481; vgl. auch die Überlegungen STOLZ' (Psalmen im nachkultischen Raum, S.69ff).

und in welcher Weise solche Denkansätze,[28] sich des eigenen Glaubens zu
vergewissern und den Ermutigungsgrund zur Hoffnung auf den kommenden Gott
zu orten, schließlich eine Weiterführung oder Modifikation in den theologischen
Denkbemühungen des Neuen Testaments erfahren, sei abschließend wenigstens
angemerkt.[29]

---

[28] Weiterhin wäre noch Weish 2-5 zu nennen, wo der Gerechte nach 4,10 offensichtlich mit Henoch identifiziert werden kann (vgl. STOLZ, Psalmen im
nachkultischen Raum, S.49; ferner: ders., Psalm 22: Alttestamentliches Reden
vom Menschen und neutestamentliches Reden von Jesus, S.145).
[29] Vgl. zu Überlegungen in dieser Richtung z.B. LÜHRMANN, Biographie des
Gerechten als Evangelium, WuD 14, 1977, S.25-50; STOLZ, u.a..

B. UNHEILSAHNUNG UND UNHEILSKLAGE

Ein Versuch zur Frage nach den Anfängen der Jeremiatradition

I. JER 2 – 6 UND DIE FRAGE NACH DEN ÄLTESTEN WORTEN JEREMIAS

Zur Orientierung

Dem jetzigen Datierungssystem[1] des Jeremiabuches entsprechend meint man in der alttestamentlichen Forschung weitgehend davonausgehen zu können, daß Jeremia mit seiner Verkündigungstätigkeit im Jahr 627 eingesetzt hat. Folglich muß man sich hier der Aufgabe stellen, abzuklären, ob und wo im Jeremiabuch die in diesem frühesten Wirkungszeitraum geäußerten Worte des Propheten erhalten sind.

Auf der Suche nach solchen Worten ist besonders die in Jer 2 – 6 vorliegende Textfolge in den Blick gerückt worden.[2] Mit den folgenden Ausführungen konzentrieren wir uns daher in erster Linie zunächst nur darauf, generell zu überprüfen, ob und in welcher Hinsicht die in Jer 2 – 6 enthaltenen Textmaterialien ältestes Spruchgut enthalten können. Zugleich geht es dabei um die Frage, welche Bewertungsmaßstäbe überhaupt zur Verfügung stehen, mit deren Hilfe eine möglichst sichere Entscheidung getroffen werden kann.

Wir verzichten auf eine umfassende Diskussion der verschiedenen Thesenvariationen sowie all jener Einzelprobleme, die mit den bisherigen Sichtweisen verbunden sind,[3] und setzen im Blick auf die vorliegende Textgestalt von Jer 2 – 6 lediglich mit der Beobachtung ein, daß an das jetzige Einleitungskapitel 1 in den Kapiteln 2,1 – 4,4 zunächst eine Komposition von Texten anzuschließen scheint, die im wesentlichen das Thema "Abfall von Jahwe" (Fremdgötterverehrung) und entsprechend die Mahnung zur Umkehr (an Israel/Jakob gerichtet) behandelt.

In Jer 4,5 – 6,30 dagegen sind die Akzente anders gesetzt. 4,5-31 handeln vorwiegend über bevorstehendes, auf Juda und Jerusalem zielendes Unheil; Kapitel 5 rückt die Gründe für dieses Unheil in den Blick. Anders als in 2,1 – 4,4 spielt hier der Vorwurf der "Fremdgötterverehrung" kaum eine Rolle. Es werden

---

[1] Vgl. besonders 1,2; 25,3 und 36,2; vgl. dazu unten S.125f.
[2] Vgl. z.B. SMEND, Entstehung, S.162: "Die älteste Verkündigung des Jer liegt in Kap. 2-6 vor."
[3] Vgl. dazu die einschlägigen Einleitungen in das AT.

hauptsächlich Rechtsvergehen angemahnt (vgl. besonders 5,1-6; 5,26-29). In Kapitel 6 stoßen wir wieder in erster Linie auf Unheilsworte.

Wie ist dieser merkwürdige Sachverhalt zu erklären, daß, nachdem in 2,1 - 4,4 der Aspekt der Umkehr und entsprechend die Umkehraufforderung überwiegt, in 4,5 - 6,30 die uneingeschränkte Unheilsansage im Mittelpunkt steht?

Neuerdings hat HOLLADAY diese Akzentverschiebungen darauf zurückzuführen versucht, daß hier eine Entwicklung innerhalb der Verkündigung Jeremias ihren literarischen Niederschlag gefunden hat. Für HOLLADAYs Erklärungsmodell ist die in Jer 36 vorliegende Erzählung ausschlaggebend, die die Anfertigung einer Schriftrolle mit der Botschaft Jeremias erwähnt (die sogenannte "Urrolle", vgl. Jer 36,2f) und dann abschließend festhält (vgl. Jer 36,32), daß diese erste Rolle nach ihrer Vernichtung durch Jojakim gleichsam durch eine erweiterte zweite Auflage ersetzt wurde: "The purpose of the first scroll (36,3) was to be a *warning* to lead the people to repentance: in that scroll the descriptions of judgment were understood to be scenarios of *possibilities* . The purpose of the second scroll (36,30-31)... was a *declaration of the irrevocability of Yahweh's judgment* ...; in that scroll the coming calamity... is *certain*"[4]. Demnach wäre die auffällige Diskrepanz zwischen Umkehrpredigt einerseits und uneingeschränkter Unheilsansage andererseits mit einem Umbruch im Denken des Propheten selbst in Verbindung zu bringen.

Allerdings fragt man sich, warum Jeremia in diesem Fall nicht in den Beiträgen zur erweiterten Auflage (also besonders in 4,5 - 6,30) auf die vorausgehende, erfolglose Bußpredigt Bezug genommen hat.[5] Ebensowenig leuchtet ein, daß der für die Bußpredigt ausschlaggebende Tatbestand der Fremdgötterverehrung im zweiten Verkündigungsstadium im Vergleich zu den hier sonst eingebrachten Schuldaufweisen so gut wie keine Rolle mehr spielt; denn war die in 2,1 - 4,4 enthaltene Bußpredigt erfolglos, so daß daraufhin der Prophet schließlich die Unwiderruflichkeit des Unheils ansagen muß, so war ja der Tatbestand der Fremdgötterverehrung immer noch gegeben. Warum kann Jeremia aber später davon absehen, um in erster Linie die üblichen Rechtsvergehen vorzuwerfen? Zu diesen Überlegungen kommt hinzu, daß die Charakterisierung der Propheten als Buß- und Umkehrprediger erst in der deuteronomistischen Theologie[6] vollzogen wird. HOLLADAY sieht eine umgekehrte Entwicklung: Aus dem Umkehrprediger wird der absolute Unheilsprophet.

---

[4] HOLLADAY, BEThL LIV, S.59; vgl. schon VT 30, 1980, S.452-467.
[5] Vgl. so Jer 7,13ff; 26,3ff; 36,2-3.
[6] Vgl. z.B. II Reg 17,13ff; Jer 25,4ff; 26,2ff; 35,15; zur Sache vgl. z.B.
     DIETRICH, Prophetie und Geschichte; THIEL, Redaktion 26-45, S.109ff;
     SCHMIDT, Einführung, S.144.

Ähnlich wie HOLLADAY versucht auch ALBERTZ[7] für Jer 2 - 6 mehrere Verkündigungsphasen des Propheten in Rechnung zu stellen. Er möchte 2,4 - 4,2 (ohne 3,6-18) als eine "Sammlung von Prophetenworten an die Bewohner des ehemaligen Nordreiches gerichtet"[8] einstufen. Diese Sichtweise ergibt sich für ALBERTZ in erster Linie im Blick auf die in diesen Kapiteln genannten Adressaten. Damit ist für ALBERTZ belegt,[9] "daß Jeremia mit der in 2,4 - 4,2 so gehäuft auftretenden Bezeichnung Israel/Jakob wirklich die Bewohner des ehemaligen Nordreiches meint"[10]. Da in Jer 4,3-6,30 überwiegend Juda und Jerusalem die Adressaten sind, hält er 4,3 - 6,30 für "eine Sammlung von Prophetenworten Jeremias, in denen er sich überwiegend an das Südreich wendet. Sie gehören in die Zeit nach den dramatischen Ereignissen 609, möglicherweise bis zur Aufzeichnung der Urrolle im Jahr 605/4"[11].

Den von ALBERTZ vorgetragenen Analysen kann man in dem Punkt zustimmen, daß sich Jer 2,1 - 4,2[12] deutlich von der folgenden Sammlung 4,5 - 6,30 abhebt, weil anders die unterschiedliche Gewichtung der jeweiligen Unheilsworte, Heilsworte und Anklagen nicht zu erklären ist. Auch ist ALBERTZs Einschätzung beizupflichten, daß in 2,1 - 4,2 Jeremia "hier gar nicht so sehr als ein Prophet (spricht), der etwas Neues anzukündigen hat, sondern als ein Seelsorger, der mit seinen Hörern um das richtige Verständnis ihrer Geschichte ringt, der mit ihnen die Geschichte ihrer Schuld aufarbeiten will, um ihnen einen neuen Anfang zu ermöglichen"[13].

Aber gerade dieser Sachverhalt, daß das, wie ALBERTZ selber feststellt, "in etwa der Funktion (entspricht), die auch die dtr. Prediger nach der Exilierung des Südreiches haben", so daß er sogar folgert, "die dtr. Redaktoren können sich bei ihrer Interpretation der Verkündigung Jeremias unmittelbar auf seine Funktion in seiner Frühzeit berufen"[14], läßt m.E. seine Thesen zur Entstehung des Komplexes Jer 2 - 6 fragwürdig erscheinen. Denn folgt man ALBERTZs Betrachtungsweise, so müßte man drei voneinander abzuhebende Verkündigungsphasen im Wirken Jeremias annehmen:

---

[7]   Jer 2-6 und die Frühzeitverkündigung Jeremias, in: ZAW 94, 1982, S.20-47.
[8]   A.a.O., S.34.
[9]   Vgl. Israel in 2,3.14.31; 4,1; Haus Israel in 2,4.26; 3,20; Israeliten 3,21; Haus Jakob 2,4.
[10] A.a.O., S.31; Vgl. auch S.34: "2,4-4,2 ist eine Sammlung von   Prophetenworten Jeremias an die Bewohner des ehemaligen Nordreiches. Nur sie gehören der Frühzeit des Propheten, und zwar von 627-609 an".
[11] A.a.O., S.34.
[12] Ob die Zäsur hinter 4,2 oder hinter 4,4 angesetzt werden muß, kann hier offen bleiben.
[13] A.a.O., S.38.
[14] A.a.O., S.38, Anm.58.

1. Jeremia hätte sich "in seiner Frühzeit (627–609) mit seiner Verkündigung zuerst an die Bewohner des ehemaligen Nordreiches gewandt"[15]. Es wäre ihm darum gegangen, "ihnen von Jahwe her die langanhaltenden Fehlentscheidungen ihrer Geschichte aufzudecken und sie zu einer grundsätzlichen Neuorientierung ...zu gewinnen"[16].

2. In der zweiten Phase nach 609 hätte sich der Prophet an die Adresse seiner Mitbürger in Juda und Jerusalem gerichtet. Hier werde er sich schließlich "des Verwerfungsurteils Jahwes über das Südreich gewiß (6,30)"[17]. "Diese Unheilsverkündigung an das Südreich, in ihrer ersten Phase von 609 bis wahrscheinlich 605, findet sich in Jer 4,3 – 6,30 gesammelt"[18].

3. In der dritten Phase hätte der Prophet schließlich, wie Jer 36 bezeuge, unter dem Eindruck der sich seit 605 deutlich abzeichnenden Vorherrschaft der Neubabylonier über Syrien und Palästina, seine frühere Verkündigung aufgeschrieben, "um sie den Judäern und Jerusalemern geballt als ultimative letzte Warnung zu Gehör zu bringen"[19]. "...die Zusammenfügung der beiden Sammlungsteile 2,4 – 4,2 und 4,3 – 6,30 und damit die Verbindung der so verschiedenen Verkündigungsphasen" gehe "auf dieses Ereignis der Neuaktualisierung der Botschaft durch Jeremia selbst zurück"[20]. "Wahrscheinlich hat Jeremia den Judäern seine Verkündigung an die Brüder im Nordreich als Beispiel dafür vor Augen stellen wollen, daß Jahwe durchaus, auch nach einer langen Zeit des Gerichts, seinen Zorn abwenden kann, wenn es zu einer echten Umkehr, zu einer wirklichen Neuorientierung seines Volkes kommt. Sie bekam jetzt angesichts der zu erwartenden neubabylonischen Invasion nach Palästina die Funktion einer letzten, ultimativen Aufforderung"[21].

Nach ALBERTZ hätten wir uns also einen Jeremia vorzustellen, der sich vom auf das ehemalige Nordreich konzentrierten Umkehrprediger in der ersten Verkündigungsphase zum Ankündiger unabwendbaren Unheils für Juda in der zweiten Phase gewandelt hätte, um dann schließlich doch wieder in der eigentlich heißen Phase nach 605 "letzte Warnung zu Gehör zu bringen"[22], bzw. die Abwendung des Jahwezorns bei echter Umkehr in Aussicht zu stellen.

---

[15] A.a.O., S.43.
[16] A.a.O., S.44.
[17] A.a.O., S.45.
[18] A.a.O., S.45.
[19] A.a.O., S.46.
[20] A.a.O., S.46.

[21] A.a.O., S.46.
[22] A.a.O., S.46.

Die Möglichkeit, die Disparatheit der Texte auf unterschiedliche Lebens- und Verkündigungsphasen des Propheten Jeremia zurückzuführen, wird man nicht von vornherein zurückweisen dürfen. Allerdings ist im Blick auf die merkwürdigen, dem Propheten dabei zu unterstellenden Wandlungen, - wobei die vom Un- heilspropheten (2. Phase) zum Mahner und Umkehrprediger in der dritten Phase[23] am wenigsten einleuchtet - ebensogut mit der Möglichkeit zu rechnen, daß die verschiedenen, den Texten zu Grunde liegenden Prophetenbilder das Ergebnis späterer Versuche sind, das prophetische Wort, die jeremianische Hinterlassenschaft, neu zu verstehen und jeweils für die Fragestellungen des eigenen Glaubens neu auszurichten.

Der auffällige Sachverhalt, daß Jer 2,1 - 4,4 sich vom anschließenden Kontext 4,5 - 6,30 nicht nur dadurch unterscheidet, daß hier die Schuldaufweisungen sich vorwiegend mit dem Vorwurf der Abkehr von Jahwe (Fremdgötterverehrung) befassen,[24] sondern hier auch das Thema "Umkehr" eine wichtige Rolle spielt[25] und der Prophet deutlich als Umkehr- und Bußprediger verstanden ist, der rechtzeitig gemahnt hat, bevor das Unheil eintraf, könnte durchaus auch damit zusammenhängen, daß diese Textpartien sekundär dem vorgegebenen Komplex 4,5 - 6,30 vorgeschaltet worden sind, um auf diesem Wege den Propheten des Unheils im Nachherein mit den charakteristischen Zügen eines Bußpredigers auszustatten. Denn während es in dem Komplex 4,5 - 6,30 offensichtlich nur darum geht, die hier berücksichtigten uneingeschränkten Unheilsworte mit Hilfe der Schuldaufweisungen einsichtig zu machen und damit zugleich ihre Erfüllung als Folge der aufgezeigten Schuldverhältnisse darzustellen,[26] ohne daß dabei die

---

[23] Vgl. oben Anm.19!
[24] Vgl. besonders Kap. 2.
[25] Vgl. Jer 3 und 4,1-4.
[26] In einigen in 4,5 - 6,30 erhaltenen Unheilsworten (vgl. 4,5f; 4,7; 4,9f; 4,11; 4,13; 4,19-21; 4,29ff; 6,1ff; 6,22f) fehlt auffälligerweise jeglicher Hinweis darauf, aus welchen Gründen Unheil bevorsteht. Wo im näheren Kontext An- deutungen über die Hintergründe vorliegen, gehen sie deutlich auf Bemühun- gen zurück, nachträglich auch die Frage der Unheilsursache anzusprechen (vgl. so 4,8 hinter 4,7; 4,12 hinter 4,11; 4,14-18* hinter 4,13; 4,22 hinter 4,19-21; 6,6-8 hinter 6,1-5*; 6,27-30 hinter 6,22-26). Die in diesem Komplex 4,5 - 6,30 besonders konzentriert in 5,1ff erwähnten Rechtsvergehen etc. spielen in den eben genannten Unheilsworten selbst nirgends eine Rolle und sind dafür auch in keinerlei Weise konstitutiv. Diese Unheilsworte und die jetzt in diesem Komplex vorliegenden Schuldaufweisungen sind also nicht von vornherein miteinander verknüpft gewesen. Liefern die Schuldaufweisun- gen jetzt im gleichen Kontext mit den ursprünglich selbständigen Unheilsan- sagen erst die Begründungen für die unbegründet formulierten Unheilsan- sagen, so geht dieser Verschachtelung von Schuldaufweisen und Unheilswor- ten ein älteres Text- bzw. Überlieferungsstadium von unbegründeten Un- heilsworten oder auch einer Sammlung solcher Worte zeitlich voraus (Zu weiteren Einzelheiten vgl. unten S.135ff.). Ob und warum diese Worte bereits

Möglichkeit einer Abwendung des Unheils in den Blick rückt, liegt in 2,1 - 4,4 am jetzigen Ort der Akzent darauf, daß Jahwe vor der in 4,5ff ausgesprochenen uneingeschränkten Unheilsansage und entsprechend vor Eintreffen des Unheils mit der Umkehrpredigt seines Propheten generell die Chance der Rettung gewährt hatte: Wenn das Volk zu Jahwe umgekehrt wäre, hätte Jahwe seinen Zorn zurückgehalten.[27] Damit verlagert sich, wenn man 4,5 - 6,30 von Kapitel 2,1 - 4,4 herkommend liest, die Aussagerichtung dieses Komplexes. 4,5ff scheint gleichsam in die Umkehrpredigt integriert und wirkt jetzt als Verschärfung[28] der vorausgehenden Aufforderung zur Umkehr.[29]

Läßt sich somit in der Abfolge Jer 2 −6 ein konzeptionell bedingter Aufbau erkennen, so kann man zwar wie ALBERTZ versuchen, 2,1 - 4,4 als Niederschlag der ältesten Verkündigung Jeremias einzustufen und die Unterschiede zwischen 2,1 - 4,4 und 4,5 - 6,30 entsprechend auf verschiedene Verkündigungsphasen des historischen Jeremia zurückzuführen; aber m.E. läßt sich die für die jetzige Abfolge maßgebliche Systematik mindestens ebensogut, wenn nicht besser so erklären, daß für die Entstehung des jetzigen Komplexes 2,1 - 6,30 verschiedene, in größerem zeitlichen Abstand aufeinander folgende theologische Denkansätze zu veranschlagen sind.

Daß in in einigen Texteinheiten in 4,5 - 6,30 uneingeschränkt lediglich das Unheil in den Blick gerückt wird, daß in eigenständigen Schuldaufweisungen zusätzlich die Begründung für das Unheil nachgetragen wird[30] und daß schließ-lich in 2,1 - 4,4 die Mahnung zur Umkehr mit dem Angebot zur Rettung vor-ausgeschickt ist, spiegelt dann den Prozeß wider, wie sich bei dem Bemühen, mit Hilfe des prophetischen Wortes die durch die Katastrophe von 587 bedingten Probleme des Glaubens zu lösen, die Auffassungen von Prophetie und Propheten-wort gewandelt haben und weiterentwickelt wurden: Aus dem Unheil ankündigen-den Propheten ist schließlich der Buß- und Umkehrprediger geworden.

---

zu einer Sammlung zusammengestellt waren und ob eine solche Sammlung (möglicherweise zusammen mit anderen Redeeinheiten) die textliche Aus-gangsbasis für diejenigen war, die schließlich die Schuldaufweisungen nachträglich als Begründung des Unheils einschalteten, oder ob die Zusam-menstellung bzw. Sammlung der Unheilsworte zugleich mit der Verklammerung der Schuldaufweisungen geschah, mag vorerst offen bleiben.- Zu Propheten-sprüchen und Sammlungen solcher Sprüche im assyrischen Bereich vgl. neuer-dings M.WEIPPERT (Assyrische Prophetien, S.72ff; Die Bildsprache, S.56f).
[27] So Jer 4,1−4!
[28] Vgl. ähnlich ALBERTZ, a.a.O., S.46.
[29] Vgl. so auch Jer 36,3.7; 26,3−6!
[30] Vgl. dazu Anm. 26!

Wir lassen diese vorläufigen Hinweise zunächst noch einmal auf sich beruhen und kommen auf die Thesen ALBERTZs zurück. Es läßt sich zeigen, daß die von ihm für seine Betrachtungsweise beigebrachten Argumente keineswegs überzeugen. So ist es durchaus nicht zwingend, wenn ALBERTZ schon auf Grund der in Jer 2,1 – 4,2 angegebenen Adressaten "Israel/Jakob" die entsprechenden Worte in die vorexilische Zeit ansetzen und als von Jeremia selbst an die Bewohner des ehemaligen Nordreiches gesprochen einstufen will. Späte alttestamentliche Texte belegen eindeutig, daß in exilisch–nachexilischer Zeit die Bezeichnungen "Jakob" und "Israel" und entsprechend "Haus Jakobs" und "Haus Israel" verwendet wurden,[31] ohne daß damit das ehemalige Nordreich oder die dort verbliebene Restbewohnerschaft angesprochen wäre. Hier steht jeweils das Jahwevolk als nach der Katastrophe von 587 verbliebene Größe vor Augen.[32] Ebensowenig kommt der Feststellung Beweiskraft zu, daß "in der ursprünglichen Teilsammlung 2,4–3,5.19–4,2 Juda und Jerusalem überhaupt nicht erwähnt gewesen"[33] wären.[34]

Auch ALBERTZs Verweis auf die als Sondergröße erkannte Geschichtsreflexion 3,6–13, in der "das dort genannte Israel als das Nordreich verstanden"[35] ist, kann seine Thesen nicht stützen. Denn daß der für 3,6–13 zuständige Verfasser damit die ihm vorgegebene Teilsammlung auf das ehemalige Nordreich bezogen aufgefaßt hat, ist kein zwingender Beweis dafür, daß die Worte dieser Teilsammlung tatsächlich dasselbe meinten und von Jeremia selbst stammen. Ferner: Dient der den gesamten Komplex 2,1 – 4,4 prägende Blick zurück auf den heilvollen Anfang Jahwes mit Israel (2,2f; 3,19) wie auf die anschließende Geschichte des Abfalls (2, 5ff) dem Nachweis, daß das gegenwärtige Unheil (3,22b–25) aus jener Einstellung des Jahwevolkes resultiert,[36] die Jahwes frühere Zuwendung schon immer mißachtet hatte, so beinhaltet diese geschichtliche

---

[31] Vgl. z.B. Jes 46,3 "Haus Jakobs und Haus Israel"; 48,1 "Haus Jakobs"; 58,1 "Haus Jakob"; 59,20 "Jakob"; 63,7 "Haus Israel"; Mal 1,2 "Jakob"; 3,6 "Jakobs Söhne"; Dan 9,7 "ganz Israel"; 9,20 "mein Volk Israel"; Esr 7,13; 8,35 "ganz Israel" u.ö..

[32] Vgl. so auch LEVIN, Verheißung, S.158!

[33] So ALBERTZ, a.a.O., S.29.

[34] Die in 2,1–2a vorausgeschickte Erwähnung Jerusalems (vgl. auch 2,28; dieser Vers mit der Anrede "Juda" wird ein aus 11,13 resultierender Nachtrag sein) dürfte mit der Verklammerung der beiden Teilgrößen 2,1–4,2* und 4,5–6,30* in Verbindung zu bringen sein. Daraus ist jedoch nicht mehr zu entnehmen, als daß damit die in 4,5ff im Mittelpunkt stehenden Judäer und Jerusalemer als gerade diejenigen gekennzeichnet werden sollen, die als "Israel" die Geschichte des sich immer wieder von Jahwe abwendenden Jahwevolkes zum bitteren Ende führten.

[35] ALBERTZ, a.a.O., S.32.

[36] Vgl. die Anrede "mein Volk" in 2,13.31.32.

Perspektive[37] zwar auch die Möglichkeit, daß sich diese Worte auf "Israel" als
Teilgröße des Jahwevolkes mitbeziehen. Aber exklusiv und explizit rückt "Israel"
als das ehemalige Nordreich nirgends in den Blick. Daß mit den Bezeichnungen
"Israel/Jakob" auch das ehemalige Nordreich miteinbezogen erscheint, muß gar
keinen anderen Grund haben als den, daß sich aus der Rückschau in exilisch/-
nachexilischer Zeit,[38] als es darum ging, die Ursachen für die derzeitige Misere
in der seit je und immer wieder erfolgten Abwendung Israels von Jahwe aufzudecken und zugleich zur Umkehr zu Jahwe zu mahnen, das Geschick des ehemaligen Nordreiches nicht ausklammern ließ und nicht ausgeklammert werden
sollte, weil man an dem Begriff "Israel" festhielt und um den gemeinsamen
Ursprung wußte.

Eine ausführliche Analyse von Jer 2,1 – 4,4 mit dem Ziel, ALBERTZs Thesen
im einzelnen zu widerlegen, ist hier nicht beabsichtigt. Folgende Beobachtungen
genügen jedoch, unsere Auffassung weiterhin abzustützen, daß dieser Komplex
keineswegs die Frühzeitverkündigung Jeremias, ja, überhaupt nicht den historischen Jeremia widerspiegelt.

Wie bereits angedeutet charakterisiert Jer 2,2-7 einleitend die gesamte vergan-
gene Geschichte deutlich als eine den guten Absichten Jahwes (2,2f.21)
entgegenstehende Geschichte des Abfalls (vgl. 2,20). 3,24f kommt gegen Endes
des Komplexes wieder darauf zurück und bestätigt die in 2,2ff vorgetragene
Sicht Jahwes, indem nun die bis dahin Angesprochenen das entsprechende
Schuldeingeständnis ablegen. Darauf folgt in 4,1ff eine bedingte Heilszusage.[39]
Dem gesamten Komplex liegt also eine geschichtsperspektivische Standortbestimmung zu Grunde, die in dem Eingeständnis kulminiert, selbst noch in die seit
den Anfängen sich hinziehenden Verschuldungen verstrickt zu sein (3,25).

Die hier ausschlaggebende Sichtweise sowie die entsprechende Begrifflichkeit
begegnet sonst jedoch nur in sehr späten Texten. Der Verweis auf die "Väter"
im Zusammenhang mit der Rede von der Verschuldung Jahwe gegenüber ("eure
Väter" 2,5; ferner 3,18) taucht im Jeremiabuch noch 16,11.13; 34,14; 44,3 auf,
sonst Jes 65,7 und Mal 3,7.[40] Die im Schuldbekenntnis gezogene Linie "wir-
unsere Väter" (3,24.25) finden wir Jer 14,20 und 44,17, sonst Thr 5,7; Ps 106,6;

---

[37] Vgl. den Verweis auf die Jugendzeit 2,2; 3,4; die Einbeziehung der Väter 2,5;
3,24; den Verweis auf die Herausführung aus Ägypten 2,6; die Hineinführung
ins Land durch Jahwe 2,7; 3, 19; das Einpflanzen durch Jahwe 2,12; ferner
die Formulierungen *qdš yśr'l lyhwh* 2,3; *kl mšpḥwt byt yśr'l* 2,4.
[38] Vgl. die Geschichtsresümees in Esr/Neh und Dan.
[39] Umkehrforderung, vgl. auch Jer 3,12.
[40] In Hos 9,10 ist die Anrede "eure Väter" eher "als bewußt eingesetztes Stil-
mittel der Tradenten zu werten" (so JEREMIAS, Der Prophet Hosea, ATD 24/
1, S.121, Anm.5.).

Esr 9,7; Neh 9,16.32-34; Dan 9,16. Die zuletzt genannten Verse sind durchweg Bestandteile nachexilischer Bußgebete, in denen die Geschichte des Abfalls in der Vergangenheit resümiert wird. Das in der 1.pers.pl. formulierte Schuldeingeständnis "wir haben an Jahwe, unserem Gott, gesündigt" (3,25) ist vorwiegend in deuteronomistischen Texten belegt.[41]

Die bedingte Heilszusage in 4,1f (bei deren Abfassung 5,2 bereits vor Augen stand), die jetzt auf das Schuldeingegeständnis antwortet, bezieht in das Heil die Völker mit ein; zu dieser Perspektive dürfte der historische Jeremia im Blick auf die Probleme seiner Zeit kaum gefunden haben.[42]

Aber auch solche Texte, deren Herkunft von Jeremia nicht einmal DUHM in Zweifel gezogen hat, wird man auf Grund folgender Beobachtungen dem Propheten absprechen müssen. So lassen sich die engen Berührungen zwischen 2,15 und 4,7 nur so erklären, daß in Jer 2,15 die Aussagen, die in 4,7 nur Juda und Jerusalem betreffen (vgl.4,5), noch einmal aufgegriffen worden sind, um sie leicht uminterpretiert auf das vor Augen stehende Unheilsgeschick Gesamtisraels zu beziehen.

2,19 dürfte bereits 4,18 im Blick gehabt haben und die dortige Aussage mit dem Verweis auf die "Züchtigung"[43] ergänzen. 2,20 greift deutlich 5,5 auf und erweitert ganz im Sinne der den Gesamtkomplex 2,1 – 4,4 prägenden Geschichtsperspektive die Bildaussage vom störrischen Rind dahingehend, daß es seit je ($m^c wlm$) sein Joch zerbrochen habe etc... 2,30a erscheint von 5,3 her beeinflußt, wo ebenfalls in geschichtsperspektivischer Weise der auch sonst spät belegte Gedanke vorgetragen wird, daß Jahwes Schläge zur Zurechtweisung dienen sollen, er damit aber keinen Erfolg erzielte.[44] Zu dieser Sichtweise paßt der möglicherweise erst nachgetragene Hinweis auf das Prophetenmorden.[45] 2,32b dürfte 18,15 aufgegriffen haben; die dortige Aussage Jahwes "mein Volk hat mich vergessen" wird hier mit der Ergänzung "Tage ohne Zahl" wiederum auf die

---

[41] Vgl. Jdc 10,10.15; I Sam 7,6; 12,10; I Reg 8,47; ferner Jer 14,20 (nach THIEL, Redaktion 1-25, S.193, "exilische[n] Volksklage"); 16,10 (nach THIEL, a.a.O., S.198 "von D [=dtr. Red.] verfaßte[r] Abschnitt"); vgl. noch Jes 42,24; Ps 106,6; Thr 5,16; Dan 9,5.8.11.15; Neh 1,6. Von den ersten vier Worten in Jer 3,25 abgesehen fühlt sich auch DUHM (vgl.Jeremia, S.44f) beim Rest dieses Verses "mit jedem Buchstaben an nachexilische Beichten" (Verweis auf Esr 9,6f und Dan 9,8.10) erinnert.
[42] Nach DUHM (Jeremia, z.St.) ist 4,2 insgesamt Zusatz, v.2b "aus der späten Stelle Gen 22,18 oder 26,4...wörtliches Citat"; der Verfasser habe "die Stelle Jes 48,1 offenbar schon in ihrer jetzigen Verfassung gelesen" (ebd.).
[43] Vgl. auch Jer 30,14f.
[44] Zu lqh $mwsr$ vgl. 5,3; 7,28; 17,23; 30,14; 32,33; 35,13; Zeph 3,2.7.
[45] Vgl. Neh 9,26.

Gesamtgeschichte bezogen.[46]

Da es im Rahmen dieser Vororientierung nur darum geht, abzuklären, in welchen Textabschnitten die Suche nach der ältesten Verkündigung Jeremias überhaupt erfolgversprechend ist und welche Bewertungsmaßstäbe dabei als einigermaßen zuverlässig gelten können, können wir darauf verzichten, intensivere Analysen zu 2,1 - 4,4 vorzulegen und daraufhin die Fragen nach dem historischen Ort dieser Texte etc. umfassend und abschließend zu klären. Denn die bisherigen Einsichten zum Aufbau und Textcharakter von Jer 2,1 - 4,4 und die entsprechenden Schlußfolgerungen widersprechen bereits deutlich genug der noch weithin üblichen Annahme, daß wir hier gleichsam en bloc im wesentlichen auf die Frühzeitverkündigung Jeremias stoßen.[47]

Damit ist zugleich festgestellt, daß die bisher weithin gängigen Ausgangskriterien, mit deren Hilfe man die Texte des Jeremiabuches chronologisch zu orten versucht, keineswegs auch nur zu annähernd sicheren Ergebnissen führen können. Das Grundproblem, vor dem hier die alttestamentliche Forschung steht, kann man auf die Frage reduzieren: Wie läßt sich angesichts der Textverhältnisse im Jeremiabuch überhaupt sicherstellen, daß Texteinheiten oder -abfolgen tatsächlich aus der Hand Jeremias stammen und nicht erst die verschrifteten Ergebnisse späterer, exilischer Theologie darstellen, die im Rückblick auf die Katastrophe von 587 den Stellenwert von Prophet und Prophetenwort reflektiert? M.a.W.: Wie entgeht man der Gefahr, daß man auf der Suche nach Jeremias originaler Verkündigung einer Vorstellung von Prophet und Prophetenwort folgt, die zwar die Herkunft der Texte aus Jeremias Mund einleuchtend erklären kann, die aber gar nicht den historischen Jeremia betrifft, weil sie erst sekundär an Jeremia heran, bzw. in das genuin jeremianische Traditionsgut hereingetragen ist? Daß in dieser Hinsicht bei einer Auswertung von Jer 2,1-6,30 ingesamt wie auch der Teilkomplexe 2,1 - 4,4 und 4,5 - 6,30 große Vorsicht geboten ist, haben wir gesehen.[48]

---

[46] Zu weiteren wichtigen Beobachtungen vgl. auch LEVIN, Verheißung, S.157f und 183ff. LEVINs Ausführungen zu Jer 2,1-4,4 kann ich weitgehend zustimmen.

[47] Auf das Problem, ob innerhalb von 2,1-4,4 auch echte Jeremiaworte verarbeitet sein können, können wir hier nicht eingehen.

[48] LIWAKs gerade erschienene Untersuchung zu Jer 2 - 6 (Der Prophet und die Geschichte, 1987) deutet in die gleiche Richtung. Obgleich LIWAK feststellt, "daß Jer 2 (wie die folgenden Kapitel) nicht in einem Zuge entstanden ist, sondern Worte aus verschiedenen Perioden prophetischer Wirksamkeit vereinigt" (a.a.O., S.304), haben seine Analysen "keine chronolgische [sic!] Aufteilung verifizieren können, wie sie R.ALBERTZ...vornehmen" will (a.a.O., S.304, Anm. 5). LIWAK rechnet mit einer komplizierten Entstehungsgeschichte der Kapitelfolge Jer 2 - 6: In Jer 2 verfolgt die Zusammenstellung der vorliegenden Worte "offensichtlich das Ziel, an das Verhalten 'Israels' zu

Gegen einen Versuch, diese Textabfolgen und die darin stark voneinander abweichenden Sichtweisen damit zu erklären, daß sich darin unterschiedliche Verkündigungsphasen Jeremias widerspiegeln, ist weiterhin in Rechnung zu stellen, daß der bisher üblicherweise angesetzte zeitliche Rahmen[49] für das Auftreten Jeremias stark zu modifizieren ist.

Denn fällt die bisher für unerfindlich gehaltene Datierung in Jer 1,2, nach der der Prophet seit dem 13. Jahr des Josia aufgetreten sein müßte, als errechnete und somit redaktionell erstellte Angabe für die Bestimmung der tatsächlichen Wirksamkeit aus, weil mit dieser Zeitangabe lediglich aus späterer Sicht dem

---

appelieren [sic!] und greift deshalb auf die Geschichte zurück... Die recht blassen Unheilsankündigungen, die noch in ruhiger Zeit (vgl. V.35) entstanden sein mögen, sprechen für eine frühe Zeit; auf die Jahre zwischen 626 und 622 läßt sich aber das gesamte Kapitel nicht beschränken, denn am Horizont zeigen sich neue Gefahren (vgl. V.36f.)" (a.a.O., S.185f). Auf die Frage nach der Entstehungszeit des insgesamt komplexen Gebildes Jer 2 (a.a.O., S.184) erhält man von LIWAK keine eindeutige Auskunft (vgl. immerhin a.a.O., S.185f; S.203; S.304f; S.325). Die Kapitel 4,5 – 6,30, "die sich allerdings zeitlich nicht an die in Kap. 2 angedeuteten Geschichtssituationen anschliessen", "bilden... ein Kompositionsgefüge, das eine komplexe, im einzelnen nicht nachweisbare Entstehungsgeschichte hat, von der aber gesagt werden kann, daß sie Worte aus der gesamten Wirkungszeit Jeremias umgreift" (a.a.O., S.305). In diesen Worten geht es um "die Erwartung, daß Juda und Jerusalem angegriffen und erobert werden" (a.a.O., S.305). "...nachdem die Babylonier Jerusalem in Schutt und Asche hatten versinken lassen, konnten alle Texte im Rückblick auf die babylonische Eroberung gelesen werden" (a.a.O., S.307). In Verbindung mit Jer 2 wäre dann Jer 4,5 – 6,30 "schon bald, nachdem sich die Unheilsankündigungen bewahrheitet hatten, konzipiert und in einem vorläufigen Bestand... erarbeitet worden" (a.a.O., S.307). "Im Rahmen der Makrostruktur 2; 4,5ff. ist... Kap. 2 das Scheltwort und Kap. 4,5ff. das Drohwort" (a.a.O., S.313).– Diese Sammlung, "die sich in der frühen Exilszeit zunächst... einer ausdrücklichen Zukunftsperspektive enthielt" (a.a.O., S.326), "ist Warnung für die gegenwärtige Zeit und für zukünftige Zeiten" (a.a.O., S.314). Sie wurde "erst in einem späteren Stadium angesichts des eingetroffenen Unheils noch einmal, jetzt vor allem mit dem Blick auf die Zukunft, bearbeitet und ergänzt: In dem Komplex 3,1 – 4,4, der ältere Worte enthält, insgesamt aber erst in exilisch-nachexilischer Zeit mit seiner vorliegenden Gestalt entstand, ist der Weg zu einer zukünftigen Hoffnung beschritten worden" (a.a.O., S.315). Nach LIWAK ist also "kein Kapitel in Jer. 2 – 6 einheitlich. Selbständige Einheiten, die der gesamten vorexilischen Wirkungszeit Jeremias entstammen können, sind zusammengefaßt, durch Worte, die nicht von Jeremia stammen, aufgefüllt und zu neuer Verkündigungseinheit verbunden worden" (a.a.O., S.318). Eine sichere zeitliche Fixierung der einzelnen jeremianischen Worte erscheint LIWAK schwierig. Wie sich "über die Zeit, in der die Erwartungen [gemeint sind die Ankündigungen der Eroberung Judas bzw. Jerusalems in Jer 4,5–6,30] geäußert wurden, ... nur eine pauschale Aussage machen" läßt (vgl. a.a.O., S.306), so sind auch die Unheilsbegründungen "Überlegungen des Propheten, die nicht auf irgendeinen Abschnitt seiner Tätigkeit beschränkt werden können" (a.a.O., S.311).

[49] Vgl. oben Anm.1.

Propheten die ideale Wirkungsdauer von vierzig Jahren unterstellt wird,[50] so zwingt nichts mehr zu der weithin üblichen, aber mit großen Schwierigkeiten belasteten Annahme,[51] daß Jeremia schon unter Josia (seit 627/6) öffentlich als Prophet aufgetreten ist. Damit entfällt generell der Zwang, nach Spuren der Verkündigung aus dieser frühen Zeit zu suchen; ebenso entfällt die Möglichkeit, die konzeptionell auffällige Abfolge in 2,1 – 6,30 darauf zurückzuführen, daß sie gleichsam die Summe mehrerer Verkündigungsphasen Jeremias am Ende des langen Zeitraumes von fast zwei Jahrzehnten (627–609) enthält.

Aber auch für das öfter erwähnte 4. Jahr Jojakims[52] ist der Verdacht nicht völlig auszuschalten, daß hier ebenfalls das Ergebnis berechnender Überlegungen vorliegt, die mit einer schon ausgeprägten Prophetentheorie einhergehen. Denn das 4. Jahr Jojakims entspricht dem 1. Jahr Nebukadnezars (25,1). Diese Zeitangabe könnte durchaus mit Bemühungen zusammenhängen, auf diesem Wege sicherzustellen, daß Jeremia seine Verkündigung[53] tatsächlich als prophezeiendes Wort, ja sogar als im Buch fixiertes Prophetenwort (Jer 36!) längst übermittelt hatte, bevor sich in der Gestalt Nebukadnezars das Unheil aus dem Norden am geschichtlichen Horizont abzeichnete. Da man außerdem Jer 36 kaum noch als historisch zuverlässigen Bericht ansehen kann,[54] weil dieses Kapitel ebenfalls von einer erst nach der Exilserfahrung aufgekommenen Auffassung von Prophetie und Prophetenwort ausgeht, so erscheint die derzeit noch immer praktizierte Suche nach der sogenannten "Urrolle"[55] mit der darin enthaltenen Verkündigung Jeremias bis zum 4. Jahr Jojakims insofern illusorisch, als man sich dabei lediglich von späteren Vorstellungen über Jeremias Wirken abhängig macht, wie sie die sukzessiven literarischen Aus- und Umgestaltungen vorgegebener Jeremia-Traditionen bis zum vollendeten Prophetenbuch geprägt hatten.

Auf Grund der bisherigen Darlegungen und Erwägungen halten wir es im folgenden für angebracht, uns bei dem Versuch, den Spuren der ältesten

---

[50] Vgl. dazu LEVIN, Noch einmal: die Anfänge des Propheten Jeremia, in: VT 31, 1981, S.428–440.– Der Versuch HERRMANNs (Jeremia, S.21ff), gegen LEVIN weiterhin am 13. Jahr Josias als dem Berufungsjahr Jeremias festzuhalten, überzeugt nicht. Weiterhin von einem unerfindlichen Datum zu reden (so HERRMANN, a.a.O., S.22), ist nicht angebracht. Auch LIWAK hält an einer vierzigjährigen Wirksamkeit Jeremias fest (vgl. Der Prophet und die Geschichte, S.306; auf S.78 bleibt immerhin offen, "ob das Datum in Jer. 1,2 authentisch ist oder von späterer Redaktion fingiert"), ohne sich mit LEVINs Hinweisen auseinanderzusetzen.
[51] Vgl. dazu die einschlägigen "Einleitungen" in das AT.
[52] Vgl. Jer 25,1; 36,1; 46,1f.
[53] Vgl. Jer 25 und 36!
[54] Vgl. die kritischen Hinweise bei WANKE, Baruchschrift, S. 59–74, besonders S.73f; vgl. ferner neuerdings, LEVIN, Verheissung, S.147–149.
[55] Vgl. neuerdings wieder AHUIS, Gerichtsprophet, S.184ff.

Verkündigung Jeremias nachzugehen, von dem Bild zu lösen, wie es das jetzt vorliegende Jeremiabuch von den verschiedenen Perioden der Wirksamkeit des Propheten über einen Zeitraum von vierzig Jahren vor Augen stellt. Bei einem solchen Versuch ist es u.E. methodisch nicht zulässig, sich dieses Bild und das entsprechende chronologische Raster vorgeben zu lassen und sich von vornherein darauf festzulegen.

Statt dessen besteht die eigentliche Aufgabe darin, überhaupt erst einmal sichere Ausgangskriterien für die Bestimmung genuin jeremianischen Spruchgutes zu gewinnen.[56] Läßt man aus methodischen Gründen zunächst generell offen, ob und welche Sprucheinheiten von Jeremia herzuleiten sind, welches Alter und welche zeitliche Abfolge zu veranschlagen ist, so führt der Weg zu solchen Ausgangskriterien nur über eine vergleichende Gegenüberstellung von thematisch verwandten Einzeltexten (formal als eigenständig ausgewiesene und als solche erkennbare Einheiten). Von solchen Gegenüberstellungen darf erwartet werden, daß man so dem Vergleichsmaterial zumindest Anhaltspunkte dafür abgewinnen kann, in welchem zeitlichen oder sachlichen Neben- bzw. Nacheinander solche Einzeltexte stehen.[57]

---

[56] Zu LIWAKs Schwierigkeiten, im Blick auf die untersuchten Texte die Frage nach der jeremianischen Verfasserschaft hinreichend sicher zu beantworten, vgl. Der Prophet und die Geschichte, z.B. S.185; S.206; besonders S.308f; S.314.

[57] Zu methodischen Fragen und Problemen der "Prophetenexegese" vgl. besonders SCHOTTROFF, ZThK 67, 1970. S.263-294, besonders S.293f!

II. DIE ÄLTESTEN TEXTE ZUM THEMA "UNHEIL"

1. Bestandsaufnahme und Sichtung

Überblickt man die im Jeremiabuch enthaltenen Texte, in denen bevorstehendes oder gegenwärtiges Unheil thematisiert wird, so ergibt sich, wie schon angedeutet,[1] der eigenartige Befund, daß neben einer Fülle von begründeten Unheilsworten, in denen zugleich Jahwe als der Urheber des Unheils vorgestellt wird,[2] eine beachtliche Anzahl von Worten erhalten ist, die vom Unheil ohne Bezugnahme auf Jahwe reden. Außerdem sind in diesen Worten keinerlei Hintergründe oder Ursachen des vor Augen stehenden Unheils angesprochen, weil auch jeweils die sogenannte Unheilsbegründung fehlt.[3] Die gleiche Beobachtung macht man im Blick auf Klageäußerungen: Neben Klageäußerungen, die sich an Jahwe richten, von Jahwe als dem Initiator des Unheils wissen und als Ursache des Unheils eigene Verschuldungen beichten,[4] stößt man andererseits auf solche, in denen weder Jahwe noch der Gedanke einer Selbstverschuldung irgendeine Rolle spielt.

In der folgenden Auflistung[5] geht es zunächst um nichts anderes, als einen ersten und vorläufigen Überblick über die in dieser Beziehung auffälligen Texte zu bieten.[6]

4,7: "Auf stieg der Löwe aus seinem Dickicht, und der Völkerwürger brach auf, zog aus von seiner Stätte, dein Land zur Öde zu machen."

---

[1] Vgl. oben S.119f.
[2] Vgl. Jer 1,(13)14−16; 4,12; 5,14; 5,15−17; 6,6b−8; 6,12−15 (=8,10−12); 6,19 u.ö..
[3] Zu Unheilsbegründungen bzw. Schuldaufweisen, die offensichtlich erst nachträglich an ursprünglich selbständige, unbegründete Unheilsworte angehängt worden sind, vgl. z.B. 6,6−8 (zu 6,1−5); 6,27−30 (zu 6,22−26); siehe auch schon oben S.119, Anm.26.
[4] Vgl. Jer 10,19−25; 14,2−9; 14,17−22.
[5] Um einer schnellen Vororientierung willen werden die Texte in der Übersetzung RUDOLPHs (Jeremia) wiedergegeben, wobei möglicherweise notwendige Korrekturen zurückgestellt werden.
[6] Die Frage, ob sich jeweils überhaupt bestätigen läßt, daß eine ursprünglich selbständige Sprucheinheit vorliegt, wird bei den Einzelanalysen behandelt (vgl.dazu unten S.143ff).

4,11: "Zu jener Zeit wird zu hören bekommen dieses Volk und Jerusalem: ein Glutwind kahler Höhen kommt aus der Wüste auf die Tochter meines Volkes zu, keiner zum Worfeln oder Reinigen."

4,13: "Sieh wie Wettergewölk zieht er heran, wie der Sturm seine Wagen, adlerschnell sind seine Rosse! Weh uns, wir sind überwältigt."

4,15f: "Denn horch, man meldet von Dan, schickt Unheilsbotschaft vom Gebirge Ephraim: 'gebt Benjamin Warnung, schickt Botschaft an Jerusalem: Feinde kommen aus fernem Lande, rufen den Kriegsruf über die Städte Judas'."

4,19-21 "O mein Leib, mein Leib, ich muß mich winden! O meine Herzwände! es wallt mir meine Seele, ich kann nicht schweigen, denn den Schall der Trompeten höre ich, den Lärm des Krieges. 'Zusammenbruch über Zusammenbruch!' ruft man, überwältigt ist das ganze Land, urplötzlich überwältigt sind meine Hütten, im Nu meine Zelte! Wie lange noch muß ich Paniere sehen, den Schall der Trompeten hören?"

4,29: "Vor dem Ruf: 'Reiter und Bogenschützen!' ist das ganze Land geflohen, in Höhlen gegangen, ins Dickicht geschlüpft, auf die Felsen gestiegen: jede Stadt ist verlassen, kein Bewohner mehr drinnen."

4,31: "Ja, Geschrei wie von einer Kreißenden höre ich, Angstgeschrei wie von einer Erstgebärenden: die Stimme der Tochter Zion, die aufstöhnend die Arme breitet: 'weh mir, ich sterbe unter Mörderhand'."

6,1: "Flüchtet, ihr Benjaminiten, hinaus aus Jerusalem, und in Thekoa stoßt in die Trompeten und über Bet-Kerem richtet ein Signal auf; denn Unheil droht von Norden und schwerer Zusammenbruch."

6,2f: "Ist denn einer lustigen Aue gleich die Tochter Zion, daß Hirten zu ihr kommen mit ihren Herden? Rings um sie her haben sie Zelte aufgeschlagen, weiden jeder seinen Teil ab."

6,22f: "So hat Jahwe gesprochen: 'Siehe, ein Volk kommt aus nördlichem Lande, und eine große Nation erhebt sich vom äußersten Ende der Erde, Bogen und Sichelschwert führen sie, grausam sind sie und erbarmungslos, ihr Lärm gleicht dem tosenden Meer, und auf Rossen reiten sie, gerüstet ein jeder zum Kampf wider dich, Tochter Zion.'"

6,24-26: "Kaum ward uns Kunde von ihm, da erschlafften unsere Hände, Angst ergriff uns, Krampf wie eine Gebärende. Bleibt weg vom Feld, weg von der Straße, denn da ist Feindesschwert, Grauen ringsum! Tochter meines Volkes, gürte den Sack um und wälz dich im Staube, halte Trauer wie um den Einzigen, bitterste Klage: 'ach, wie plötzlich kommt der Verwüster über uns!'."

"8,16: "Von Dan hört man das Schnauben seiner Rosse, vom lauten Wiehern seiner Hengste erbebt das ganze Land, und sie kommen und fressen das Land und was drin ist, die Stadt und ihre Bewohner."

8,18-23: "Aufsteigt in mir der Kummer, mein Herz ist krank! Da! horch! Geschrei der Tochter meines Volkes weit und breit im Lande: 'ist denn Jahwe nicht in Zion oder ist ihr König nicht in ihr? Die Ernte ist vorüber, der Herbst dahin, und uns ist nicht geholfen!' Ob des Schlags der Tochter meines Volkes bin ich zerschlagen, niedergedrückt von Entsetzen erfaßt. Ist denn kein Balsam in Gilead oder ist kein Arzt da? Warum erwächst nicht Heilung der Tochter meines Volks? O daß mein Haupt Wasser wäre und mein Auge eine Tränenquelle, daß ich Tag und Nacht beweinte die Erschlagenen der Tochter meines Volkes!."

9,16-21: "Achtung! ruft den Klageweibern und sendet nach den weisen Frauen, daß sie eilends kommen und ein Klagelied über uns anstimmen, daß unsere Augen von Tränen überfließen und unsere Wimpern Wasser strömen! Horch! ein Klagelied hört man aus Zion: 'Wie sind wir vergewaltigt, von Schande bedeckt, denn wir müssen die Heimat verlassen, unsere Wohnstätten preisgeben. Ja, hört ihr Frauen, das Wort Jahwes, und euer Ohr nehme auf das Wort seines Mundes: 'lehrt eure Töchter das Klagen, eine die andere das Leichenlied: der Tod ist durch unsere Fenster hereingestiegen, in unsere Paläste gedrungen, hat vertilgt das Kind von der Gasse, die Jünglinge von den Plätzen, und es liegen die Leichen der Menschen über das Feld hin wie Garben hinter dem Schnitter, die niemand aufliest'."

10,19-20: "Weh mir ob meines Zusammenbruchs, unheilbar ist mein Schlag! Und ich hatte gedacht: das ist ja nur ein Leiden, das ich tragen kann! Jedoch mein Gezelt ist verwüstet, all meine Zeltstricke zerrissen, meine Söhne verlassen mich und sind nicht mehr, niemand richtet mein Gezelt wieder auf oder breitet meine Zeltdecken aus."

10,22: "Horch, eine Kunde, siehe, sie kommt, und großes Getöse aus dem Nordlande, die Städte Judas wüste zu machen, zur Wohnung von Schakalen."

13,18f: "Sprecht zum König und zur Herrin: 'setzt euch tief herunter, denn gefallen ist von eurem Haupt eure prächtige Krone!' Die Städte des Südlands sind verschlossen, und niemand macht auf, weggeführt wird Juda insgesamt, vollständig weggeführt."

22,10: "Weint nicht um den, der tot ist, und klagt nicht um ihn, weint vielmehr um den, der fortgeht, denn nicht mehr wird er wiedersehen sein Heimatland."

22,28: "Ist denn Konjahu ein armseliges Gefäß zum Zerschlagen oder ein wertloses Gerät? Warum ist er fortgeschleudert und hingeworfen in ein Land, das er nicht kennt?".

30,5.6 "So hat Jahwe gesprochen: ' Schreckensruf höre ich, Grauen herrscht und Heillosigkeit; fragt doch und seht: seit wann gebären Männer? Warum sehe ich jeden Mann mit den Händen auf den Hüften und alle Gesichter verändert, totenblaß geworden?".

Dieser auffällige Sachverhalt, daß im Jeremiabuch in Unheilsansage und Unheilsklage einmal ohne Verweis auf Jahwes Mitwirken sowie ohne Schuldaufweis von Unheil die Rede sein kann, zum andern aber mit Schuldaufweis begründetes Unheil in den Blick gerückt wird und hier Jahwe zugleich als dessen Urheber fungiert,[7] wirft eine Reihe von Fragen auf. Von der Beantwortung dieser Fragen hängt es ab, wie man sich die überlieferungsgeschichtlichen oder literarischen Prozesse vorzustellen hat, deren Ergebnis dazu geführt hat, daß das Spruchgut des Jeremiabuches Unheilsgeschehnisse auf zweierlei Weise thematisieren kann.

1. Warum tauchen diese beiden Formen jeweils der Unheilsansage wie der Unheilsklage nebeneinander auf?

2. In welcher Beziehung stehen beide Textgruppen zueinander?

3. Lassen sich jeweils divergierende Aussageintentionen feststellen oder bleibt die Aussagerichtung trotz unterschiedlicher Redeweise in beiden Textgruppen die gleiche?

4. Ist es möglich, für beide Redeweisen jeweils ein und denselben Sprecher zu veranschlagen?

Wie diese Fragen zu beantworten sind, wird sich ergeben, wenn eine Gegenüberstellung mit solchen Texteinheiten, die sich auf Grund ähnlicher oder gleicher Aussageinhalte vergleichen lassen, zu eindeutigen Rückschlüssen oder Hinweisen auf ein wie auch immer geartetes Beziehungsgeflecht führt. Für einen solchen Vergleich geeignete Texteinheiten bieten sich besonders in jenen Worten an, in

---

[7] Vgl. so z.B. Jer 1,13ff; siehe oben S.129, Anm.2.

denen es um das Thema "Unheil aus dem Norden" geht. Es handelt sich um Jer 1,13-16; 4,5-6; 6,1; 6,22-23 (=50,41-43 gegen Babel); 10,22 (13,20); 25,9.[8] In Jer 4,6 und 6,1 ist in besonders auffallend übereinstimmender Formulierung von "Unheil aus dem Norden und großer Bruch" die Rede. So heißt es in Jer 4,6b (Jahwerede), nachdem zuvor zur Flucht in die befestigten Städte aufgefordert worden ist (4,5.6a): "Denn Unheil bringe ich von Norden und großen Bruch". Jer 6,1b begründet die an die Benjaminiten gerichtete Aufforderung zur Flucht aus Jerusalem (6,1a): "Unheil aus dem Norden droht (*nšqph*) und großer Bruch".

Die Gegenüberstellung beider Texte macht deutlich, daß in Jer 4,6 zu Beginn des Komplexes Jer 4,5 - 6,30[9] der hier zuständige Verfasser folgendes klarstellen will:

1. Die Ansage von "Unheil und großer Bruch" stammt aus Jahwes Mund selbst (Jahwerede). Dagegen ist 6,1 nicht als Jahwerede gekennzeichnet.

2. In den Kreis der Angesprochenen sind Juda und Jerusalem miteinbezogen, während sich 6,1 nur an die Benjaminiten richtet.

3. Jahwe selbst ist für das Unheilsgeschehen verantwortlich; er ist der Initiator (*ᵓnky mbyᵓ*), während in 6,1 lediglich auf ein im Ablauf begriffenes Unheilsgeschehen verwiesen werden kann.

Zu ähnlichen Beobachtungen führt eine Gegenüberstellung von Jer 6,1 und Jer 1,14. Mit 1,14b "Von Norden her öffnet sich[10] das Unheil über alle Bewohner des Landes" wird hier gleich zu Anfang des Prophetenbuches das Thema "Unheil aus dem Norden" in den Blick gerückt. Der als visionäres Geschehen (v.13) dargestellte Vorgang der Jahwewortübermittlung (Einweihung in Jahwes Plan) an "Jeremia" hebt zugleich hervor, daß der Prophet von Anfang an in den Gerichtsplan Jahwes (vgl. 1,16) eingewiesen worden ist. Zwar spricht v.14 in der die Vision (v.13) erläuternden Jahwerede zunächst ähnlich wie 6,1 lediglich von einem aus dem Norden andringenden Unheilsgeschehen; aber hier ist schon der Bezug auf "alle Bewohner des Landes" sichergestellt. Dementsprechend erfolgt dann in v.15 die notwendige Erläuterung: Das von vornherein für alle in

---

[8] Der Terminus *spwn* taucht im Jeremiabuch sonst nur noch in 46,20.24; 47,2; 50,3.9; 51,48 auf.

[9] Vgl. dazu oben S.115ff.

[10] RUDOLPH: "wird...entfesselt".

Aussicht gestellte Unheil wird von Jahwe selbst gesteuert; er ist es, der die Mächte des Nordens gegen Juda und Jerusalem herbeiruft und somit zum Gericht antritt. Dieses Gericht begründet er selbst damit, daß man von ihm abgefallen ist und andere Götter verehrt.

Der eben knapp charakterisierte Sachverhalt, daß im Blick auf diese Texte einerseits enge Berührungen, andererseits deutliche Unterschiede vorliegen, deutet m.E. daraufhin, daß hier ein fortgesetzter Reflexionsprozeß im Spiel gewesen ist, in dem älteres, vorgegebenes Spruchgut (in diesem Fall 6,1) aufgegriffen und jeweils neu interpretiert wurde. Die einzelnen Schritte dieses Prozesses könnte man sich wie folgt vorstellen: Ein Wort, in dem lediglich von einem imaginären Unheilsgeschehen die Rede ist (6,1), wird als Jahwewort verstanden und entsprechend umformuliert! Hinter dem Unheilsgeschehen wird Jahwe als der Initiator gesehen (4,6). Die hier einsetzende Reflexion und Neuinterpretation[11] führt schließlich zu der in 1,13–16 erkennbaren Konzeption, in der alle wesentlichen Elemente einer ausgebildeten Prophetenauffassung berücksichtigt wurden.

Daß der eben verhandelte Fall kein Einzelfall ist, zeigt ein Blick auf Jer 6,22f. Dieses Wort handelt von einem Volk, ($^c m$ $wgwy$ $gdwl$), das aus dem Land des Nordens k o m m t und dessen in v.23abα dargestellte kriegerische Potenz auf die "Tochter Zion" zielt. Trotz der jetzt einleitenden Botenformel geht aus dem Abschnitt selbst nirgends hervor, daß der Sprecher Jahwe ist. Ebensowenig deutet die Charakterisierung des anbrechenden Geschehens eine Beteiligung Jahwes an. Die Frage, warum und auf welche Weise "Zion" in die sie bedrohenden Vorgänge verkettet ist, scheint der Sprecher nirgends im Blick zu haben.

Ganz anders verhält es sich in 5,15ff: Auch hier ist von einer Bedrohung durch ein fremdes, kriegerisches Volk die Rede. Der Abschnitt ist als Jahwerede gestaltet:[12] "Siehe, ich bringe über euch ein Volk aus der Ferne, Haus Israel...". Jahwe selbst ist es hier also, der jenes Volk aus der Ferne herbeibringt.[13] Zudem ist der Hinweis in v.17bß auf das falsche Vertrauen als Schuldaufweis zu verstehen. Auch in diesen Fall deutet sich an, daß 5,15–17 eine Weiterbildung von 6,22f ist.[14] 5,17 hat dazu noch das sicher ältere Wort 8,16 berücksichtigt.

---

[11] Hier ist auch auf Jer 6,19 zu verweisen, wo Jahwe ebenfalls wie in 4,6 selbst das Unheil "über dieses Volk" herbeiführt ($mby^{\jmath}$), hier mit Unheilsbegründung!– Vgl. auch Jer 19,15.

[12] Vgl. außerdem das $n^{\jmath}m$ $yhwh$ in 5,15.

[13] $hnny$ $mby^{\jmath}$! – dagegen 6,22: $^c m$ $b^{\jmath}$$..$$wgwy$ $gdwl$ $y^c wr...!$

[14] Auf 6,22f scheint sich auch noch die ganz späte Stelle in Jer 25,32 (dazu DUHM, Jeremia, S.208, vgl. auch McKANE, Jeremiah, S.657) zu beziehen.

Als weitere Beispiele dafür, daß Unheilsworte ohne Bezugnahme auf Jahwe nachträglich als Jahweworte eingestuft oder für die Formulierung neuer Jahweworte ausgewertet wurden, vielleicht sogar Anlaß für solche Neuformulierungen boten, seien 4,7 und 4,11 genannt. 4,7 stellt den wie ein Löwe aufbrechenden Völkerverderber vor Augen, der das Land zur Wüste macht. In 9,10 bewirkt das Jahwe selbst. Daß 4,11 ursprünglich keineswegs Jahwerede ist, sondern erst durch v.12 dazu umgestaltet worden ist, hat schon DUHM[15] gesehen.

Im Blick auf diese Beobachtungen, wie sie sich im Rahmen unserer Vororientierung ergeben haben, ist u.E. zumindest mit der Möglichkeit zu rechnen, daß in der oben vorgeführte Reihe von Unheil thematisierenden Worten Spuren einer sehr alten, wenn nicht der ältesten Textstufe des Jeremiabuches enthalten sind. In diesen Worten, so der merkwürdige Befund, haben wir keine Jahweworte vor uns, ein Sachverhalt, dem möglicherweise die in der jetzigen Buchüberschrift noch erkennbaren älteren Bestandteile einer früheren Überschrift "Worte Jeremias.."[16] Rechnung getragen haben. Daß in dieser Schicht jeglicher Schuldaufweis zwecks Unheilsbegründung fehlen kann,[17] in späteren jahwesierten Worten aber der Schuldaufweis üblich ist, zwingt m.E. ferner dazu, die in der alttestamentlichen Prophetenforschung strittige Frage neu zu überdenken, ob und wie Unheilswort und Unheilsbegründung (Schuldaufweis) aufeinander zu beziehen sind.

Bevor wir die gestellte Aufgabe in Angriff nehmen, nach den ältesten Bestandteilen des Jeremiabuches zu suchen und nachträglich eingebrachte Interpretation von vorgegebenen Worten zu trennen, gehen wir in den folgenden Überlegungen kurz auf die soeben angesprochene Frage nach einem Beziehungsgeflecht "Unheilswort – Unheilsbegründung" ein und versuchen eine erste Orientierung sicherzustellen.

2. Zur Frage der Funktion von Unheilsbegründungen (Schuldaufweisen) in Unheilsansagen und Unheilsklagen

Die Frage, in welchem Verhältnis prophetische Unheilsansage und prophetischer Schuldaufweis (Gegenwartskritik, Unheilsbegründung) zueinander stehen, wird in der alttestamentlichen Forschung kontrovers beantwortet. Es ist strittig, ob die

---

[15] Jeremia, z.St..
[16] Zur Überschrift Jer 1,1−3 vgl. besondes THIEL; Redaktion 1−25, S.49ff.
[17] Vgl. dazu oben S.129, Anm.3; ferner S.119, Anm.26.

Unheilsansagen z.B. eines Amos oder eines Jeremia das Primäre für diese
Propheten sind, d.h. ob sie zunächst von der Zukunftsgewißheit bevorstehenden totalen Unheils überfallen sind und dann darauf abgestimmt als die
Ursachen für das sicher erahnte Unheil eine Schuldverhaftung aufzuzeigen
suchen, oder, so die andere Auffassung, ob erst der Blick dieser Propheten auf
die Schuldzustände innerhalb des Volkes und die Erkenntnis totaler Schuldverhaftung sie dazu führt, daraufhin mit totalem Unheil zu rechnen und dieses
dann anzusagen. Beide Versuche, das Verhältnis zwischen Unheilsansage und
Unheilsbegründung zu bestimmen, werfen bei näherem Hinsehen schwierige
Fragen auf. Bei Annahme prophetischer Gewißheit eines kommenden, aktuell das
Volksganze treffenden Unheils,[18] wie man sie von Amos bis Jeremia veranschlagt, ist uneinsichtig, welchem Zweck die sogenannte "Gegenwartskritik" als
Aufdeckung der Schuld dienen soll. Zwar stellt z.B. SCHMIDT[19] fest: "Der
Prophet ist von der Wahrheit seiner Zukunftsansage überzeugt. Für ihn bedarf
es keines Beweises, aber seine Zeitgenossen haben diese Gewißheit ja nicht...
Vielmehr ist das erwartete Unheil zu begründen. So ist der Schuldaufweis –
unumgängliche – Aufgabe des Propheten selbst; er wird geradezu zum Prüfer
seines Volkes bestellt, 'Israel seine Sünde vorzuhalten'.[20] Die Aufdeckung der
Schuld macht erst die Unheilsansage 'bejahbar',[21] so daß der Hörer sie in ihrer
Sinnhaftigkeit oder gar Notwendigkeit einzusehen vermag". Aber wenn, wie
SCHMIDT selber immer wieder betont, von einer "Endgültigkeit prophetischer
Unheilsankündigung"[22] auszugehen ist, und "die Gerichtsdrohung grundsätzlich,
unwiderruflich"[23] erscheint, dann drängt sich die Frage auf, was denn gerade im
Blick auf die jeweiligen Zeitgenossen für sie damit gewonnen war, daß die
Schuldaufweise die Unheilsansage "bejahbar" machten, der Untergang aber
beschlossene Sache blieb. Die Schuldaufweise, wie sie SCHMIDT mit den
uneingeschränkten Unheilsworten in Verbindung bringt, haben für das Volksganze, dem Unheil total und unumstößlich angesagt wird, tatsächlich keine
weiterführende, die realen Verhältnisse bzw. das Verhalten beeinflussende

---

[18] Vgl. so besonders W.H.SCHMIDT, Zukunftsgewißheit.
[19] A.a.O., S.65.
[20] Verweis u.a. auf Jer 5,1ff; 6,9.27ff.
[21] Verweis u.a. auf von RAD, Theologie II, 4.Auflage, S.83: "Der Empfänger des
     Drohwortes soll erfahren und begreifen, was ihm widerfährt und warum es
     ihm widerfährt".
[22] Vgl. die Überschrift a.a.O., S.39.
[23] A.a.O., S.39.

Funktion.[24] Außerdem steht man vor folgendem Problem: Zahlreiche Unheilsworte für sich genommen erwecken durchaus den Eindruck, als wären die darin
angesprochenen Vorgänge und ihre Hintergründe dem Sprecher nicht einmal
selbst einsichtig.[25]

Wenn die Schuldaufweise die Funktion haben, die vor Augen gestellten Abläufe
nachträglich einsichtig zu machen, so ist es überaus merkwürdig, daß auch
Unheilsworte in einer Form an die Öffentlichkeit weitergegeben wurden, die
keineswegs auf die Einsicht der Angesprochenen zielt; denn zunächst fehlen ja
jegliche erklärenden, begründenden Hinweise. Welcher Zwang lag vor, schon in
dieser Form zu sprechen, wenn doch erst im Schuldaufweis und mit dem Verweis
auf Jahwe einsichtig werden konnte, was sich warum abspielen würde? M.a.W.:
Warum sind solche Unheilsworte oft dunklen Inhalts überhaupt ohne die
erforderlichen, auf Einsicht zielenden Hinweise öffentlich ausgerichtet worden
und somit überhaupt in dieser Form erhalten geblieben, wenn solche Worte doch
nur im Zusammenhang mit dem entsprechenden Schuldaufweis in der Öffentlichkeit ihren Zweck ausrichten konnten? Läßt man sich auf SCHMIDTs Erklärungsversuch ein, dürften an sich gar keine solchen unbegründeten Unheilsworte
erhalten geblieben sein, da kaum anzunehmen ist, daß schon eine solche
Redeform in der Öffentlichkeit verwendet worden wäre, wenn das Unheilswort
erst in der Verknüpfung mit dem entsprechenden Schuldaufweis begriffen werden
konnte. Wollte man erwägen, daß das jeweilige Unheilswort auch ohne Schuldaufweis eben schon deswegen Anspruch auf Verkündigung in der Öffentlichkeit
implizierte, weil die den Sprecher übermächtigende Unheilsahnung eben als
Wirkung Jahwes verstanden wurde, so daß deswegen auch schon dieses an sich
uneinsichtige Wort eben als Jahwewort anzusagen war, so steht dem entgegen,
daß zahlreiche Worte dieser Art gar nicht als Jahweworte formuliert sind und
ihr Sprecher folglich gar nicht als Bote Jahwes erkennbar wird. Kurz: Das
auffällige Nebeneinander von unbegründeten, explizit nicht mit Jahwe in

---

[24] Vgl. ähnlich schon die Kritik WANKEs (KuD 18,1972): "Wozu die Schock-
sprache des Amos..., wenn ohnehin alles bereits beschlossen ist; nur um der
Erkenntnis der Gerechtigkeit des Gerichts willen?" (S.15). WANKE argumentiert hier gegen die Auffassung von H.W.WOLFF, die er in dem Satz zusammengefaßt findet: "Er (sc. Amos) hat die Botschaft vom Ende des Staates
Israel als die unweigerlich nahende Tat seines Gottes zu verkünden. Alles,
was er dem hinzufügt, erhellt nur die volle Gerechtigkeit dieser anstürmen-
den Zukunft" (so WOLFF, Die Stunde des Amos, 1969, S.66f). Nach WANKE
gibt "dieses Zitat von Wolff... im großen und ganzen die Meinung der
meisten Alttestamentler wieder" (KuD 18,1972, S.14). Er selbst "kann bei
aller Bemühung dieser Deutung der prophetischen Sozialkritik (gemeint sind
die Schuldaufweise) nur soviel entnehmen, daß die soziale Verkündigung der
Propheten eigentlich überflüssig ist" (a.a.O., S.15).
[25] Vgl. z.B. Jer 6,1f; 6,22–26; 8,18–23; 10,19f.

Zusammenhang gebrachten Unheilsworten auf der einen Seite und begründeten Unheilsworten, die von Jahwe hergeleitet werden, auf der anderen Seite, ist bei Annahme ein und desselben Sprechers äußerst merkwürdig.[26]

Die zweite oben erwähnte Auffassung wird in verschiedenen Modifikationen vertreten. Nach FOHRER geht es dem (vorexilischen) Propheten um die Umkehr seiner Hörer, durch die das drohende Unheil vielleicht doch abgewendet werden kann. So ist z.B. für Amos "Israel von seinem Gott abgefallen, wie...(er) in erster Linie an den sozialen und kultischen Sünden zeigt, die seine hauptsächlichen Angriffspunkte bilden...". Damit "ergibt sich für Jahwe das Recht, Israel in besonderem Maße zur Verantwortung zu ziehen...Darum hat er immer wieder Plagen verhängt..., die als leicht zu begreifende Mahnungen zur Umkehr auffordern sollten... Weil alles vergeblich war, bleibt nunmehr nur die Vernichtung... So wird Israel völlig untergehen, falls sich die bisher verweigerte Umkehr...nicht noch in letzter Minute ereignen sollte"[27]. Demnach gehören für FOHRER Gegenwartskritik bzw. Schuldaufweis und Unheilswort insofern eng zusammen, als "das wahre Ziel der Prophetie darin bestand, den schuldigen Menschen jener Zeit zur Umkehr oder Erlösung zu führen"[28]. Aber bestimmt man das Verhältnis von Schuldaufweis und Unheilswort in dieser Weise, so führt das dazu, daß die unbedingte und uneingeschränkte Ansage des Unheils relativiert wird. Den Sprechern dieser Worte müßte unterstellt werden, daß sie lediglich mit der ernsthaften Möglichkeit totalen Unheils rechnen, aber nicht von vornherein, wie an sich nur aus dem Wortlaut ihrer Ansagen zu entnehmen ist, von der Wirklichkeit und Unwiderruflichkeit bevorstehenden oder schon andringenden Unheils überzeugt sind.

---

[26] Vgl. hier auch SCHMIDTs eigene Feststellung zu Am 8,2 (a.a.O., S.83), daß "dieser Satz...nicht charakteristisch" ist: "Er ist (wie Jer 1,14 u.a.) unpersönlich formuliert... Für sich genommen bedarf jener Satz... der Ergänzung durch den Hinweis, daß das Gericht sonst vielfach in der göttlichen Ichrede angedroht wird"; SCHMIDT deutet das Problem an, erklärt jedoch nicht, warum hier (vgl. auch Am 3,11; 3,12; 4,2; 5,2; 5,3; 5,16; 5,18ff; 8,2; m.E. lassen sich auch im Amosbuch noch Spuren erkennen, die auf ähnliche Interpretationsvorgänge deuten, wie sie oben für das Jeremiabuch aufgezeigt werden konnten; vgl. z.B. Am 5,18–20 und 9,1–4; 6,1–3 und 9,7–10; 8,8 und 9,5f; 3,11/4,2 und 6,14!) auf die Einbeziehung Jahwes verzichtet werden kann, an anderen Stellen jedoch nicht.

[27] Vgl. so schon Einleitung in das AT, 1965, S,481.

[28] So FOHRER in "Bemerkungen zum neueren Verständnis der Propheten", in: WdF Bd. CCCVII, Darmstadt 1979, S.491 (ursprünglich englisch in JBL 80, 1961, S.309–319; ferner in BZAW 99,1967, S.18–31); vgl. auch S.481, wo FOHRER die Frage aufwirft, "ob die prophetische Drohung mit dem bevorstehenden Unheil wirklich nicht mehr als eine Drohung war oder ob sie nicht in Zusammenhang mit der Aufforderung zur Umkehr eine andere Funktion besaß – die Funktion einer Warnung im allerletzten Augenblick: Der Untergang steht bevor und ist unabwendbar, wenn ihr nicht umkehrt".

Während FOHRER folglich bei seinem Ansatz die fraglichen Unheilsworte zu Drohworten umfunktionieren muß, halten H.H.SCHMID u.a. daran fest, daß die "Propheten den völligen Untergang des Volkes"[29] verkünden. Dabei steht für SCHMID "die Gerichtsankündigung in notwendigem Sachzusammenhang mit den prophetischen Anklagen"[30]; oder wie STOLZ formuliert: Es geht den Unheilspropheten des 8.Jahrhunderts "allen um einen globalen Schuldaufweis, aus dem eine ebenso globale Unheilsankündigung abgeleitet ist... Die Erfahrung der Schuld ist offenbar so umfassend und allgemein, dass nur mit dem totalen Untergang des Volkes gerechnet werden kann"[31].

Somit sind "Gegenwartskritik und Gerichtsansage...zwei Seiten einund desselben Sachverhaltes, die in engster Korrelation zueinander stehen"[32]. Führt nach dieser Auffassung die Gegenwartskritik bzw. der Schuldaufweis die Propheten zur totalen Unheilsansage, so ist allerdings damit immer noch nicht die Frage beantwortet, welche Funktion die Gegenwartskritik, so wichtig und ausschlaggebend sie für den Erkenntnisprozeß der Propheten selber gewesen sein mag, für die angesprochenen Adressaten erhält. Hier steht man im Grunde vor dem gleichen Dilemma, wie wir es oben für W.H. SCHMIDTs Konzeption aufzeigen zu können meinten: Für die angesprochenen Adressaten, auf die unwiderruflich das Unheil zukommt, ist jeder Handlungsspielraum, in dem der Gegenwartskritik Rechnung getragen werden könnte, verschlossen.

Hält man wie bisher daran fest, daß die uneingeschränkten und unbedingten Unheilsansagen z.B. des Amos oder des Jeremiabuches mit selbständigen Schuldaufweisen desselben Buches im Zusammenhang gesehen werden müssen, weil sie aus ein und demselben Prophetenmund formuliert erscheinen, so ergeben sich also, wie auch immer man nun Prophetenwort als Unheilsansage und als Schuldaufweis aufeinander bezieht, merkwürdige Schwierigkeiten: Versteht man die fraglichen Unheilsworte entprechend ihrer Diktion als tatsächliche Ankündigungen uneingeschränkten Unheils, dann haben die Schuldaufweise abgesehen von ihrer erkenntnisleitenden Funktion für den jeweiligen Propheten sonst keine Zielrichtung.[33] Weist man dagegen den Schuldaufweisen die Aufgabe zu, in der Öffentlichkeit etwas zu bewirken, dann kann man die Unheilsworte nicht im vollen Sinn als Ankündigungen des Unheils ernstnehmen.

---

[29] Vgl. H.H.SCHMID, AW, S.53.
[30] Vgl. AW, S.139, Anm.71.
[31] Vgl. STOLZ, Monotheismus, S.176.
[32] So H.H.SCHMID, AW, S.139, Anm.71.
[33] Möglicherweise resultiert die merkwürdige "Verstockungstheorie" in Jes 6 aus der Reflexion über dieses Problem!?

Rühren diese Schwierigkeiten möglicherweise schlicht daher, daß die bisher nicht hinterfragte Grundannahme gar nicht zutrifft, daß beide Redeformen ein und denselben Sprecher haben? Der oben für das Jeremiabuch kurz charakterisierte Befund deutet in diese Richtung. Zudem können folgende Überlegungen bestätigen, daß eine solche Grundannahme der Überprüfung bedarf.

Wir setzen ein mit dem Hinweis auf den bekannten Sachverhalt, daß Schuld im kultischen wie im sozialen Bereich nach der für den gesamten Alten Orient so auch für Israel grundlegenden Überzeugung Unheil impliziert. Einige Beispiele für Israel:

Jos 7 berichtet darüber, wie das Vergehen "Diebstahl von Gebanntem" zur Folge hat, daß Israel im Kampf unterliegt. Das Problem wird gelöst,[34] indem der Schuldige bestraft, d.h. aus der Gemeinschaft getilgt und somit auch die Unheil bewirkende Ursache getilgt wird.

II Sam 21 ist von einer Hungersnot die Rede. Eine Jahwebefragung ergibt, daß der Grund dafür Blutschuld ist. Erst nach der Tilgung der Verantwortlichen, so heißt es 21,14, "wurde Gott dem Lande wieder gnädig"[35]. D.h.: In den eigenen Reihen des Jahwevolkes verursachte Schuld hat Unheil zur Folge. Der Sachverhalt "Unheil" (Hungersnot, Dürre, Niederlage etc.) wirft die Frage nach der verursachenden Schuld auf. Die erkannte Schuld ist zu beheben. Damit läßt sich das Unheil vermeiden, bzw. eingrenzen oder zurückwenden. Dieses System erscheint in sich stimmig.[36] Während hier also drohendes Unheil oder gegenwärtige Not derart behoben werden kann, daß die verursachende Schuld beseitigt oder kultisch bewältigt wird, oder umgekehrt die Aufdeckung von Verschuldung und der Hinweis auf entsprechendes Unheil darauf zielt, durch geeignete Maßnahmen wie Buße, Opfer etc. oder die Beseitigung des schuldverursachenden Tatbestandes Unheil abzuwenden oder auszugrenzen, scheint im Jeremiabuch in den uns interessierenden Worten in einer Weise Unheil und Schuld vor Augen zu stehen, daß eine Abwendung des Unheils gar nicht mehr möglich ist, bzw. die Beseitigung der schuldverursachenden Tatbestände gar nicht mehr in den Blick gerät. Führt man die Schuldaufweise auf den gleichen Sprecher zurück, von dem

---

[34] Vgl. hier auch SCHMIDT, Zukunftsgewißheit, S.16!

[35] Vgl. ähnlich auch II Sam 24,25.

[36] Möglicherweise ist darin die Funktion eines Propheten die, den Sachverhalt Schuld überhaupt aufzudecken oder auf bevorstehendes Unheil hinzuweisen (Gad, II Sam 24). Vgl. hier zur Möglichkeit, Schuld als Unheilsursache aufzudecken auch das sogenannte 2.Pestgebet Mursilis, II.,10: "Doch wenn das Sterben aus irgendeinem anderen Grunde anhält, so möge ich d(ies)en entweder im Traum erschauen oder er werde durch ein Orakel [fest]ge[stellt] oder ein Gottbegeisterter möge ihn ansagen..." (so die Übersetzung von C.KÜHNE, in: Religionsgeschichtl. Textbuch zum AT, hg.v. W.BEYERLIN, Göttingen 1975, S.195.).

die fraglichen Unheilsworte stammen und nimmt man diese Unheilsworte so, wie
sie formuliert sind, nämlich nicht als Befürchtungen oder Androhungen von
Unheil, sondern als Ansagen unumstößlichen Unheils,[37] so hätte der Schuldaufweis hier gar nicht wie bei den eben angesprochenen Vorgängen die Funktion,
darauf hinzuwirken, daß durch entsprechend vollzogene Beseitigung der Schuld
das anstehende Unheil abgewendet oder ausgegrenzt wird. Hat aber dann der
Schuldaufweis für die darin Angesprochenen keine Funktion in dem Sinn, daß
sich daraufhin für sie ein Handlungsspielraum eröffnet, und kann man dann
überhaupt nur noch von Funktion in dem Sinne reden, daß eben die Schuldaufweise nur noch das totale und feststehende Unheil begründen und einsehbar
machen sollen – eine Auffassung, die, wie oben bereits angedeutet, deswegen
fragwürdig erscheinen muß, weil das vom Unheil betroffene Volksganze mit
dieser Einsicht gar nichts mehr anfangen kann – so ist m.E. die Frage keineswegs abwegig, ob das Aussageanliegen der fraglichen Schuldaufweise überhaupt
auf diejenigen zielt, an die sich der Sprecher der Unheilsansagen wendet.
M.a.W.: Es ist zu fragen, ob nicht die "Gegenwartskritik" mit ihrer Funktion,
das totale Unheil einleuchtend zu begründen, ganz andere Adressaten vor Augen
hat; und das impliziert zugleich: ob nicht die entsprechenden Texte erst
nachträglich, aber nicht im Sinn W.H. SCHMIDTs, mit den Unheilsansagen
verknüpft oder auf sie bezogen worden sind. Dieser Vorgang der Verknüpfung
von vorgegebenen Unheilsansagen mit nun darauf bezogenen Schuldaufweisungen
ist dann nicht mit der Person in Verbindung zu bringen, die die Unheilsansagen
verantwortet, sondern mit jenen späteren theologischen Denkbemühungen, die
die Hintergründe des Unheilsgeschehens inzwischen zu durchschauen meinten.
    Dazu an dieser Stelle nur einige knappe Überlegungen: Man darf mit
Sicherheit annehmen, daß im Rückblick auf die beiden großen Katastrophen von
722 und 587 jeglichen, wie auch immer darauf zu beziehenden Unheilsworten
enorme Aufmerksamkeit zugewachsen sein wird. Im Rückgriff auf diese Prophetenworte geriet deren Korrespondenz mit den Unheilsereignissen selber immer
mehr so in den Blick, daß die Katastrophen nun als die Erfüllung jener Prophetenworte verstanden werden konnten. Konnte man sich auf diesem Wege
schließlich zunehmend der Überzeugung vergewissern, daß die Katastrophen
keine sinnlosen Zufälle gewesen waren, sondern von Jahwe offensichtlich
vorangekündigt und somit von ihm initiiert[38] waren, so blieb allerdings immer
noch die drängende Frage, ob sich damit nicht ein, wenn auch von Jahwe
gesteuertes, so aber doch die Betroffenen willkürlich vernichtendes Geschehen

---

[37] In diesem Punkt ist der Sichtweise SCHMIDTs uneingeschränkt zuzustimmen!
[38] Vgl. Thr 3,37; 2,17.

ereignet hatte. Diese Möglichkeit konnte mit der nachgetragenen bzw. den Propheten in den Mund gelegten "Gegenwartskritik", die möglicherweise sogar die Mißstände der eigenen Gegenwart widerspiegelte, aber nun auch den Blick in die Vergangenheit richtete, um darin die entscheidenden Fehlentwicklungen aufzuspüren,[39] ausgeschlossen werden. So konnte im Nachherein belegt werden: Die Katastrophen waren nicht nur keine sinnlosen Schicksalsschläge, sie waren auch keine Willkürakte Jahwes. Die Gründe für die Katastrophen hatte man bei sich selbst und in der vergangenen Geschichte des Volkes zu suchen. Zugleich implizierte diese Sichtweise im Blick auf die schreckliche Vergangenheit mit ihren ja immer noch gegenwärtigen Folgen für die eigene Gegenwart Mahnung und Warnung, insofern es jetzt darauf zu achten galt, ähnliche Schuldverhaltungen und die entsprechenden Folgen zu vermeiden.

Daß solche Überlegungen in die richtige Richtung gehen, meinen wir zeigen zu können, indem wir im folgenden den Hintergründen jenes merkwürdigen Sachverhaltes im Jeremiabuch nachgehen, daß hier neben Unheilsansagen und Unheilsbegründungen, die von Jahwe hergeleitet sind, zahlreiche Texte zum Thema "Unheil" auftauchen, für die ein Bezug auf Jahwe in jeder Hinsicht fehlt, obgleich hier die gleiche Unheilswirklichkeit vor Augen steht.

---

[39] Vgl. z.B. Jer 2,18.

III. TEXTANALYSEN

1. Unheilansagen

a) Jer 6,1-5

Zum Kontext

Auf Grund der soeben vorgenommenen Vororientierung konzentrieren wir uns zunächst auf die Unheilsansagen, die keine Bezugnahme auf Jahwe erkennen lassen. Wir setzen ein mit 6,1, der Ansage von "Unheil aus dem Norden" (vgl. 4,6b). Dieses Wort steht jetzt am Kopf einer Texteinheit, die mit v.5 abgeschlossen ist. Die Botenformel in 6,6a leitet eine neue Texteinheit ein, die an die vorausgehenden Verse anknüpft, diese also voraussetzt. Während 6,4aß.5 als Selbstaufforderung der sich gegen Zion (v.2 "Tochter Zion") wendenden Kriegsmacht (4a) verstanden werden muß, ist es in 6,6a Jahwe selbst, der zur Belagerung Jerusalems auffordert. Auffällig ist, daß an diese Aufforderung an die Feindmacht jetzt ein Schuldaufweis anschließt (v.6b). Wäre diese Abfolge ursprünglich, hätte der zuständige Verfasser hier beabsichtigt, speziell den Feinden das von ihnen in v.6aß geforderte Vorgehen einsichtig zu machen. Andererseits läuft der Schluß der Texteinheit mit v.8 darauf hinaus, direkt im Anschluß an die Schuldaufweise in 6b.7 Jerusalem die Hintergründe des Unheils vor Augen zu halten. Diese unübersehbaren Spannungen, wie sie zwischen 6aß und 6b.7.8 bestehen,[1] resultieren offensichtlich daraus, daß die Texteinheit 6,6-8 nicht aus einem Guß ist. Insgesamt ist sie ein 6,1-5 interpretierender Zusatz. In ihrer ersten Fassung (6,6b-8) ging es einem Bearbeiter zunächst nur darum, hier die in 6,1-5 nach seiner Auffassung fehlenden Angaben über die für Jahwe maßgeblichen Gründe des Unheils[2] nachzuholen. Während auf dieser Textstufe

---

[1] Vgl. den auffälligen Wechsel der Rederichtung!

[2] In diesen Versen liegt ein deutlicher Beleg dafür vor, daß eben nicht die "Vorahnung kommenden Unheils...zwangsläufig zur Gegenwartskritik" führt (vgl. W.H.SCHMIDT, Zukunftsgewißheit, S.65); hier ist es gerade nicht der Prophet selber, der "entfaltet", "was das kommende Gericht ... bedeutet" (a.a.O., S.66.) Daß hier, und zwar erst hier, Jahwe eingeführt wird, der "entfaltet", kann nur so erklärt werden, daß ein anderer diesen Punkt auf-

nur die Frage beantwortet werden sollte, warum aus der Sicht Jahwes Jerusalem
überhaupt den Unheilsmächten ausgeliefert werden soll, trägt v.6aß einen
weiteren Aspekt nach: Die hier an die Feindmacht gerichtete Aufforderung
Jahwes stellt sicher, daß diese Feindmächte nicht eigenmächtig, sondern im
Auftrag Jahwes handeln.

Zum Aufbau

6,1 gliedert sich (1.) in eine an eine konkret benannte Gruppierung (Benjaminiten) gerichtete Aufforderung zur Flucht (6,1aα), (2.) eine an konkret
benannte Ortschaften gerichtete Aufforderung zur Vorsicht (6,1aß) und (3.) die
mit *ky* eingeleitete diese Aufforderungen erklärende Begründung (6,1b).Die
jetzige Fortsetzung mit v.2 läßt trotz der nicht geringen textlichen Unklarheiten
immer noch deutlich erkennen, daß hier ein neuer Einsatz vorliegt.[3] Sprach 6,1
von "Jerusalem", so ist jetzt von der "Tochter Zion" die Rede. Dem vorliegenden
Konsonantenbestand kann man noch soviel entnehmen, daß an einen Vergleich
Zions mit einem Weideplatz gedacht ist, möglicherweise in der Frageform "ist
denn..."[4]. 6,3 gestaltet mit dem Verweis auf "Hirten und ihre Herden..." das ein-
geführte Bild weiter aus. Diese Bildrede impliziert die Vorstellung von naher
oder schon eingetretener totaler Verwüstung.[5]

6,4-5 wechselt abrupt die Szene. Deutlich wird jetzt ein kriegerisches
Geschehen vor Augen gestellt: eine nicht näher spezifizierte Mehrheit wird zum
Krieg aufgefordert, bzw. ermutigt sich selbst zum Angriff.

Die jetzige Abfolge 6,1-5 wirkt wie ein Arrangement. Die Ankündigung
imaginären Unheils in v.1, das auf Jerusalem zielt, wird mit der auf die "Tochter
Zion" bezogenen Bildrede weitergeführt: Die nach v.1 noch keineswegs absehbaren Folgen des im Andringen befindlichen Unheils werden mit v.2 als die
Verwüstung der "Tochter Zion" zum Weideplatz für Hirten und Herden charak-
terisiert. Diese Auswirkungen des Unheils führt 6,4f nachträglich auf eine noch

---

greift und Jahwe hier ins Spiel bringt mit dem Ziel, etwas klarzustellen, was
nach seiner Auffassung 6,1-5 impliziert, dort jedoch nicht ausdrücklich
betont ist.

[3] Vgl. LIWAK, Prophet, S.277: "In 6,1ff. sitzt V. 2f. recht locker; es ist nicht
auszuschließen, daß hier ein Einschub vorliegt...".

[4] So RUDOLPH, Jeremia, z.St.; vgl. zu solchen in die Frageform gebrachten
Vergleichen z.B. Jer 2,14.31; (12,9?); 18,14; 22,28; zur Frage, womit Jerusalem
in ihrem Geschick zu vergleichen (*dmh*) ist, vgl. Thr 2,13.

[5] Vgl. Zeph 2,6: verwüstete Städte der Philister werden zu Hirtenfeldern und
Schafhürden; Zeph 2,14:im verwüsteten Ninive werden sich die Herden lagern;
vgl. ferner Jes 17,2; 5,17; 27,10; 32,14; Ez 25,5; vgl. auch die Steigerungen in
Jes 13,20; 34,13; Ez 29,10f.

im Ablauf begriffene kriegerische Belagerungsaktion zurück. Daß alle drei Elemente seit je zusammengehören und hier in einem Guß entstanden sind, ist demnach äußerst fraglich.

Jer 6,1   Exegese

Die an die Benjaminiten gerichtete Aufforderung zur Flucht kommt völlig unvermittelt (6,1aα). Ferner ist unklar, wer diese Aufforderung ausspricht. Dagegen ist die Intention des Sprechers deutlich: Die Angesprochenen sollen Jerusalem verlassen. Zieht man weitere Texte zu Rate, in denen zur Flucht aufgerufen wird, so erhellt der jeweilige Kontext, daß der Ort, aus dem zu flüchten ist, verloren ist. Die Flüchtenden allein haben eine Chance, ihnen wird somit die Möglichkeit zur Rettung zugestanden.[6] Der ursprüngliche "Sitz im Leben" einer solchen Aufforderung zur Flucht[7] dürfte noch in I Sam 15,6 erkennbar sein: Hier befindet sich Saul im Krieg mit den Amalekitern. Bevor er den entscheidenden Angriff führt, bietet er den im Bereich Amaleks weilenden Kenitern freien Abzug an: "Geht und weicht weg von den Amalekitern, daß ich euch nicht mit ihnen aufreibe; denn ihr tatet Barmherzigkeit an allen Israeliten, als sie aus Ägypten zogen". Hier gehört also die Aufforderung zur Flucht in den Zusammenhang kriegerischer Ereignisse.[8] Derjenige, der zur Flucht auffordert, fühlt sich auf Grund eines vorausliegenden Sachverhaltes mit den Aufgeforderten besonders verbunden,[9] so daß er daraufhin die Betreffenden aus dem bevorstehenden, von ihm selbst initiierten Unheilsgeschehen heraushalten will. In I Sam 15,6 und II Sam 2,21ff ist also derjenige, der zur Flucht auffordert, zugleich der, der das Unheilsgeschehen steuert und damit auf einen Gegner zielt, der vernichtet werden soll. Das ist in unserem Text nicht der Fall. Derjenige, der hier zur Flucht aufruft, gibt als Grund lediglich an, daß Unheil droht (6,1b). Die bisherigen Beobachtungen werfen folgende Fragen auf:

1. Darf man trotz des eben festgestellten Unterschiedes zwischen I Sam 15,6 (sowie II Sam 2,12ff) und unserer Stelle davon ausgehen, daß sich der Sprecher hier auf Grund seiner an die Benjaminiten gerichteten Aufforderung wie in den genannten Stellen mit den Angesprochenen, hier also den Benjaminiten, besonders verbunden weiß?

---

[6] Vgl.z.B. Jes 48,20; Jer 48,6; 50,8; 51,6.45 u.ö..
[7] Vgl. dazu R.BACH, Aufforderung.
[8] So auch II Sam 2,21ff; anders Gen 19,12ff; Nu 16,26.
[9] Vgl. so auch II Sam 2,21ff.

2. Darf man ferner annehmen, daß analog zu I Sam 15,6ff in den Augen des Sprechers der zu meidende Ort nicht nur verloren ist, sondern der Sprecher diesem Ort sogar distanziert gegenübersteht?

Die erste Frage wurde verschiedentlich schon angesprochen: RUDOLPH überlegt: "Ist diese Aufforderung Jeremias an seine Landsleute reiner Lokalpatriotismus?". Er meint das verneinen zu müssen und hält die Erwägung für fraglich, "daß er (Jer) das Land für besser hielt als die durch und durch verdorbene Stadt"[10].

DUHM stellt fest: "Warum Jeremia nur die Benjaminiten anredet, ist nicht ganz klar"; er meint, daß Jeremia "seine Landsleute in erster Linie warnen will. Er mochte sie auch für unverdorbener halten, als das Gros der Bevölkerung..."[11].

M.E. hat die in 6,1 erkennbare Sonderstellung der Benjaminiten bisher zu wenig Beachtung gefunden. Wir halten noch einmal fest: An allen Stellen, in denen zur Flucht aus einem Ort aufgefordert wird, dem Unheil, Krieg etc. droht, sollen die Angesprochenen aus der Unheilssphäre herausgehalten werden, also gerettet werden. Es handelt sich immer um eine Gruppierung, auf die das bevorstehende Unheil gar nicht zielt,[12] man könnte auch sagen: die es gar nicht verdient haben. Die somit durch die Aufforderung zur Flucht eingeräumte Sonderstellung kann mit Freundschaft oder Verwandtschaftsverhältnissen begründet sein oder auch in einem besonderen Verhältnis zu Jahwe beruhen.[13]

Demnach darf man davon ausgehen, daß sich der Sprecher in 6,1 durch ein besonders enges Verhältnis zu den hier erwähnten Benjaminiten auszeichnet. Damit eröffnet sich die Möglichkeit, ihn mit der Person Jeremias zu identifizieren; denn es lassen sich im Jeremiabuch noch deutliche Spuren aufzeigen, die eine besondere Verbundenheit Jeremias mit den Benjamiten belegen: In Jer 32 wird Jeremia aufgefordert (von seinem Vetter): "Kaufe meinen Acker in Anatot, der/das im Lande Benjamin liegt" (v.8). Nun ist nicht auszuschließen, daß der Relativsatz ("der/das im Lande Benjamin liegt") nachträglich angefügt worden ist. Aber auch ohne diesen Hinweis sind hier die engen Bindungen Jeremias an Benjamin (Anatot) deutlich vorausgesetzt.

Zu beachten ist ferner, daß die Heilsansage, die den Ackerkauf als vorausweisendes Zeichen charakterisiert, von "diesem Lande" spricht ("Man wird wieder Häuser, Äcker und Weinberge kaufen in diesem Lande"; 32,15). Wegen des auf

---

[10] Jeremia, S. 43; RUDOLPH gelangt zu dieser Auffassung im Blick auf Jer 2; wie wir jedoch oben bereits gezeigt haben (vgl. S.119ff), ist die Herleitung von Jer 2,1 - 4,4 von Jeremia zumindest zweifelhaft.
[11] Jeremia, S.65.
[12] Vgl. z.B. Jes 48,20; Jer 50,8; 51,6.45.
[13] So Jes 52,11; Jer 50,8; 51,6.45.

Benjamin bezogenen Vorgangs erscheint es durchaus erwägenswert, daß die Heilszusage zunächst nur auf das Land Benjamin zielte, das ursprüngliche Jeremiawort also zunächst nur die engere Heimat Jeremias im Auge hatte. Für diese Annahme spricht auch, daß im Nachtragsteil Jer 32,16ff am Schluß des Kapitels die Heilsansage von 32,15 wiederholt und hier erst Jerusalem, Juda etc., auffälligerweise nach der Erwähnung des Landes Benjamin,[14] miteinbezogen werden (v.44).

Wichtig für unsere Fragestellung ist auch die Notiz in Jer 37,12: "da wollte Jeremia aus Jerusalem heraus ins Land Benjamin gehen". Der anschließende Versteil ist etwas unklar. Vielleicht muß man lesen: "um dort eine Erbteilung unter seinen Leuten wahrzunehmen". Diese Andeutung könnte in einem Zusammenhang mit dem in Jer 32 berichteten Ackerkauf stehen. Selbst wenn man auf Grund der Textunsicherheiten damit nicht argumentiert, liegt auch in Jer 37,12 immer noch ein deutlicher Hinweis auf eine besondere Beziehung Jeremias zu Benjamin vor. Festzuhalten ist auch, daß Jeremia nach dieser Darstellung Jerusalem verlassen will, hier also eine gewisse Entsprechung zwischen Jeremias eigenem Verhalten und der in 6,1 vorliegenden Aufforderung zur Flucht aus Jerusalem erkennbar ist.

Eine weitere, das Verhältnis Jeremias zu Benjamin erhellende Spur liegt in Jer 31,15f vor. Hier wird auf die Klage Rahels, der Ahnmutter Benjamins, um ihre Söhne verwiesen. Der Sprecher dieses Verses kann nicht, wie die einleitende Botenformel jetzt sicherstellen soll, Jahwe sein.[15] Aber auch die in v.16 folgende Aufforderung, die Klage einzustellen, die mit einer Heilszusage begründet wird ("denn es gibt einen Lohn deiner Mühe – sie kehren zurück aus Feindesland"), dürfte erst nachträglich zu einem Jahwewort deklariert worden sein.[16] Ohne daß hier auf weitere Einzelheiten eingegangen werden kann,[17] ist klar, daß der Sprecher von 31,15f in besonderer Weise am Geschick der Rahelsöhne interessiert gewesen ist.[18]

Die angeführten Stellen deuten nach allem auf Traditionen, nach denen Jeremia in einem besonders engen Verhältnis zu Benjamin stand. Für 6,1 ist also

---

[14] Vgl. dagegen die Abfolge "Städte Judas, Bezirk Jerusalems, Land Benjamins..." in Jer 17,26; s.a. Jer 33,13.
[15] So auch RUDOLPH, Jeremia, S. 195.
[16] So mit DUHM, Jeremia, S. 249.
[17] Zu Jer 31,15ff vgl. besondes LEVIN, Verheißung, passim.
[18] Ich halte es durchaus für möglich, daß hier aus benjaminitischer Sicht nur an Benjamin gedacht ist und dessen Situation während bzw. kurz nach der Katastrophe pointiert bedacht wird.

zu veranschlagen, daß für Jeremia als den Sprecher der Stellenwert Jerusalems nicht auf der gleichen Ebene liegt wie der der Benjaminiten.[19]

Da 6,1aα jetzt mit dem Aufruf weitergeführt wird, in Thekoa die Posaune ertönen zu lassen etc. (6,1aß), kann man die Frage aufwerfen, ob die in diesem Versteil vorgenommene Erweiterung des Blickfeldes genuine Fortsetzung von 6,1aα ist oder nicht;[20] denn sie ändert nichts daran, daß der Blick des Sprechers in erster Linie auf die Benjaminiten in Jerusalem konzentriert ist. Eine Entscheidung ist schwierig. Die hier erreichte Klarstellung, daß nicht nur Jerusalem Gefahr droht, spielt auch im folgenden keine Rolle (vgl. 6,2ff). Hier steht allein Jerusalem ("Tochter Zion") im Mittelpunkt. Die Begründung (6,1b: "denn Unheil blickt herein von Norden und großer Bruch") für die ergangenen Aufforderungen verweist auf ein umfassendes Katastrophengeschehen. Zu genaueren konkreten Angaben ist der Sprecher offensichtlich nicht in der Lage; die ihm vor Augen stehenden bedrohlichen Entwicklungen sind nicht näher faß- bar und durchschaubar. Während nach Jer 4,6 Jahwe selbst Unheil und großen Bruch herbeiführt (*mbyᵓ*), deutet hier die Formulierung "Unheil... blickt herein (droht = *nšqph*)" daraufhin, daß der Sprecher von der Eigenmächtigkeit des Unheilgeschehens betroffen ist. Das bisher völlig unkonkret bleibende "Unheil" (= *rᶜh*) bahnt sich für den Sprecher aus weiter Ferne an (*mṣpwn*).[21] Das abschließende *wšbr gdwl* charakterisiert die Pauschalbezeichnung *rᶜh* und deutet die zu erwartenden Folgen des aus dem Norden andringenden Unheils an. Diese Wendung begegnet außer in Jer 4,6 noch in Jer 48,3 und 50,22.[22] An diesen Stellen impliziert "großer Bruch" die totale Zerstörung. Möglicherweise steht im Hintergrund dieser Formulierung ein Vergleich des Unheilsgeschehens mit dem Zerschlagen eines Tongefäßes:[23] Wie ein zerschlagenes Tongefäß nicht mehr zu kitten, also völlig wertlos und nutzlos[24] ist, so wirken sich die Folgen des Unheils für Jerusalem aus.

---

[19] Weitere Aspekte zur oben aufgeworfenen Frage nach der Einstellung Jere- mias zu Jerusalem könnten sich ergeben, wenn jene Worte herangezogen werden, in denen das Unheil in der Klage thematisiert wird.

[20] Vgl. DUHM, Jeremia, z.St., der hier an einen "Einsatz" denkt.

[21] Vgl. Jer 6,22 parallel zu *mᵓrṣ ṣpwn* "von den Enden der Erde".- Die Herkunftsbestimmung "von Norden" läßt nicht erkennen, ob hier mythische Vorstellungen mitschwingen.

[22] In Jer 51,54 in der Bedeutung "schwerer Krach" parallel zu "Geschrei"; so mit RUDOLPH; Jeremia, z.St.; vgl. auch Zeph 1,10!

[23] Vgl. Jes 30,14; Jer 19,11; 48,38!

[24] Vgl. auch dieses Bild auf Jojachin bezogen in Jer 22,28.

Zusammenfassung und Folgerung

Die bisherigen Beobachtungen ergeben, daß 6,1 als Aufforderung zur Flucht mit entsprechender Begründung auf einen Sprecher zurückzuführen ist, der sich den erwähnten Benjaminiten besonders verbunden weiß und wünscht, daß sie sich dem für Jerusalem unausweichlich bevorstehenden Unheil rechtzeitig durch Flucht entziehen. Da im Jeremiabuch Spuren zu entdecken sind, die auf eine enge Beziehung Jeremias zu den Benjaminiten deuten, liegt es nahe, die Aufforderung in 6,1 diesem Jeremia zuzuschreiben.

Daß dieses Wort nicht als "echte prophetische Zukunftsschau, die ihren Grund in der göttlichen Offenbarung hat"[25], einzustufen ist, geht schon daraus hervor, daß nirgends ein Bezug zu Jahwe erkennbar ist. Gerade auch der konkrete Aufruf an die Benjaminiten schließt aus, daß hier an eine der Szenen zu denken ist, die z.B. nach WEISER Jeremia "von der feindlichen Invasion entworfen hat"[26] und die als Bestandteil einer für Kapitel 4 – 6 postulierten "Zusammenstellung dichterisch-visionärer Erlebnisse" zu werten wäre.[27] Der Sprecher in 6,1 agiert deutlich im Blick auf gegenwärtige Ereignisse und Wahrnehmungen. Die Aufforderung zur Flucht in der vorliegenden Weise kann hier nicht den Zweck verfolgen, die Auswirkungen künftigen Unheils zu illustrieren; sie ist konkrete Handlungsanweisung in dem Moment, da das Unheil schon andringt, aber noch die Möglichkeit zu bestehen scheint, der Unheilssphäre durch Flucht zu entkommen. Darauf liegt der Akzent.[28]

---

[25] So WEISER, Jeremia, S.37f im Blick auf die in Kapitel 4 und 6 vorliegenden Worte zum Thema "Unheil aus dem Norden".
[26] So Jeremia, S.58.
[27] So WEISER, Jeremia, S. 37; eine solche Zusammenstellung veranschlagt WEISER für die Zeit vor der josianischen Reform, vgl. a.a.O., S.XVf.
[28] Soll das Thema "Flucht" in einem Unheilswort der Ausmalung der angekündigten und somit erst noch eintretende Unheilssituation dienen, so geschieht das in der Regel mit Hinweisen auf Fluchtabsichten oder Fluchtvorgänge (vgl. besonders Jes 10,31; 30, 17; Jer 46,5f; 48,6.44f.); in Jer 49,30 "ist der Rat zur Flucht (30a) ironisch gemeint" (so mit RUDOLPH, Jeremia, S.295).

Jer 6,2

Liest man 6,2 von 6,1 herkommend, so hätte sich die Blickrichtung des Sprechers jetzt überraschenderweise ausschließlich auf Jerusalem (6,2 = "Tochter Zion") umzentriert. Nicht mehr das Geschick der Benjaminiten, sondern allein der Stellenwert Jerusalems, jetzt als "Tochter Zion" angeredet, ist das Problem, das den Sprecher bewegt und wozu er sich äußert, indem er die "Tochter Zion" als einen Weideplatz ansieht.[29] Was hier im Hintergrund steht, erhellt ein Blick auf ähnliche Vergleiche, in denen eine einst positiv besetzte Größe oder Gegebenheit in eine Position gebracht wird, die im völligen Widerspruch zu ihrem ihr einst zuerkannten Stellenwert steht.

So lassen die in Jer 2,14 und 2,31 aufgeworfenen Fragen nach dem Stellenwert Israels (v.14) und Jahwes (v.31) deutlich erkennen, daß die hier hypothetisch vorgenommene Gleichsetzung Israels mit einem Knecht und Jahwes mit einer Wüste absurd erscheint.[30] Derjenige, der so formuliert, zeigt damit an, daß er sich selber (vgl. Jer 2,31 = Jahwe) oder einen ihm wichtigen Sachverhalt in einer Weise abqualifiziert erfahren hat, daß nur solch ein absurder Vergleich den neuen "Stellenwert" charakterisieren kann. Indem der Vergleich daher absurd ausfällt, wird zugleich aufgedeckt, daß die Sachverhalte oder Verhaltensweisen etc., die die Abqualifizierung bewirkt haben, nicht in Ordnung sind. Und das impliziert zugleich: Eine solche im absurden Vergleich aufgeworfene Frage dient der Verteidigung oder Anklage.[31] Für das eine solche Frage aufwerfende Subjekt hat sie die Funktion, auf die Absurdität seines Geschicks aufmerksam zu machen. Neben dieser Form der Selbstverteidigung oder Anklage in der Ich-Rede ist auch belegt, daß eine andere Person gleichsam stellvertretend die Verteidigung oder Anklage übernimmt. In diesem Fall wird über die betreffende Gestalt, die ein als absurd empfundenes Geschick getroffen hat, in

---

[29] Siehe dazu schon oben S.144, Anm.5.
[30] Verwiesen werden kann hier auch auf Jer 8,22 (vgl. dazu unten S.164f!); 18,14; 22,28; Jes 50,2.
[31] Vgl. so z.B. auch Hiob 7,12: "Bin ich denn das Meer oder der Seedrache, daß du mir eine Wache auferlegen mußt?"; hier ist Jahwe die Instanz, die angeklagt wird; Ziel der Anklage ist es, daß Jahwe zurücknimmt, was Hiob in die ihn abqualifizierende Position gebracht hat; vgl. auch Hiob 10,4ff; ferner II Sam 3,33 im Zusammenhang mit der Totenklage Davids über Abners "absurden" Tod.

der dritten Person gesprochen, so in unserem Text über die "Tochter Zion"[32]. Im Blick auf die angeführten Belege ist es daher naheliegend, den ursprünglichen Ort einer solchen vergleichenden Frage in Klagevorgängen zu suchen.[33] Damit ist sichergestellt, daß 6,2 nicht als ursprünglicher Bestandteil einer Unheilsansage gelten kann, mit dem der Zweck verfolgt werden sollte, das angekündigte Unheil bildreich zu illustrieren.

Somit sind für 6,1 und 6,2f zwei voneinander zu unterscheidende Sprechakte zu veranschlagen: 6,1 ist eine Aufforderung zur Flucht angesichts des Unheils, das der Sprecher als sicher bevorstehend erkannt hat. 6,2f blickt auf das Unheil bereits zurück, indem die Absurdität des Geschicks klagend oder gar anklagend vorgeführt wird, das der "Tochter Zion" widerfahren ist.

Wie aber läßt sich dann die jetzige Stellung von 6,2f hinter 6,1 erklären? Man könnte vermuten, daß derjenige, der für die jetzige Aneinanderreihung verantwortlich war, 6,2f, obwohl ursprünglich ein Aussageelement in Klagevorgängen, als Ansage des Geschicks Jerusalems (vgl. besonders v.3) interpretierte. Es ist allerdings auch vorstellbar, daß 6,2f durchaus noch als Element der Klage aufgefaßt wurde und deswegen hier Verwendung fand, weil man in solchen Aussagen die verzagende Reaktion schon auf die prophetische Unheilsansage selbst zu erkennen meinte; die jetzt vorliegenden Abfolge (6,1-3) wäre also das Ergebnis von Bemühungen, Aussageelemente von Unheilsklagen auf die Unheilsansagen zu beziehen.[34]

Abschließend ist besonders im Blick zu behalten, daß wie 6,1 so auch 6,2f nirgends in irgendeinem Bezug zu Jahwe steht. Ebensowenig findet sich auch nur andeutungsweise eine Spur dafür, daß die als "absurd" empfundene Unheilssituation der "Tochter Zion" mit schuldhaftem Verhalten in Verbindung gebracht worden wäre.

Auf eine genauere Analyse der folgenden Verse 6,4f kann hier verzichtet werden, da die wichtigsten Punkte bereits oben angesprochen sind.[35] Im folgenden wenden wir uns einem weiteren Unheilswort zu, in dem ebenfalls das Thema "Unheil aus dem Norden" angesprochen ist.

---

[32] Vgl. David in der Klage über Abner, II Sam 3,33f; siehe ferner Jer 2,14; 22,28.
[33] Zu weiteren Einzelheiten vgl. unten S.164ff.
[34] Vgl. zu diesem Punkt auch unten S.153f.
[35] Vgl. S.144f.

b) Jer 6,22-26

Der vorausgehende Kontext (Jahwerede) handelt recht allgemein von bevorste-
hendem Unheil (v.19), das Jahwe wegen der abweisenden Haltung des Volkes
herbeiführen wird. Angeredet ist zunächst eine kollektive Größe (2.pers. pl. in
v.16.17); in v.18 werden die "Völker" und in v.19 die "Erde" zum Hören
aufgefordert. Dagegen richtet sich 6,22ff an die "Tochter Zion" (v.23). Die
einleitende Botenformel will zwar das folgende als Jahwerede kennzeichnen;
aber aus 6,22f geht selbst nirgends hervor, daß Jahwe der Sprecher ist (vgl.
auch 6,24.26).[36] Damit ist deutlich, daß in 6,22 eine neue Texteinheit einsetzt.
Diese Texteinheit erstreckt sich nicht über v.26 hinaus, da 6,27ff ein völlig
neues Thema anschlägt und hier zudem der Prophet selbst Adressat eines Jahwewortes ist.[37] Im Vergleich zu 6,1 wirkt hier die Aussage (6,22) über das Geschehen "von Norden" (aus dem Lande des Nordens") insgesamt konkreter. Zwar
bleibt mit dem Verweis auf ein großes Volk, das sich vom Norden her im
Aufbruch befindet, zunächst noch offen, wohin und in welcher Absicht dieser
Aufbruch erfolgt, wogegen 6,1 von vornherein Zielrichtung und Charakter des
Geschehens festgelegt sah. Doch schafft gleich anschließend v.23 in diesen
Punkten Klarheit. V.23a charakterisiert das Volk als kriegerisch, unbarmherzig,
zahllos und schnell. Das damit aufgezeigte Moment des Bedrohlichen wird in
v.23b konkret benannt: Das Volk ist zum Krieg gerüstet. Die Lösung der nun
fast unerträglichen Spannung – wem gilt der in kriegerischer Absicht erfolgte
Aufbruch? – kommt ganz am Schluß, indem mit den Worten "wider dich, Tochter
Zion" das Ziel des vor Augen stehenden Geschehens benannt wird.

Eine Handlungsanweisung wie in 6,1 fehlt bisher. Auch im anschließenden v.24
ist sie nicht enthalten. Hier wird plötzlich in einer Wir-Rede das Eingeständnis
völligen Verzagens zitiert. Es spricht also eine kollektive Größe. Wollte man den
Wechsel der Rederichtung (v.22f ist die "Tochter Zion" als bedroht angesprochen
– v.24 spricht ein bedrohtes Kollektiv selbst) damit erklären, daß dieses Zitat
die Reaktion der vom Angriff Bedrohten illustrieren soll, also noch in die
Charakterisierung des vorgestellten Unheilgeschehens hineingehört, um klarzustellen, daß es bei diesem Angriff auf die Tochter Zion keine Chance der
Gegenwehr und Rettung gibt, und daraufhin auch für diesen Vers den gleichen

---

[36] Vgl. auch McKANE, Jeremiah, S.151f, der 6,22f als ein Wort Jeremias
("description by Jeremiah") einstuft.
[37] Vgl. die Anrede 2.pers. singl. masc. in v.27.

Sprecher wie in 6,22f veranschlagen, so wundert man sich darüber, daß dieser nicht die "Tochter Zion" (in der 1.pers. singl.), sondern ein Kollektiv (vgl. 1.pers.pl.) zu Worte kommen läßt.

Ein Blick auf Jer 50,41-43, wo 6,22-24 wörtlich wiedergegeben ist[38] und als auf die Zukunft bezogene Unheilsansage verstanden werden soll, zeigt zudem: Soll das angesagte Unheil in seiner Unausweichlichkeit und Ausweglosigkeit weiter ausgemalt werden, indem darauf verwiesen wird, wie die Bedrohten verzweifelt reagieren werden, so ist auch in diesem Punkt die Form der Ankündigung angebracht.[39] Daß v.24 im Anschluß an 6,22-23 nicht auf die bisher gewählte Form der Ankündigung abgestimmt ist, spricht also dafür, daß dieser Vers nicht aus dem gleichen Sprechakt stammt, aus dem 6,22f herrührt.

Somit ist v.24 - von der Form her Bestandteil einer Volksklage[40] - als Fortsetzung von 6,22-23 nicht ursprünglich. Er ist im Rückgriff auf ein Element der Volksklage erst nachträglich eingeschaltet worden.

Lassen sich die Hintergründe noch aufdecken, die für dieses Verfahren ausschlaggebend gewesen sind? Da die jetzige Textfolge keineswegs so wirkt, als sollte lediglich mit Hilfe von v.24 die an die "Tochter Zion" gerichtete Unheilsansage ergänzt und verstärkt werden, etwa weil der Ergänzer in dem vorgegebenen Wort einen deutlichen Hinweis auf die ausweglose Lage der Adressatin vermißte, dürfte das Hauptinteresse des Ergänzers auch gar nicht in erster Linie auf die Unheilsansage an sich zielen.

Kommt v.24 also in dieser Richtung keine Funktion zu, so bleibt nur die Möglichkeit, daß es dem Ergänzer darum ging, dem Leser der Unheilsansage hier anschließend die Reaktion auf das Prophetenwort vor Augen zu stellen. Zu diesem Zweck wertete er im vorgegebenen Überlieferungsmaterial enthaltene Klageelemente aus.[41] Es ist außerdem damit zu rechnen, daß auf diesem Wege zugleich eine stimmigere Zuordnung von vorgegebener Unheilsansage und vorgegebenen Klagen über Notlagen erreicht werden sollte; und das deswegen, weil in dem ihm vorliegenden "Jeremiabuch" das Auftauchen von Unheilsansagen und Unheilsklagen, wie auch immer beide einander zugeordnet gewesen sein mögen, für ihn nicht "stimmig" erschien.[42]

---

[38] Abgesehen von kleinen Abweichungen in v.41 und der Ausrichtung auf Babel.
[39] Vgl. so z.B. auch Jes 13,7f nach 13,4ff; ferner Ez 7,17; 21,12.
[40] Vgl. Thr 4,17-19, wo die Wir-Klage die innere Verzweiflung und Mutlosigkeit kurz vor der eigentlichen Katastrophe rekapituliert.
[41] Vgl. z.B. auch in 4,31b aus dem Munde der "Tochter Zion".
[42] Zu weiteren Einzelheiten vgl. unten S.169! - In den Augen der exilisch-nachexilischen Generationen konnten Klagen oder Klageelemente (Aufforderung zur Klage etc.), aus welchen Gründen und wie auch immer sie unter den Worten Jeremias auftauchten, nicht mehr in ihrem ursprünglichen Sinn

Für die nachträgliche Verbindung dieses Klageelementes (v.24) mit der vorgegebenen Einheit 6,22f spricht außerdem, daß v.25 offensichtlich wieder an
6,22f anknüpft. Denn von v.23Ende herkommend muß man annehmen, daß sich
die Anrede (2.pers.singl. fem.) und die Handlungsanweisung an die "Tochter Zion"
richten. Auch daß eine solche Handlungsanweisung noch nach der gerade
erfolgten Feststellung völligen Verzagens ergangen wäre, ist bei Annahme des
gleichen Sprechers unwahrscheinlich. In Jes 13,7 und Ez 7,17 z.b. findet der
Hinweis auf die totale Entmutigung konsequenterweise keine solche Fortsetzung.
Man wird also davon auszugehen haben, daß 6,25 ursprünglich direkt auf 6,23
folgte. Die Funktion der Ausage dieses Verses ist deutlich: Angesichts der zuvor
aufgezeigten kriegerischen Entwicklungen und Bedrohung wird hier der "Tochter
Zion" vor Augen geführt, daß jeglicher Versuch, noch selbst militärisch aktiv zu
werden, völlig aussichtslos ist.[43] Alle Auswege sind versperrt; die Erfolglosigkeit
militärischer Initiativen ist gleichsam vorprogrammiert (vgl. besonders v.25b).

Sofern man für 6,1 und 6,22f.25 denselben Sprecher veranschlagen darf, wäre
zu fragen, in welcher Abfolge diese Texte geäußert wurden. Eine klare Entscheidung ist schwierig. Da die Handlungsanweisung in 6,25 nur sinnvoll erscheint,
wenn ihr Sprecher die Stadt selbst immerhin noch als bergendes Refugium ansieht, dürfte in 6,1 ein späteres Wort vorliegen, weil der Sprecher hier nur noch
denjenigen eine Chance zubilligt, dem Verderben zu entgehen, die aus Jerusalem
flüchten. Damit betrachtet er inzwischen Jerusalem selbst als hoffnungslos
verloren. Wie in 6,1 kann der Sprecher von 6,22f.25 nur die Außenseite des

---

verstanden werden, nämlich als Versuche, sich damit in der eingetroffenen
Unheilssituation zu artikulieren. Denn nach späterer Auffassung war ja die
Katastrophengeneration von 587/86 restlos aufgerieben worden (vgl. die
"golaorientierte" Redaktion im Jeremiabuch, dazu POHLMANN, Studien, s.
besonders S.183ff). Es blieb die Möglichkeit, sich das Vorkommen solcher
Texte im jeremianischen Überlieferungsgut so zu erklären, daß sich hier die
Reaktion derer spiegelte, die mit Jeremias Unheilsbotschaft konfrontiert
worden waren.

[43] Gegen DUHM, Jeremia, z.St., ist das k.tib beizubehalten; es handelt sich hier
durchaus nicht um Anweisungen an Einzelne (so das K.re, das schon den
Plural im jetzt vorausgehenden Vers berücksichtigt haben möchte), "die sich
geschäftshalber aus den Festungsmauern herauswagen möchten" (vgl. ähnlich
GIESEBRECHT, Jeremia, z.St.); $yṣ^ɔ$ hat im Zusammenhang kriegerischer Ereignisse die Bedeutung "ausrücken" zum Kampf (vgl. besonders Jdc 9,33.35.
38f.42 u.ö.); und mit $śdh$ sind nicht die zu besorgenden Felder gemeint,
sondern die Gefilde vor der Stadt als Kampfgebiet (vgl. wieder Jdc 9,32.42f;
ferner Jdc 20,31; II Sam 18,6; II Reg 7,12; 10,8; 11,23; Jer 40,7.13; Ez 7,15)
oder generell die offene Kriegszone (vgl. auch Jer 14, 18). Die Parallelwen-
dung $hlk bdrk$ hat dann nicht vor Augen, daß sich jemand auf die Land-
straße begibt (DUHM: "wandert"); sie bedeutet hier "sich auf den Marsch
begeben" (vgl. Gen 42,25; 45,21.23; I Sam 15,20; 21,6), dem Kontext nach: in
kriegerischer Absicht (zu drk in diesem Sinne [Kriegszug, Feldzug] vgl.
G.SAUER, THAT I, Sp.457).

Geschehens ansprechen. Er kennt nur ein gleichsam fatalistisches "Daß" der katastrophalen Entwicklung; über ein Hintergrundwissen scheint er nicht zu verfügen. Jedenfalls enthält dieser Text nirgends auch nur die Spur eines Hinweises auf eine Metaebene, mit deren Hilfe dieses Unheil einzuordnen oder zu gewichten wäre.

Eine Fülle von Fragen wirft die jetzige Weiterführung von 6,22f. 25 mit v.26a[44] auf. Warum erfolgt jetzt ein Wechsel in der Anrede? Während die vorausgehenden Verse auf die "Tochter Zion" ausgerichtet sind, wird plötzlich als Ansprechpartner die "Tochter meines Volkes" genannt. Dazu kommt: Im Blick auf Form und Inhalt muß man v.26a als Aufforderung zur kollektiven Totenklage einstufen. Den ursprünglichen "Sitz im Leben" hat eine solche Aufforderung zweifellos in tatsächlichen Klagesituationen. Zu deren "Begehung" wird hier aufgerufen. Folglich ist nicht auszuschließen, daß in v.26a eine echte Aufforderung zu Klage und Trauerriten vorliegt, die am jetzigen Ort gleichsam zweckentfremdet lediglich die vorausgehende Unheilsansage verstärken soll. Daß das tatsächlich der Fall ist, bestätigt eine Durchsicht all jener Unheilsansagen, in denen das vor Augen gestellte Katastrophengeschehen in seinen Auswirkungen mit Hinweisen auf Klagen und Traueriten illustriert wird. Es ergibt sich, daß hier die Ansageform in der Regel durchgehalten wird.[45] Da 6,26a aus der Ansageform herausfällt, kann dieser Vers nicht im gleichen Sprechakt wie 6,22f.25 formuliert worden sein. Diese Annahme ließe sich nur noch vertreten, wenn man unterstellt, daß der Sprecher von 6,22f.25 anschließend mit v.26a direkt zu Klage und Trauerriten auffordern wollte. Ganz abgesehen davon, daß auch in diesem Fall der bereits erwähnte Anredewechsel auffällig erscheint, stehen dann außerdem die jetzt aufeinander folgenden Handlungsanweisungen, zum einen keine militärische Eigeninitiative zu ergreifen (v.25),[46] zum andern mit den Trauerriten einzusetzen, nicht gerade spannungsfrei nebeneinander. Denn versucht man aus beiden Handlungsanweisungen jeweils auf die vor Augen stehende Situation zu schließen, so gewinnt man den Eindruck, daß für diejenigen, die in v.26a angesprochen sind, bereits alles verloren ist, sich also Warnungen, wie sie in v.25 formuliert sind, völlig erübrigen. Gegen eine solche Annahme kann zusätzlich darauf hingewiesen werden, daß eine direkte Aufforderung, mit Klage und Trauerriten einzusetzen, in prophetischen Unheilsansagen

---

[44] Zu v.26b vgl. unten Anm. 49!

[45] Vgl. Jes 3,24; 3,26; 15,3; 16,6ff; 19,8; 22,13; 29,2; 32,12; Jer 14,2ff; 16,6f; 47,5; 48,37ff; Ez 7,18.27; 24,15ff; 26,16ff; 27,28ff; Am 5,16f; 8,3.10; Mi 2,4.

[46] Vgl. Anm. 43!

äußerst selten[47] begegnet. Normalerweise erfolgen derartige Aufforderungen in Textzusammenhängen, die deutlich erkennen lassen, daß die Angesprochenen auf bereits eingetretene Katastrophen reagieren sollen.[48]

Aus alledem resultiert zum einen, daß v.26a als Aufforderung zur Klage hier im Anschluß an die Unheilsansage sekundär angefügt worden sein muß, zum andern, daß eine solche Verfahrensweise nur einleuchtet, wenn der dafür Verantwortliche hier auf eine solche echte Aufforderung zur Klage zurückgreifen konnte oder wollte, ein entsprechender Text also zur Verfügung stand und es nahelag, ihn zu verwenden. Somit ergibt sich eindeutig, daß v.26 als echte Aufforderung zur Klage ihrem ursprünglichen Kontext entrissen und am jetzigen Ort neu verklammert worden ist. Spuren, die auf einen solchen ursprünglich anderen Kontext verweisen, finden sich noch in der vom Vorausgehenden abweichenden Anrede "Tochter meines Volkes". Diese Anrede spricht dafür, daß ihr Sprecher sich an eine Adresse wendet, die nicht mit der zuvor genannten "Tochter Zion" identisch ist.

Lassen sich noch weitere Hinweise ausmachen, die näheren Aufschluß geben können über den ursprünglichen Kontext einer solchen Aufforderung zur Klage oder sonstiger vergleichbarer Elemente von Klagevorgängen?

Zunächst kann, wie bereits vermerkt, davon ausgegangen werden, daß die Aufforderung zu den genannten Trauerriten im Bereich der Totenklage (bzw. Untergangsklage) ihren Platz hat. Stellen wie Gen 37,34; II Sam 3,31ff; Jes 15,3; Jer 49,3 und Ez 27,31 belegen, daß sich die Aufforderung zu solchen Klagen an diejenigen richtet, die mit dem Tod oder Untergang einer nahestehenden Person oder eines Kollektivs o.ä. konfrontiert sind. Die ausgesprochene Aufforderung setzt den Tod oder Untergang voraus. Das entspricht dem Wesen solcher Klage. Zugleich ist klar, daß nur diejenigen klagen können, die nicht selbst vom Tode betroffen oder im betreffenden Untergangsgeschehen vernichtet sind. Sind die zur Klage Aufgerufenen nicht mit den zu beklagenden identisch, so können sie sich doch mit ihnen identifizieren, wenn der die Klage provozierende Untergang und Verlust sie derart tangiert, daß die eigene Lebenssphäre stark beeinträchtigt ist (vgl. Ez 27,31). D.h.: Die Aufforderung zur Klage anläßlich von Tod oder Untergang richtet sich in 6,26a an Kreise (angesprochen als "Tochter meines Volkes"), die auf ein Untergangsgeschehen zurückblicken müssen, in dem sie

---

[47] Vgl. dagegen Anm. 45! Jes 13,6; 32,11 und Jer 48,18 sind kaum beweiskräftig, weil hier die jeweiligen Kontexte spätere Kompositionen darstellen.

[48] Vgl. Thr 2,18ff; Joel 1,8.13; vgl.auch Jes 22,4; zu Jer 9,16−21 vgl. unten S.172ff.

einen schmerzvollen Verlust erfuhren.[49] Von der neu formulierten Adresse abgesehen deutet also auch sonst in 6,26a alles daraufhin, daß die hier ergehende Aufforderung zur Klage (genauer: Volksklage; vgl. "Tochter meines Volkes"!) eine ganz andere Situation voraussetzt, als man sie für den für 6,22f.25 zu postulierenden Sprechakt annehmen muß, insofern 6,26a auf ein Untergangsgeschehen zurückblickt, während es für den Sprecher von 6,22f.25 noch bevorsteht oder im Ablauf begriffen ist. Aus diesem Sachverhalt resultiert ein weiterer Katalog von Fragen, die geklärt werden müssen, um die zur jetzigen Textfassung von 6,22-26 führenden literarischen Vorgänge sowie die Vorgeschichte der bisher sondierten Texteinheiten aufzuhellen.

1. Ist im Blick auf die unterschiedlichen Ursprungssituationen der Texteinheiten 6,22f.25 und 6,26a sowie 6,24 überhaupt noch davon auszugehen, daß sich in den jetzt zur Abfolge 6,22-26 sekundär verklammerten Aussageelementen jeweils ein und derselbe Sprecher zu Wort gemeldet hat? Gibt es ein diese Ursprungssitu- ationen verbindendes Moment? Geht man von jeremianischer Herkunft aus, wäre zu zeigen, wie Jeremia als der Künder unausweichlichen Unheils auf der einen Seite (6,22f) zu dem Jeremia steht, der auf der anderen Seite zur Klage über das eingetretene Unheil aufruft und damit selbst als Klagender auftritt (6,26).

2. In welchem Verhältnis steht der Sprecher von 6,26 zu den hier zur Klage Aufgeforderten? Da im Jeremiabuch sowohl individuelle[50] wie kollektive Klagen[51] enthalten sind, ist diese Frage auch so zu formulieren: Läßt sich für diese Textformen (Aufforderung zur Klage, individuelle Klage, kollektive Klage) eine ursprüngliche, sie verbindende Systematik aufzeigen? Dann müßte man ihr

---

[49] Vgl. ʾbl yhyd .- 6,26b wäre als Gegenargument gegen diese Sichtweise nur dann stichhaltig, wenn dieser Versteil tatsächlich zum ursprünglichen Textbestand der Klageaufforderung gerechnet werden müßte. Der Verweis auf den künftigen, dann plötzlich auftauchenden "Verwüster" ist jedoch zusatz- verdächtig (vgl. schon DUHM, Jeremia, z.St.: "das Gedicht ist mit v.26a abge- schlossen"; ferner GIESEBRECHT, Jeremia, z.St.). Denn v.26b hat hier die Funktion, abschließend klarzustellen, daß das Geschick Jerusalems in Bälde besiegelt sein wird, was an sich mit 6,22f.25 noch nicht explizit ausgespro- chen war. Daß diese Klarstellung hier nachgetragen wird, kann dann aber nur damit zusammenhängen, auf diese Weise die Aufforderung zur Klage am jetzigen Ort deutlicher als eine Aufforderung zu kennzeichnen, die der Prophet bereits in Kenntnis des Ausgangs und zugleich zur Verschärfung seine Ansage ausrichtete.

[50] Vgl. 4,19-21; 8,18.21-23; 14,17f.

[51] Vgl. z.B. 4,13 [s.dazu Thr 4,19]; 6,24; 8,20; 9,18.20.

derzeitiges Nebeneinander im Jeremiabuch damit erklären, daß die ursprüngliche
Systematik sekundär zerschlagen worden ist, hier also spätere literarische
Intentionen im Spiel waren.

3. Wie erklärt sich, daß nicht nur in den bisher untersuchten Unheilsansagen,
sondern auch in der Klage (6,24) und der Aufforderung zur Klage (6,26a)
nirgends ein Bezug zu Jahwe erkennbar wurde? Für die zuletzt behandelte Stelle
(6,26a) fällt das um so mehr auf, als in Jer 4,8 ebenfalls und weithin in den
Formulierungen parallel zu 6,26a eine Aufforderung zu allgemeiner Trauer und
Klage zu lesen ist, hier allerdings abgeschlossen mit der Begründung "denn
nicht hat sich gewendet der Zorn Jahwes von uns", womit die Ausrichtung des
geforderten Verhaltens auf Jahwe sichergestellt ist.

Versuchen wir zunächst den zuletzt angesprochenen Punkt zu klären, so ergibt
sich: Die engen Berührungen zwischen Jer 4,8 und 6,26a[52] hängen damit
zusammen, daß Jer 4,8 im Blick auf 6,26 neuformuliert wurde. Den in 6,26a
angesprochenen Ritus aus dem Bereich des Totenkultus[53] will der für 4,8
zuständige Verfasser offensichtlich als eine Bußübung vor Jahwe verstanden
wissen, die Jahwes Zorn wenden soll. Auf diesem Wege ist die Einbeziehung
Jahwes möglich. In 6,26 fehlte sie deswegen, weil die hier vorliegende Aufforderung auf eine tatsächliche Totenklage und entsprechende Trauerriten abzielte.
Daraus ist zu schließen, daß der Sprecher von 6,26 also sich und seine Adressaten in einer Situation sieht, in der ein zu Jahwe hingewandtes Reden und
kultisches Handeln nicht mehr möglich erscheint: Es bleibt nur noch die Totenklage.[54]

Auf diesen Sachverhalt ist später noch genauer einzugehen.[55] Wir halten hier
vorerst nur fest, daß die Gegenüberstellung von 6,26 und 4,8 keinen Zweifel
zuläßt, daß die in 4,8 mit Jahwe verknüpfte Aufforderung zur Klage die jüngere
Version ist.

Versteht der Verfasser von 4,8 die ihm vorliegenden Elemente von Klagen und
Trauerriten als Hinweise auf vor Jahwe vollzogene Bußübungen und fordert er
selbst zu solchen Bußübungen auf mit dem Ziel, daß auf diesem Wege Jahwes

---

[52] Die Aufforderung, den *śq* anzulegen, begegnet so im Jeremiabuch nur an
diesen beiden Stellen!

[53] Vgl. Am 8,10.

[54] Zur Aussonderung des Todesbereiches aus dem Zuständigkeitsbereich Jahwes
vgl. z.B. Ps 88,11ff; Ps 115,17f u.ö.; vgl. ferner JAHNOW, Leichenlied, S.55f:
Die "Leichenklage" war "durchaus profan, sie gehört keineswegs etwa der
religiösen Lyrik an".

[55] Vgl. unten S.166f!

Zorn wieder gewendet werden kann,[56] so ist zu prüfen, ob damit zunächst nichts anderes als eine ursprünglich echte Aufforderung zur Bußklage intendiert war, eine Aufforderung, die entsprechend konkrete Bußveranstaltungen vor Augen hatte. In diesem Fall wäre 4,8, obwohl jüngere Version zu 6,26, so einzustufen, daß diese Form der Aufforderung zur Bußklage bereits ebenfalls (vgl. 6,26) vorlag, als die jetzige Textfolge 4,5-8 erstellt wurde. Oder ist v.8 erst ad hoc zum Zweck der Weiterführung von 4,5-7 formuliert worden?

Gegen die letztere Möglichkeit spricht immerhin schon, daß 4,5-6 eindeutig Jahwerede ist (vgl. 6b), 4,8 dagegen nicht. Dazu kommt ferner: Auch v.7 ist schon auf Grund des Anredewechsels (2.pers. singl.fem.) nicht auf die vorausgehenden Verse abgestimmt; also liegt auch hier der Verdacht nahe, daß vorformulierte Aussagen aufgegriffen sind. Da zudem schon in den Versen 5 und 6 vorgegebene Elemente (besonders aus 6,1) verarbeitet sind, deutet alles daraufhin, daß auch v.8 nicht aus der Hand dessen stammt, der die Abfolge 4,5-8 als Einleitungstext zu den folgenden Unheilsworten[57] in kompilierender Weise geschaffen hat.

Aus der jetzigen Verklammerung von v.8 mit dem vorausgehenden Kontext (4,5-7) ist zu entnehmen, daß dieser Vers hier folgende Funktion hat: Gegenüber 6,26 ist in 4,8 der Kreis der Angesprochenen ausgeweitet; mit dem Imperativ der 2. pers.masc. wird die Reihe der Imperative in 4,5f fortgeführt. Es sind also Juda und Jerusalem insgesamt angesprochen. Die in 6,23 und 6,26a erkennbare Differenzierung zwischen "Tochter Zion" und "Tochter meines "Volkes" ist hier eingeebnet.

Insgesamt stellt die weithin parallel zu 6,1f und 6,22-26* formulierte und aufgebaute Texteinheit 4,5-8, die jetzt den Gesamtkomplex zum Thema "Unheil aus dem Norden" eröffnet, eingangs klar, was in den beiden vorgegebenen Worten so merkwürdig offen gelassen schien: Für dieses aus dem Norden drohende Unheil ist nicht nur Jahwe selbst zuständig, auch das Motiv seines Wirkens ist mit dem Hinweis auf seinen Zorn (vgl. 4,8) erfaßt. Ja, die Aufforderung zur Buße resultiert hier zugleich auch daraus, daß die Hintergründe für Jahwes Zorn im bisherigen Verhalten gesehen werden; denn die geforderte Buße soll dieses Verhalten korrigieren.[58] Indem all diese Aspekte zu Beginn und damit betont vorgebracht werden, erscheinen die weiteren Texte zum Thema "Unheil" in einem neuen Licht. Auf die weiteren Einzelheiten ist später noch zurückzukommen. Es genügt vorerst, festzuhalten, daß der Verfasser hier mit der

---

[56] Vgl. ähnlich Joel 1,13ff; 2,13; ferner Jona 3,6ff.
[57] Vgl. dazu oben S.115ff.133.
[58] Vgl. ähnlich Joel 1,13ff; 2,13; Jona 3,6ff.

Abfolge 4,5–8 im Vergleich zu 6,1f und 6,22–26* etwas klarstellen möchte, Hintergründe aufdeckt etc., kurz, die in den vorgegebenen Texten fehlende Metaebene aufzeigen kann, also die in diesen Texten implizit enthaltenen Fragen nach dem Sinn des Unheilsgeschehens und der Unheilsklage zu beantworten sucht.

Für 4,8 sind nach allem zweierlei Funktionen zu veranschlagen. Neben der eben angedeuteten Funktion im jetzigen Kontext interessiert uns die Funktion, die der Aufforderung zur Buße vor Jahwe ursprünglich zukam. Wir hatten gesehen, daß sich diese Aufforderung deutlich auf 6,26a bezieht, zugleich aber eine Uminterpretation vornimmt. Welche genaueren Hintergründe sind dafür zu veranschlagen und in welchem primären oder sekundären Zusammenhang steht eine solche Aufforderung zu den übrigen im Jeremiabuch erhaltenen Textpartien, in denen das Thema Klage bzw. Buße anklingt?

Diese Fragen mögen zunächst offen bleiben. Festzuhalten ist vorerst nur, daß in 4,8 anders als 6,26 ein Bezug zu Jahwe hergestellt ist, hier also echte Klage- und Bußvorgänge vor Jahwe vor Augen stehen, bzw. angemahnt werden. In Jer 14,7–9 und 14,20ff sind möglicherweise Texte erhalten, die in solchen Buß- veranstaltungen vor Jahwe eine Rolle gespielt haben. Damit deutet sich zumindest an, daß auch hier dem Thema Klage bzw. Buße ein wichtiger, wenn nicht eigenständiger (d.h. ohne Bezug zum eigentlichen Unheilswort) Stellenwert zugemessen ist.

Wir kommen auf die oben (unter 1.) aufgeworfenen Fragen zurück: Die in 6,22–26* als sekundär erkannte Verknüpfung von einem Unheilswort mit einer Aufforderung zur Klage und zu Trauerriten[59] nehmen wir zum Anlaß, zu überprüfen, ob im Jeremiabuch weitere Texte mit Elementen der Totenklage etc. ohne originäre Verklammerung mit Unheilsworten nachweisbar sind und somit die Eigenständigkeit von solchen Klagevorgängen deutlicher belegt werden kann. Von den entsprechenden Ergebnissen erst hängt es ab, in welchem Verhältnis die ältesten Unheilsworte (ohne Bezugnahme auf Jahwe und ohne Unheilsbegründung) zu solchen Klagetexten (ohne Ausrichtung auf Jahwe und ohne Schuldeinge- ständnis) stehen. Wir setzen ein mit Jer 8,18–23.

---

[59] Vgl. auch Jer 6,1 und die Fortsetzung mit einem Element der Klage in v.2!

2. Unheilsklagen

a) Jer 8,18-23

Zum Kontext

In 8,18 beginnt deutlich eine neue Texteinheit. Es spricht ein klagendes Individuum, während 8,17 eine Unheilsansage aus Jahwes Mund enthält. Diese individuelle Klage endet in 8,23. 9,1ff "beginnt ähnlich, wie das vorhergehende schliesst, hat aber einen ganz andersartigen Inhalt".[1] Der Anschlußtext Jer 9,1ff will offensichtlich die uneingeschränkte Verdorbenheit des Volkes nachweisen und damit das Unheil bzw. Jahwe als den Unheilbringer rechtfertigen. Mit dem Kehrvers in 9,8 (vgl. 5,9.20) deuten sich Beziehungen zwischen Kap. 9 und 5 an.[2] Ob und wie diese Beziehungen jetzt durch die sicher nachträgliche Einschaltung von Jer 7/8* gestört sind, kann hier nicht geklärt werden.

Eine ähnliche Sichtweise wie in 9,1ff ist auch in den Textpartien erkennbar, die im vorausgehenden Kontext (8,4-13) vorliegen. Der Grundzug dieser Texteinheiten klingt schon in 8,4f an: Von Umkehrbereitschaft kann nirgends die Rede sein (Thema šwb). "An Israel ist nichts Gutes zu finden"[3], stellt Jahwe abschließend fest (v.13).

Die unmittelbar vorausgehende Textfolge 8,14-17 ist keineswegs aus einem Guß. Zunächst ist schon die jetzt abschließende Jahwerede (v.17) zusatzverdächtig; aber auch in v.14 ist zu erkennen, daß die zweite Vershälfte (14b) mit ihren stark theologisierenden Aspekten (vgl. besonders das Sündenbekenntnis) kaum dem gleichen Sprechakt zuzurechnen ist, in den die in v.14a vorliegende Aufforderung zur Flucht in die festen Städte (vgl. 4,5!) gehört. V.15 entspricht 14,19b. Dort ist diese Aussage stimmiger Bestandteil einer an Jahwe gerichteten

---

[1] So DUHM, Jeremia, S.93.
[2] Im Blick auf den dreimal auftauchenden Kehrvers, der darauf zielt, Jahwes Rache an seinem Volk als berechtigt zu erweisen, stellt sich die Frage, warum dieser Punkt in solcher Ausführlichkeit abgehandelt wird. Der Einsatz zu Kap. 5 läßt ebenso wie 9,1ff erkennen, daß es hier darum geht, die Gründe für Jahwes Unheilshandeln hervorzuheben und zu zeigen, daß Jahwe gar nicht anders reagieren konnte. Hier kommen offensichtlich späte Reflexionen aus der Sicht des Exils oder noch späterer Zeit zum Zuge.
[3] So RUDOLPHs Charakterisierung der Aussage in v.13 (vgl. Jeremia, S.63).

Klage. Hier im Anschluß an 14b hat sie die Funktion, auf frühere, nun aber als
verfehlt erwiesene Hoffnungen zu verweisen. Während somit in v.14b.15 die
Unheilssituation theologisch geortet wird, also Hintergrundreflexionen vorliegen,
konzentriert sich die Aussage in v.16 wieder auf die Erscheinungsform des Unheils selbst. Dabei fällt auf, daß dieser Vers auf seinen jetzigen Kontext
schlecht abgestimmt ist. Für das Suffix der 3. pers.masc. singl. ("seine" Rosse
etc.) vermißt man jegliche Möglichkeiten eines Rückbezuges. Somit dürfte v.16
ursprünglich in einem anderen Kontext verankert gewesen sein. Man könnte an
Beziehungen zu 6,23 denken. Hier ist ebenfalls von "seinen" Rossen die Rede.
Möglicherweise läßt sich für 8,14-17 gar kein ursprünglicher Kern rekonstruieren; denn die aufgezeigten Brüche und Spannungen könnten auch damit zusammenhängen, daß die hier vorliegende Abfolge lediglich kompositionell erstellt
worden ist.

Wir müssen es hier vorerst bei diesen Hinweisen und Andeutungen belassen.
Auf die Frage, ob und in welcher Hinsicht 8,14-17 die folgende Einheit 8,18-23
vorbereitet, bzw. wie die jetzige Textanordnung zustande kam, ist nach der
Analyse von 8,18-23 genauer einzugehen.

Jer 8,18-23 Analyse

Die erste Texthälfte von v.18 bereitet wegen Textverderbnis Schwierigkeiten.
Der Rest ist einigermaßen klar: "Kummer auf mir, mein Herz ist völlig krank".
Da der Sprecher im folgenden Aussagen über die "Tochter meines Volkes"
(v.19a.21.22.23) macht, dürfte es sich folglich in v.18 um eine von der "Tochter
meines Volkes" zu unterscheidende Größe handeln, die sich hier äußert.[4] Geht
man davon aus, daß hier ein von Unheil oder Unheilsnachricht bewegtes Individuum klagt, ist zu fragen, an wen zu denken ist. Von vornherein ist es nicht
unmöglich, sich auch Jahwe als Klagenden vorzustellen,[5] zumal v.19b (Ich-Rede
Jahwes) in diese Richtung deuten könnte. Da allerdings die in v.18 benutzte
Redeweise der Klage im Munde Jahwes unvorstellbar erscheint, wird man davon
absehen müssen. Damit fällt zugleich v.19b: Ist die Ich-Rede in v.18.19a keine

---

[4] In Thr 1,22 taucht *lby dwy* im Munde von Jerusalem/Zion auf, in Thr 2,
    11 ähnlich die Klage eines Inidividuums, das auf die körperlichen Auswirkun-
    gen der Trauer um Jerusalem verweist; diese Klage geht anschließend in
    2,18ff über in die Aufforderung an die "Tochter Zion", nun selbst zu klagen.
[5] Vgl. zu Jahwes Klage Jer 9,1ff; 12,7ff; 2,31ff.

Jahwerede, ist v.19b eindeutig späterer Nachtrag.[6] Von der hier störenden Ich-Rede Jahwes abgesehen ist der Nachtragscharakter auch daran erkennbar, daß hier die Betroffenen als Götzenbildverehrer angegriffen werden, hier also überraschenderweise eine Schuldzuweisung erfolgt.[7]

Über die Gründe des in v.18 konstatierten Kummers scheint v.19a mit dem Verweis auf das Hilfegeschrei der "Tochter meines Volkes" zu informieren: "Da, horch! Hilfegeschrei der Tochter meines Volkes weit und breit im Lande[8]" (19aα). Dieses Hilfegeschrei wird konkretisiert mit einem Zitat, das sich von v.19aß (ohne v.19b) bis v.20 erstreckt: "Ist denn Jahwe nicht in Zion, oder ist ihr König nicht in ihr? Die Ernte ist vorüber, der Herbst vorbei, doch uns ist nicht geholfen".

Ein zweites Mal wird der Zustand des klagenden Individuums in v.21 begründet, hier mit dem Verweis auf den "Bruch" der "Tochter meines Volkes". Diese Doppelung der Begründung wäre akzeptabel, wenn die Reihenfolge der Begründungselemente stimmig wäre. Es fällt auf, daß v.19a mit dem Hinweis auf das Hilfegeschrei der "Tochter meines Volkes" das Volk in äußerster Bedrängnis sieht; aber die Katastrophe an sich scheint noch bevorzustehen, da man ja darüber klagt, daß die erwartete Hilfe ausgeblieben ist (v. 20). Dagegen reagiert das "Ich" in v.21 schon auf den "Bruch" der "Tochter meines Volkes" und beweint in v.23 die Erschlagenen. Aber selbst wenn man dieser Interpretation nicht folgen will und v.19a.20 als die enttäuschte Klage des Volkes nach der Katastrophe einstuft, bleiben Diskrepanzen. Denn in 18,18.21-23 spricht der Klagende angesichts des vor Augen stehenden Unheils der "Tochter seines Volkes", indem er sich auf seine eigene Gefühlslage konzentriert. Aus dem Duktus der Ich-Klage intensiven Betroffenseins (v.18.21-23) fällt 8,19a.20

---

6 Diese Entscheidung ist leicht gefällt, und ich sehe keine Argumente, die dazu zwingen, sie in Zweifel zu ziehen. Die Schwierigkeit, vor der man steht, beginnt, wenn man zu erklären sucht, warum und von welchen Voraussetzungen aus hier eine Jahwerede eingetragen werden konnte. Handelt es sich ursprünglich um eine Randglosse? Als Jahwerede wäre eine solche Glosse verständlich, wenn sie als Zitat gedacht wäre, um damit eben zu zeigen, wie Jahwe selber die vorausgehend zitierte Frage (v.19aß) beantwortet hat. Ein wörtliches Zitat läßt sich jedoch nicht nachweisen. Berührungen im Wortgebrauch gibt es mit 7,18f; 32, 29f. Im Blick auf diese Stellen - so müßte man sich dann die Entstehung von 8,19b denken - versucht der Verfasser eine Antwort Jahwes zu formulieren, indem er sich bewußt bleibt, daß Jahwe tatsächlich so nicht gesprochen hat, aber hier so gesprochen haben könnte, weil er sich in anderen Zusammenhängen ähnlich geäußert hat.
7 Vgl. zu 8,19b auch THIEL, Redaktion 1-25, S.135f.
8 Zur Übersetzung vgl. Jes 33,17 (so mit DUHM, WEISER, RUDOLPH u.a.); anders McKANE (Jeremiah z.St.: "from a distant land") mit der Folgerung: "The prophet puts these words (scl. v.19bß.20) into the mouth of the Judaeans whom he envisages as scattered in exile".

insofern heraus, als hier betont gleich eingangs die Gefühlslage und Stimmung der "Tochter meines Volkes" in den Blick gerückt werden, und das so, daß jetzt als Reaktion auf ein Enttäuschungserlebnis (vgl. v. 20b) eine theologische Reflexion im Vordergrund (v.19aß) steht. Ferner ist zu beachten, daß die im Zitat 19aß enthaltene Form der Doppelfrage in v.22 noch einmal auftaucht und hier der Sprecher selbst, aber in völlig anderen Denkkategorien,[9] als das in v.19a. 20 geschieht, die Lage reflektiert. Diese Spannungen deuten daraufhin, daß wir auch in 8,19a.20 einen nachträglichen Einschub vor uns haben. Die so rekonstruierte ursprüngliche Abfolge 8,18.21 findet ihre Bestätigung mit einem Blick auf Jer 14,17;[10] denn auch hier resultiert jeweils die intensive Betroffenheit in der Ich-Klage lediglich aus der Anteilnahme am äußeren Geschick[11] des Volkes.

Nachdem somit 8,19a.20 als Erweiterung von ursprünglichen Elementen einer Individualklage (8,18.21) anzusehen sind,[12] ist zu fragen, wie die Aussagen in v.22 zu beurteilen sind. Dieser Vers führt zwar die bisherige Ich-Rede weiter (vgl. _bt_ _ᶜmy_); es fällt jedoch auf, daß ein neues Thema angeschlagen wird, indem hier die Frage nach der Möglich- bzw. Unmöglichkeit einer Heilung/Rettung aufgeworfen wird. Sprengt dieser Vers damit den Klagezusammenhang, so daß er nicht als genuiner Bestandteil der Klage zu gelten hat?

Hier führt ein Blick auf solche Texte weiter, in denen das gleiche oder ein ähnliches Argumentationsmuster (Doppelfrage mit anschließender Warum-Frage o.ä.) auftaucht. Wie schon zu 6,2f dargelegt, spielt diese Frageform offensichtlich in Klagevorgängen eine wichtige Rolle.[13] Zwar taucht sie auch auf, wenn Rechtsfragen und Rechtsfolgen verhandelt werden.[14] Dann versucht der Sprecher damit jeweils ein mögliches oder tatsächliches Argument, das sein Verhalten oder seinen Stellenwert in Frage stellt, zu entkräften, um zu seinem Recht zu kommen oder um seinen Rechtsstandpunkt darzulegen oder zu verteidigen.[15] Aber gerade in diesem Punkt berühren sich ja Klage und Rechtsstreit; Klage über individuelles oder kollektives Unheil und Anklagerede eines Klagenden liegen dicht beieinander und sind oft, wie besonders im Hiobbuch deutlich, kaum auseinander zu halten. In beiden Fällen resultiert eine solche Redeweise aus einer Situation, die der jeweilige Sprecher als Infragestellung

---

[9] Vgl. dazu unten S.165.
[10] Vgl. ferner Thr 2,11.
[11] Vgl. jeweils _šbr bt ᶜmy_ .
[12] Jer 8,19b ist noch später eingetragen (vgl. o.S.162f).
[13] Vgl. besonders Job 7,12; 10,4; vgl. auch 21,4.
[14] Vgl. z.B. II Sam 19,44; I Reg 1,13; 2,42; Jes 5,4.
[15] Vgl. z.B. I Reg 2,42f.

seiner selbst[16] oder einer ihm nahestehenden Größe erfahren hat. Seine "Ordnung" oder generell die "Ordnung" ist gestört; er drängt mit Anklage oder Klage auf Restitution. Sofern dafür eine Instanz zur Verfügung steht oder ansprechbar ist (König, Jahwe etc.), erhalten Anklage oder Klage eine Richtung. Die in v.22 eingebrachte Frage "Gibt es denn in Gilead keinen Balsam oder gibt es keinen dort, der heilt? Warum erwächst dann nicht die Heilung der Tochter meines Volkes?" verwendet ein Argumentationsmuster, das erkennen läßt, daß der Sprecher über das Ausbleiben der Heilung/Rettung erstaunt und bestürzt ist: So es doch erwiesenermaßen in der Welt Heilmittel und Heilmöglichkeiten gibt, ist es nicht zu fassen, daß die Heilung des Volkes ausbleibt. Der "Bruch" und die Unmöglichkeit oder das Ausbleiben der Heilung widerspricht der "Ordnung" der Welt. Indem dieser Widerspruch aufgedeckt wird, klingt die Frage wie ein Vorwurf, der aus der Klage über die verzweifelte Situation (8,18.21) herausdringt. Weil es absurd ist, anzunehmen, daß es in Gilead keine Heilmittel gibt, ist die Tatsache, daß die Heilung ausbleibt, absurd. Der Klagende wirft also aus der Klage und aus der die Klage bewirkenden Unheilssituation heraus seinen Blick auf die Ordnung der Welt, und stellt fest, daß in diesem Falle diese Ordnung nicht funktioniert (8,22). Indem so die Absurdität seiner Situation vor Augen steht, drängt er mit seiner Argumentation auf Aufhebung dieser Absurdität, versucht sie einzuklagen.

Aber er scheint für diesen Versuch keine zuständige Instanz zu haben, an die er sich wenden kann. Jahwe wird hier ja nicht angesprochen. Das erscheint um so verwunderlicher, als sich zahlreiche Belege dafür finden, daß man die Bitte um Heilung direkt an Jahwe richten kann[17] und entsprechend Jahwe auch als der Heilende, der Arzt bekannt ist.[18] Ebensowenig also wie das gegenwärtige Unheil in diesem Text[19] auf Jahwe selbst zurückgeführt wird oder in irgendeinem Zusammenhang mit Jahwe gesehen ist, wird hier an Jahwe appelliert, in diesem Unheil heilend einzugreifen.[20] Daß es auch anders geht, zeigt ein Blick auf Jer 14,17-19: Hier klagt zunächst[21] ebenfalls ein Individuum über den "Bruch" der "Tochter meines Volkes". In v.19 schließt sich dann wie in unserem Text die "Warum"-Frage an. Hier spricht allerdings nicht mehr das Individuum von v.17f, sondern ein Kollektiv.[22] Diese "Warum"-Frage ist anders als in 8,22b

---

[16] Vgl. I Reg 1,13.
[17] Vgl. Nu 12,13; Ps 6,3; 60,4 u.ö..
[18] Vgl. Jes 33,6; Ex 15,26; Hos 6,3 u.ö..
[19] Vgl. schon Jer 6,1; 6,22-26*.
[20] Vgl. dagegen Hos 6,1ff.
[21] V.17aß-18a; 18b ist Zusatz!
[22] Wahrscheinlich "Juda"; vgl. v.19a.

auf Jahwe ausgerichtet. Die Klagenden wissen hier also, vor wem überhaupt zu klagen sinnvoll ist; und sie setzen Jahwe als den voraus, der für ihr Geschick verantwortlich zeichnet ("Warum hast du uns geschlagen?"). Die mit der Doppelfrage $h - {}^{\jmath}m$ eingeleitete "Warum?" - Frage klingt vorwurfsvoll[23] und hat anders als 8,22 Appellcharakter; Jahwe wird hier auf seine engen Beziehungen zu Juda und Zion angesprochen: Sind diese engen Beziehungen nicht aufgehoben, dann steht dazu im Widerspruch, daß Jahwe schlägt, aber anschliessend keine Heilung erfolgt.

Wir können auf die Erörterung weiterer Einzelheiten verzichten. Deutlich dürfte sein, daß sich Jer 14,19 im Vergleich zu 8,18.21-23 wie eine verbesserte Neuauflage zu 8,18.21-23 liest, also 8,18.21-23 in diesem Vers richtig gestellt und weitergeschrieben wird. Das eingetretene Unheil kann hier auf Jahwe zurückgeführt werden, und in ihm wird zugleich die Instanz erkannt, an den sich die Klage richten kann, um "Heilung" anzumahnen.[24]

Wenn dagegen in Jer 8,22 dieses Element der Klage, ganz auf der Linie von 8,18.21, ohne Adresse und somit orientierungslos bleibt, so gibt es dazu als Parallele nur die alttestamentliche Totenklage.

Für die alttestamentliche Totenklage ist charakteristisch, daß sie ohne Adresse nur noch das eigene Leid, den Kummer über den Tod einer nahestehenden Größe, in Worte fassen kann, daß sie nur noch einmal erinnern kann, und daß sie da, wo ein Todesgeschick völlig uneinsichtig ist, diese Uneinsichtigkeit ausdrückt und auf das verweist, was den Tod nicht hätte zulassen dürfen. Im Blick auf die entsprechenden Elemente der Klage[25] in Jer 8,18.21.22.23 führt das zu der Schlußfolgerung, daß hier insgesamt die analog zur Totenklage vollzogene Untergangsklage eines Individuums vorliegt, in der die Toten seines Volkes beklagt werden und mit der der erste Versuch unternommen wird, die eigene Fassungslosigkeit angesichts der Katastrophe aussagbar zu machen: Es gibt keine Adresse, es gibt keine Heilung; es bleibt nur der Protest gegen die

---

[23] Sie berührt sich deutlich mit Jer 8,19aß.
[24] Die anschließenden Verse (14,20 Sündenbekenntnis; v.22 Bekenntnis zu Jahwe) setzen die Wir-Rede fort; insgesamt klingt 14, 19-22 wie eine exilische Volksklage (vgl. so THIEL, Redaktion 1-25, S.192f), die ihren Ort in realen Klageveranstaltungen gehabt haben dürfte. Zur Frage, welche Hintergründe dafür eine Rolle gespielt haben, daß solche exilische Volksklagen (vgl. auch 14,7-9) im jetzigen Jeremiabuch verklammert sind, vgl. unten S.190f.
[25] Daß v.22 keinesfalls als Drohwort oder Bestandteil einer Unheilsansage gelten kann, bestätigt Jer 46,11, wo der Hinweis auf die Heilmittel Gileads darauf hinausläuft, daß sich die Anwendung von Heilmitteln als vergeblich herausstellen wird! Hier wird also die Form der Unheilsansage durchgehalten.- Ein späterer Reflex zu Jer 8,22 liegt möglicherweise in Jer 30,17 und 33,6 vor, wo die in 8,22 konstatierte Unheilbarkeit mit dem Verweis auf Jahwes Heilen ($rp^{\jmath}$) zurückgewiesen wird, bzw. als zeitlich begrenzt erklärt wird.

Störung der Ordnung (vgl. v.22), nur das Leid um die Toten.[26] Gerade ein Blick auf II Sam 3,31-34, Davids Totenklage um Abner, zeigt, daß Jer 8,22 analog zu Aussagelementen in der Totenklage fungiert. Die Klage Davids artikuliert sich ähnlich der in Jer 8,22 benutzten Frageform. Auch hier läuft der darin enthaltene Vorwurf darauf hinaus, daß die Ordnung gestört ist, der Tod Abners nicht mit der Ordnung der Welt zusammenpaßt.

Welchen "Sitz im Leben" muß man für einen solchen Text veranschlagen? Da in vergleichbaren Textmaterialien wie z.B. Thr 1,18b-22 der Verweis auf den eigenen Kummer etc. darauf zielt, daß andere aufmerksam werden (vgl. v.18), bzw. daß sich Tröster einfinden (vgl. v.21)[27] oder der Kreis der Trauernden sich erweitert,[28] liegt die Annahme zwingend nahe, daß der in Jer 8,18.21.22.23 vorliegenden individuellen "Totenklage" die Funktion zukommt, an Dritte zu appellieren: Ein klagendes Individuum artikuliert auf diese Weise einen beklagenswerten Sachverhalt, ein katastrophales Unheilsgeschick und drängt darauf, mitzuklagen. Die Wendung an weitere Adressaten ist ja auch deutlich in der Frage in v.23 ("Wer gibt...?") zu erkennen.[29]

Fazit: Jer 8,18-23 erweist sich nach Ausscheidung der als sekundär erkannten Elemente (v.19b; v.19a.20) als Totenklage eines Individuums anläßlich eines totalen Unheilsgeschehens, die zu gleich darauf angelegt ist, den Klagevorgang auszuweiten, also zu einer allgemeinen Klageveranstaltung drängt. Damit ist schon angedeutet, daß der "Sitz im Leben" solcher Klage in einem Zusammenhang mit allgemeinen Untergangs/Totenklagen stehen muß. Genauer: Im Blick auf den Initiativcharakter der Klage wird man annehmen müssen, daß sie entweder die Veranstaltung der allgemeinen Totenklage eröffnete oder sogar als erste Aufforderung überhaupt zur Durchführung einer solchen Veranstaltung fungierte.

Wie wir oben gesehen haben,[30] begegnet in 6,26 - jetzt sekundär mit 6,22-25 verknüpft - auch die allgemeine, direkte Aufforderung zur kollektiven "Totenklage". In welchem Verhältnis steht sie zu der für 8,18.21-23 erhobenen individuellen "Eröffnungsklage"? Wir halten diesen Frage hier vorerst nur fest und kommen später darauf zurück. Zuvor ist noch nach den genaueren Hinter-

---

[26] V.23; vgl. ähnlich II Sam 1,19ff; Jes 22,2b-4; Ez 24,15ff.
[27] Zu verweisen ist hier auch auf Job 2,11-13; 16,1 (hier wird das Mißlingen solchen Tröstens erwähnt); Jer 31,15; in II Sam 1,26 folgt auf das Weinen des klagenden Individuums die Aufforderung zum Weinen; vgl. auch Job 30,25ff (Der Klagende steht auf in der Gemeinde und schreit.).
[28] Vgl. so Gen 37,29-35; II Sam 3,31ff; 19,1f.
[29] Zur Aufforderung an ein Kollektiv, zu klagen, die ein Individuum nach der eigenen Klage ausspricht, vgl. auch Thr 2,18ff.
[30] Vgl. S.155ff.

gründen zu fragen, die für die in v.19a.20 vorgenommene Erweiterung zu veranschlagen sind.

Für den Eintrag ist im Auge zu behalten, daß mit sw^ch (v.19a) durchweg das an Jahwe gerichtete Hilfegeschrei gemeint ist;[31] dem Hinweis auf dieses Gesuch um Hilfe folgt in der Regel dann die Feststellung, daß Jahwe eingegriffen und geholfen hat oder auch nicht.[32] Entsprechend wird hier mit dem Zitat "geholfen wurde uns nicht" (v.20b) konstatiert, daß das Hilfegeschrei zu Jahwe erfolglos geblieben ist. Vor Augen steht hier das Hilfegeschrei als Volksklage.[33] Die Doppelfrage in v.19aß gibt dann den Inhalt dieser Volksklage wieder.[34]

Ist demnach v.19a.20 als ein Hinweis darauf zu verstehen, daß die "Tochter meines Volkes" sich weit und breit im Hilfegeschrei an Jahwe wendet, dieser Hinwendung zu Jahwe jedoch trotz des dringlichen Appells bisher kein Erfolg beschieden war, so soll offensichtlich sichergestellt werden, daß die Individualklage in 8,18-23 gerade diesen Aspekt aufgreift und berücksichtigt.

Aus dem Rahmen der ursprünglichen auf die eigene Gefühlslage konzentrierten individuellen Klage fällt diese Erweiterung insofern heraus, als der Klagende hier jetzt nicht mehr nur die beklagenswerte äußere Situation (vgl. v.21-23), sondern sofort die Gefühlslage der zu Beklagenden im Blick hat, ja, sein Leid hier geradezu mitverursacht erscheint durch die erfolglos den Stellenwert Jahwes reflektierende Fragehaltung der "Tochter seines Volkes"[35].

Der für die Erweiterung Verantwortliche legt also Wert darauf, daß der Klagende von der erfolglosen Volksklage weiß und darauf mit seiner Klage reagiert.

In welcher Absicht wurde dieser Punkt zusätzlich aufgenommen? Soll man sich den Vorgang so erklären, daß mit dieser Erweiterung eine vorgegebene, ursprünglich individuelle Totenklage (8,18.21-23) einem neuen Verwendungszweck zugeführt werden sollte? Oder ist hier damit zu rechnen, daß der Eintrag mit literarischen Intentionen zusammenhängt, weil auf diesem Wege ein vorgegebener Text besser auf die Aussagetendenzen des jetzigen Makrokontextes auszurichten und abzustimmen war?

Zieht man die erste Möglichkeit in Betracht, so müßte man annehmen, daß der Verwendungszweck darin gesehen wurde, im Falle erfolgloser Kollektivklagen vor Jahwe nun in solcher Individualklage diesen Punkt anzusprechen und sich damit

---

[31] Vgl. besonders Ps 18,7.42; 34,16; 39,13; 40,2; 145,19; Thr 3,56 u.ö..
[32] Vgl. Ps 18,42!
[33] Vgl. v.19a "Tochter meines Volkes" und v.20b 1.pers. pl..
[34] Vgl. so auch Jer 14,8f und 14,19, wo ein ähnliches Argumentationsmuster wie in 8,19aß erkennbar ist.
[35] Vgl.oben S.163f.

das Anliegen der Kollektivklage zu eigen zu machen, weil dem Volk selbst ja alle weitere Klage vor Jahwe versperrt ist. Solche Individualklage wäre im Gesamtzusammenhang einer Volksklagesituation also die letzte Möglichkeit, noch einmal einen Zugang zu Jahwe zu suchen. M.E. spricht gegen diese Konstruktion schon, daß nicht einzusehen ist, warum dann gerade die hier vorgegebene individuelle Totenklage als Basistext gewählt und entsprechend erweitert wurde. Denn für den oben hypothetisch angenommenen Fall wäre zu erwarten, daß solche Klage jetzt deutlicher, als das für 8,18-23 zutrifft und wegen der Textvorgaben auch gar nicht anders sein kann, auf Jahwe ausgerichtet Zugang zu Jahwe sucht. Der Grund für die Erweiterung ist demnach kaum der Versuch, auf dem Wege solcher Textproduktion neue Artikulierungsmöglichkeiten für ganz bestimmte reale Vorgänge zu schaffen.

Daher ist eher damit zu rechnen, daß die Ausgestaltung der von uns rekonstruierten "Totenklage" 8,18.21-23 zur jetzt vorliegenden Fassung mit Bemühungen zusammenhängt, solche vorgegebenen Texte auf literarischer Ebene neu zu interpretieren, sei es, um sie so besser auf eine neue herangetragene Sichtweise abzustimmen und zu vereinnahmen, sei es, weil solche Texte an sich als Problem empfunden wurden und zu Mißverständnissen Anlaß geben konnten.

Um die entsprechenden Hintergründe zu erkennen, ist zunächst zu beachten, daß 8,18-23 weiterhin als Individualklage verstanden werden soll. Ziel der Ergänzung kann folglich nur gewesen sein, daß in der überlieferten Individualklage auch das Thema der erfolglosen Volksklage als Klagepunkt auftaucht. Wird damit an überlieferten Texten ein neuer Akzent angebracht, so bedeutet das zugleich, daß das bisherige Bild desjenigen, unter dessen Namen das Überlieferungsgut umläuft, modifiziert wird: Der in 8,18.21-23 klagende Jeremia klagt jetzt nicht mehr nur über die Unheilssituation und deren Auswirkungen; er ist jetzt zugleich der, dessen Klage die verzweifelte geistige Situation des Volkes vor Jahwe mitanspricht.

M.E. spielt hier das gleiche Anliegen eine Rolle, das für die Komposition der jetzt in 14,17 - 15,1(2) vorliegenden Textfolge[36] ausschlaggebend gewesen sein dürfte. Hier liegt wie in 14,7-9[37] in weiten Teilen eine an Jahwe gerichtete kollektive Bußklage vor;[38] andererseits setzt jetzt die Einheit in v.17aß mit Elementen der individuellen Klage ein.[39] Auf diese Weise soll offensichtlich Jeremia als der Sprecher der an Jahwe appellierenden Bußklage gekennzeichnet

---

[36] Nach THIEL, Redaktion 1-25, S.193, verdankt die "große Liturgie... ihre gegenwärtige Gestalt der Redaktion" (= deuteronomistische Redaktion).
[37] Vgl. auch schon 10,23-25.
[38] Vgl. besonders v.19-22.
[39] Vgl. auch Jer 13,17.

werden. Dem korrespondiert, daß in 15,1 dem Propheten und nicht dem Volk in einem Jahwewort die Aussichtslosigkeit jeder Klage[40] vor Jahwe eingeschärft wird. Dieses Fürbitteverbot stellt sich ohne Frage einen Jeremia vor, der sich in dieser Richtung vor Jahwe einzusetzen versucht.[41] Ähnlich verwehrt Jahwe in 14,11 Jeremia jegliche Fürbitte, obwohl[42] zuvor (14,7–9) ein Kollektiv zu klagen scheint.

Fragt man nach den Gründen,[43] aus denen die für den jetzigen Textzusammenhang (Jer 14,17 – 15,1(2) zuständige Redaktion diese Sichtweise hier einträgt, so drängen die kompositionelle Verfahrensweise und ihr Ergebnis[44] zu dem Schluß, daß damit in erster Linie den Klageäußerungen, wie sie im vorgegebenen "jeremianischen" Traditionsgut enthalten waren, Rechnung getragen werden sollte. Diese Texte konnten aus späterer Sicht deswegen als Problem empfunden werden, weil man sie als vor der Katastrophe geäußerte Klagen auffaßte und daraufhin vor schwierigen Fragen stand. Z.B: Warum waren diese Klagen erfolglos geblieben? Problematisch in diesem Sinne waren besonders jene Texte, in denen ein Individuum klagt, weil damit ja belegt zu sein schien, daß sich der Prophet Jeremia für sein Volk eingesetzt hatte. Aber auch die Existenz kollektiver Klagen mußte merkwürdig berühren, da sie deutlich darauf hinzuweisen schienen, daß sich das Volk zuletzt doch noch bekehrt hatte.

Wie die Fürbittenverbote erkennen lassen, beantwortete man sich die Frage nach dem Stellenwert jeremianischer Klagen so, daß Jahwes Entscheidung zum Unheil längst endgültig gefallen war und daher auch das fürbittende Wirken des Propheten nicht mehr akzeptiert werden konnte.

Wahrscheinlich beziehen sich die Fürbittenverbote am jetzigen Ort auch auf einige Klageelemente und Schuldeingeständnisse, die als Äußerungen aus Jeremias Mund aufgefaßt wurden,[45] die von der Formgebung her jedoch als Kollektivaussagen einzustufen sind.

Diesem Interpretationsstadium, in dem für das vorliegende Überlieferungsmaterial durchweg, also auch für die darin enthaltenen Kollektivklagen, jeremianische Herkunft veranschlagt wurde, geht möglicherweise noch ein Bearbeitungsstadium voraus, das die Kollektivaussagen sachlich zutreffend als Äußerungen des Volkes einstuft.

---

[40] Der Verweis auf Mose und Samuel denkt an die fürbittende Klage; vgl. hier auch THIEL, Redaktion 1–25, S. 189f.
[41] Vgl. auch Jer 42,2.
[42] Vgl. auch 11,14, möglicherweise hier im Rückblick auf 10,23–25 und 9,16–21.
[43] Für THIEL (a.a.O., S.193) "bleiben Fragen offen".
[44] Vgl. THIEL a.a.O., S.193.
[45] Vgl. Jer 14,19–22; 14,7–9; 10,23–25.

Denn wenn in 14,10.12 und 11,11 betont wird, daß Jahwe die Bemühungen des Volkes zurückweist, so doch deswegen, weil den vorgegebenen Texten Hinweise auf solche Bemühungen entnommen wurden.[46] Jedenfalls fällt auf, daß in 11,11 und 14,10.12 Jahwe sich dem Volk verweigert und jeweils im gleichen Kontext (vgl. 11,14 und 14,11) dann auch noch der Prophet zurückgewiesen wird.

Wir müssen hier die Entscheidung offen lassen, ob auf Grund dieser Beobachtungen unterschiedliche literarische Bearbeitungsstufen anzusetzen sind oder ob hier auf ein und derselben Reflexionsebene gleichsam kombiniert dem Sachverhalt Rechnung getragen wird, daß das vorgegebene Überlieferungsgut Klagetexte und Schuldeingeständnisse enthielt, die den Vorstellungen Späterer vom durchweg uneinsichtigen Verhalten der Katastrophengeneration widersprachen. Die eben vorgetragenen Erwägungen sprechen jedenfalls dafür, daß die in 8,19a.20 erkannte Erweiterung eine vorgegebene Individualklage deutlicher als fürbittende Klage Jeremias charakterisieren soll, die er stellvertretend für das Volk aussprach.

Die im vorgegebenen Überlieferungsmaterial fest verankerten Elemente individueller und kollektiver Klage konnten aus späterer Sicht, sobald man sie als vor der Katastrophe ergangene Äußerungen verstand, nur noch als Hinweise darauf gedeutet werden, daß das Volk, weil restlos verdorben, sich umsonst an Jahwe gewendet hatte, bzw. daß der Prophet zwar sein Amt als Fürbitter wahrzunehmen versucht hatte, jedoch Jahwe nicht mehr umzustimmen vermochte.[47]

Wir hatten oben die Frage offen gelassen, ob und in welcher Hinsicht 8,14-17 die Einheit 8,18-23 vorbereitet. Die vorstehenden Erwägungen sprechen m.E. dafür, daß dieses Kompositgebilde auf der Ebene der gleichen Bearbeitungsstufe erstellt worden ist, auf der die Erweiterung in 8,19a.20 vorgenommen wurde. Das Anliegen des Kompositors ist am ehesten in 8,14b.15.17 erkennbar. Die in v.14 klageähnlich einsetzende Wir-Rede, in der die Sprecher die eigene Verlorenheit anerkennen (14a) und dafür Jahwes Wirken veranschlagen (14,b), endet mit einer Art Erkenntnisaussage: "weil wir gegen Jahwe gesündigt haben". Die gleiche Aussage über die Erkenntnis eigener Schuld gegenüber Jahwe taucht in

---

[46] Vgl. besonders Jer 14,7-9.
[47] Die damit angedeutete Problemlage, die es zu bewältigen galt, berührt sich möglicherweise mit der, die das Jesajabuch mit Hilfe der Verstockungstheorie zu lösen versucht. War im Blick auf die Klageelemente im jeremianischen Überlieferungsgut, die anscheinend die Fürbitte des Propheten für sein Volk belegten, das Problem zu lösen, welchen Stellenwert solche Fürbitten "Jeremias" haben konnten, da die Unheilsentscheidung Jahwes längst gefallen war, so stellte sich für "Jesaja" im Blick auf seine prophetische Tätigkeit die Frage ähnlich, nämlich, welchem Zweck sein Wirken noch dienen sollte, wenn doch Jahwes Entscheidung gar nicht mehr anders ausfallen konnte, sein Wirken also gar nicht die Umkehr des Volkes zum Ziel haben durfte (Jes 6,10).

14,7 und in 14,20 in einer an Jahwe gerichteten Bußklage auf, in der Jahwes hilfreiche Zuwendung erbeten wird. Das Eingeständnis eigener Schuld hat hier eine Funktion in der Klage vor Jahwe; es dient als Beichte zur Verstärkung des Appellcharakters der Klage. Für diese Bußklagen[48] ist also charakteristisch, daß darin die Unheilsituation selbst wie auch die das Unheil bewirkende eigene Schuld die Appellation an Jahwe provoziert. In 8,14 dagegen dient die Erkenntnis eigener Schuld jetzt situationsfremd nur dazu, als letztes Glied einer theologisierenden Argumentationskette die merkwürdige, weil perspektivlose Aufforderung zur Flucht in die festen Städte (8,14) zu begründen.

Ähnlich wie 8,19a.20 als Erweiterung zu 8,18.21-23 die Außenseite des in der Klage vor Augen stehenden Unheilsgeschehens mit Hinweisen auf die innere Gefühlslage der Betroffenen ergänzt[49], interessiert also auch den für 8,14-17 zuständigen Kompositor mehr als die äußeren Umstände die innere Einstellung der Flüchtenden. Indem er sie im Rückgriff auf 14,19.20, nur in umgekehrter Reihenfolge der Aussageelemente, lediglich konstatieren läßt, daß ihr Untergang theologisch einleuchtend und zwingend ist, versucht er hier in Fortsetzung der vorausgehenden Texteinheiten sicherzustellen, daß das Volk selber jetzt in der letzten Stunde die Möglichkeit der Umkehr bzw. der Hinwendung und des Appells an Jahwe nicht mehr gegeben sah. So verstanden dürfte 8,14-17 darauf angelegt sein, jetzt auf 8,18-23, nun als stellvertretende Fürbitte Jeremias für das Volk eingestuft, vorzubereiten, und damit zugleich vorzubereiten, daß solcher Fürbitte von Jahwe nicht nach gegeben werden kann.

b) Jer 9,16-21

Ein weiterer Text zum Thema "Unheil in der Klage" liegt in Jer 9,16-21 vor. Zum Kontext:

Der vorausgehende Abschnitt ist offensichtlich von der Absicht gekennzeichnet, hervorzuheben und nachzuweisen, daß das gesamte Volk nichts von Jahwe wissen wollte (vgl. 9,2.5) und daß dementsprechend Jahwe gar nicht anders konnte, als dieses Volk zu bestrafen (vgl. 9,8). Die Begründung der in v.9 erwähnten Klageaufforderung[50] deutet die Auswirkungen der Strafe an (v.9aß.b). Von solchen Auswirkungen ist in v.10 noch einmal die Rede; hier betreffen sie

---

[48] Vgl. außer Jer 14,7ff; 14,19ff auch Jdc 10,10; 10,15; I Sam 7,6; 12,10; I Reg 8,47; Dan 9,4ff; Neh 1,6; Thr 5,16; Ps 106,6.
[49] Zu Einzelheiten vgl. die Ausführungen auf S.206.
[50] So mit Lxx; v.9 kann keinesfalls eine Selbstaussage Jahwes darstellen (so die M-Lesart in der Verklammerung dieses Verses im jetzigen Kontext).

Jerusalem und die Städte Judas. Da v.9 diese Auswirkungen umfassender schildert, liegt der Verdacht nahe, daß hier ein nachträglicher Einschub vorliegt, um von vornherein sicherzustellen, daß die in v.10 vor Augen gestellte Strafe Jahwes weit über Jerusalem und die Städte Judas hinausgreift. 9,11ff wird noch einmal spezifiziert: Die Schuld des Volkes ist jetzt Abfall von Jahwes Tora, Ungehorsam sowie Hinwendung zu den Baalen. Die zuvor erwähnte Verwüstung Jerusalems etc. (vgl. v.9f) wird erweitert zur Ansage der Zerstreuung unter die Völker und der völligen Vernichtung (v.15).

Im Anschluß an die uns interessierenden Klagen 9,16-21 klingt mit v.22 ein völlig neues Thema an: Die wahre Weisheit ist Erkenntnis Jahwes (v.23). 9,24 weitet den Blick auf die Völkerwelt, die Jahwe nun auch in sein Heimsuchungs- und Strafwirken einbezieht, weil sie dem Hause Israel gleichzusetzen ist (v.25). Dieser auf die Völkerwelt ausgeweitete Blick wird im Folgenden durchgehalten, indem anschließend (10,1-11) deren Götterverehrung thematisiert und daraufhin (10,12-16) betont wird, daß allein Jahwe als Gott zu gelten hat. Der gesamte Abschnitt 10,1-16 ist auf einen komplizierten Wachstumsprozeß zurückzuführen. Die jüngsten Textelemente in diesem insgesamt sicher nicht sehr alten Stück sind die in der Lxx (noch) nicht enthaltenen Verse 6-7.10 und der aramäische v.11. Auch 10,12-16 (Dublette zu Jer 51,15-19) gehört wahrscheinlich nicht zu den ältesten Bestandteilen. 10,19ff berühren sich wieder mit dem Thema "Klage".

Dieser Textüberblick ergibt, daß die jetzt zwischen 9,16-21 und 10,19ff (bzw. 10,17ff) vorliegende Textabfolge, deren sukzessivesWachstum wir hier nicht im Einzelnen verfolgen können, einen möglicherweise vorgegebenen Zusammenhang auseinanderreißt, der überwiegend Elemente der Klage enthielt. Die Motive, die für die Einschaltung dieses Komplexes auschlaggebend gewesen sein müssen, sind vielschichtig. Unübersehbar ist die Ausweitung des Verschuldungsvorwurfs auf die gesamte Völkerwelt und die Einbeziehung aller Völker in das Gerichts- wirken Jahwes. Dieser Aspekt spielt noch einmal in Kap. 10 Ende eine Rolle, indem hier (v.24f) der Zorn Jahwes über die Völker heraufbeschworen wird. Die in 10,19f vorliegenden Äußerungen berühren sich, wie bereits erwähnt, mit den Klagen in 9,16-21 (vgl. besonders v.18). Sie sind als Elemente einer Kollek- tivklage erkennbar, die auf eine Katastrophe zurückblickt. Die Aussagen werden im Folgenden bis zu dem Punkt weitergeführt, daß Jahwes Zorn als berechtigt anerkannt wird (10,24). Aber dann, so die abschließende Forderung, muß Jahwes Zorn auch den Völkern gelten, die Jahwe nicht kennen und sich an seinem Volk vergangen haben (10,25). Die gleiche Systematik liegt auch in Ps 79 vor, wo das feindselige Verhalten der Völker Bestandteil der Volksklage ist und als Möglichkeit der Appellation an Jahwe wahrgenommen wird. Daß das Thema

"Jahwe und die Völker" in der Volksklage verhandelt wird, deutet auf eine
Ausweitung des ursprünglichen Problemhorizontes, vor dem man zunächst nach
dem eingetretenen Unheil stand. Erst in einem gewissen zeitlichen und inneren
Abstand zum eigentlichen Unheilsgeschehen dürften sich die Fragen aufgedrängt
haben, die nun zu Reflexionen über den Stellenwert anderer Völker und
entsprechenden Appellen an Jahwe führten.

Ein Versuch, die Genese der jetzigen Textfolge Jer 9/10 im einzelnen
aufzuhellen, ist hier nicht möglich. Immerhin sind für eine zutreffende Einschätzung der in diesen Kapiteln enthaltenen Klagepartien folgende Beobachtungen
und Überlegungen wichtig:

Es ist davon auszugehen, daß jene Aussageelemente der Klage als die ältesten
anzusehen sind, in denen zunächst lediglich die Betroffenheit über erfahrenes
Unheil zur Klage drängt. Daß in einer wie auch immer erstellten Texteinheit
über den Stellenwert der Völker, ihre Götterverehrung etc. nachträglich solche
alten Klageelemente aufgenommen wurden, ist deswegen so gut wie ausgeschlossen, weil ja in diesem Fall gegen das eigentliche Anliegen eine Einengung des
Blickfeldes wieder nur auf das Geschick Zions[51] erfolgt wäre. Diese Überlegung
führt zugleich zu dem Schluß, daß diese älteren Texte nicht einfach aus späterer
Sicht als Mittel zum Zweck benutzt wurden, um in Anknüpfung und Weiterführung lediglich ein gewachsenes Problembewußtsein und den neuesten Stand der
theologischen Reflexion literarisch zu dokumentieren. Die Art und Weise, wie
solche Texte ausgebaut und weitergeführt vorliegen, spricht vielmehr dafür, daß
so, zunächst jedenfalls, um dieser Texte selbst willen verfahren wurde, daß man
also diese Texte deswegen für wichtig hielt und deswegen an ihnen festhielt,
weil sie als Klagetexte mit ihrem ursprünglichen Anliegen und in ihrer ursprüngliche Funktion trotz neuer Fragestellungen weiterhin eine Aufgabe erfüllen
sollten. Die für Jer 9/10 zu veranschlagende Textentwicklung dürfte also damit
eingesetzt haben, daß ältere Klagetexte, für die jeweils entsprechende Klagevor-
gänge zu veranschlagen sind, sukzessive aktualisiert und dem jeweils neuen
theologischen Reflexionsstand angepaßt wurden. Das ist zumindest deutlich im
Blick auf die Abfolge 10,19-24.

Solche älteren Texte müssen ihre Funktion in Veranstaltungen oder "Begehun-
gen" gehabt haben, wie auch immer man sich solche Vorgänge im Einzelnen
vorstellen mag. Bestimmt man die sogegenannte Volksklagefeier als eine solche
Veranstaltung, so wäre herauszuarbeiten, zu welchem Zeitpunkt, in welcher

---

[51] Vgl. Jer 9,18ff; 10,19f.

Häufigkeit, an welchem Ort, in welcher Abfolge solche Veranstaltungen stattfanden. Da solche Feiern im Lauf der Zeit aktualisiert worden sind, also Veränderungen im Blick auf ihren Ablauf wie auch hinsichtlich der verwendeten Texte zu veranschlagen sind, steht man vor einer schwierigen Aufgabe. Nur die Texte selbst können zu all den angesprochenen Punkten die gesuchten Informationen liefern; nur ihre Überlieferungsgeschichte, sofern sie an Hand beobachtbarer Textentwicklungen nachgezeichnet werden kann, erlaubt einen Blick und Rückschlüsse auf die Vorgänge und aktuellen Situationen, für die diese Texte jeweils wichtig gewesen sein müssen.

Welche Informationen ergeben sich nun, wenn wir uns auf die eben ausgegrenzte Texteinheit Jer 9,16-21 konzentrieren?

Jer 9,16-21   Exegese

Der vorliegende Text hat offensichtlich mehrfache Erweiterungen erfahren. V.16 ist wegen der jetzt darin enthaltenen Doppelungen so nicht ursprünglich. Auf Einzelheiten brauchen wir hier nicht einzugehen. Die Aussagen laufen in der Fortsetzung mit v.17 auf eine Aufforderung an Dritte (3.pers.pl.f.) hinaus, sich zur Klage einzufinden und *nhy* (=Klage; in v. 19b parallel zu *qynh*) zu erheben. V.18, eingeleitet mit *ky*, scheint jetzt die Begründung dafür zu liefern ("Denn es gibt Klagegeschrei vom Zion: 'Wie sind wir zuschanden geworden'."). Möglich ist auch, v.18 nicht als Begründung, sondern als Illustration bzw. Hintergrundinformation zu v.17b aufzufassen. Dabei ist nicht auszuschließen, daß v.18 erst zusätzlich eingearbeitet worden ist[52]; denn v.19 setzt wiederum (vgl. v.18) mit *ky* ein; außerdem scheint v.19 mit v.16/17 eng verbunden zu sein. Zumindest werden die dortigen Aufforderungen diesmal direkt an die zuvor erwähnten Klageweiber gerichtet[53]. Daß v.19b durch v.19a als Jahwewort charakterisiert ist[54] und dementsprechend alles Folgende als Jahwerede wirkt, kann nur mit nachträglichen Eingriffen zusammenhängen[55]. Der hier zuständige Ergänzer meint offensichtlich davon ausgehen zu müssen, daß es Jahwe selber gewesen ist, der hier zur Klage etc. aufgefordert hatte. Das spricht dafür, daß sich hier schon die Vorstellung durchgesetzt hatte, nach der der Prophet alle Worte, die von ihm hergeleitet werden können, im Auftrag

---

[52] Das muß nicht bedeuten, daß in v.18 kein altes Wort vorliegt.
[53] Vgl. *nšym* und die Imperative 2. pers.pl.f..
[54] Vgl. auch schon v.16a.
[55] Vgl. so auch DUHM, Jeremia, z.St..

Jahwes, bzw. als Jahweworte gesprochen hat. Mit der entsprechenden Kennzeich-
nung als prophetisch vermitteltes Jahwewort bekommen die vorgegebenen
Aufforderungen etc. eine völlig andere Aussagerichtung, als damit ursprünglich
intendiert war. Denn als Jahwewort verstanden hat der Gesamttext jetzt in
erster Linie die Funktion der Situationserhellung: Jahwe hat nach Auffassung
des Ergänzers auf diese Weise durch den Propheten dem Volk drastisch verdeutlicht, in welch auswegloser Situation man sich im Blick auf das bevorstehende
Unheil befindet.

Dagegen zielen die konkreten Aufforderungen und die Klageelemente in diesem
Abschnitt für sich genommen auf nichts anderes als auf die Ausrichtung der
Klage selbst. Anliegen dieser Aussagen ist nicht, eine Situation zu erhellen,
sondern eine Situation zu bewältigen.

V.19 enthielt ursprünglich lediglich eine Aufforderung an die "professionellen"
Klageweiber (im Anschluß an v.16/17*), aufzumerken. Der Sprecher will sie also
auf sein besonderes Anliegen verweisen: Sie sollen, so die Weiterführung (19b),
Klage und Totenklage lehren. Es geht also darum, den Kreis der Klagesach-
verständigen zu vergrößern. Vor Augen steht also nicht die Normalsituation von
Tod und Todesfall, sondern, wie v.20 verdeutlicht,ein umfassendes Geschehen,
dementsprechend umfassend zu reagieren ist. Inhalt der Klage ist dann in jedem
Fall v.21[56]: "Gefallen sind die Menschenleiber aufs Feld, wie Ähren hinter dem
Schnitter, und keiner sammelt auf". Möglicherweise ist auch v.20 nicht nur
Begründung für die Aufforderung, den Kreis der Klagenden zu erweitern,
sondern selbst schon Bestandteil der Klage: Das unfaßbare, unheimliche
Eindringen des Todes wird hier mit dem Bild des Diebes umschrieben. Wahrscheinlich hat das Bild Seuchen oder Hungersnot vor Augen; an direkte
kriegerische Einwirkungen dürfte hier weniger gedacht sein. Dafür spricht, daß
gerade die Kinder von diesem Tod betroffen sind[57]. V.21 betont das Widersin-
nige des Unheilgeschehnisses in einem Vergleich: Wenn man das massenhafte
Hinsinken der Menschen mit dem Absicheln der Halme auf dem Ährenfeld
vergleicht, so tritt der Widersinn solchen Massensterbens darin zu Tage, daß
anders als die Ähren, die ja nur zu dem Zweck fallen müssen, damit sie
eingesammelt werden können, die Menschen gefallen sind, um als Dung für das
Feld zu dienen. So sinnlos wie das Absicheln der Halme, wenn sie nicht

---

[56] Zu Textfragen vgl. die Kommentare!
[57] Zu ᶜwll und bḥwrym parallel vgl. Jer 6,11; hier ist Jahwe selbst (mit
    seinem Zorn) im Spiel, während in 9,20 die unheimliche Eigenmacht des
    Todes vorgeführt ist!

eingesammelt werden, so sinnlos erscheint das, was geschehen ist[58].

Wir können nach allem festhalten: Jer 9,16-21* enthält eine Aufforderung zur Klage, gerichtet an ein Kollektiv von Klageweibern. Die Klage, um die es gehen soll, fällt aus dem normalen Rahmen einer Totenklage heraus; denn das zur Klage aufrufende Individuum muß über diese Totenklage belehren, und diese Belehrung soll weitergegeben werden; der normale Kreis der Klagenden muß erweitert werden.

Im Blick auf die oben aufgeworfene Frage nach einem möglichen Zusammenhang zwischen den im Jeremiabuch auftauchenden individuellen Klageäußerungen[59] und Elementen der Kollektivklage[60] ergibt die Analyse von 9,16-21, daß hier deutlich ein Individuum aus der Betroffenheit über ein eingetretenes umfassendes Unheil heraus zur Klage auffordert, sie gleichsam zu "organisieren" sucht. Wir haben hier also nicht nur wie in 8,18.21-23 die mit dem Verweis auf die eigene Betroffenheit implizit begründete Aufforderung zur Beteiligung am Klagegeschehen. Diese liegt hier auch explizit vor[61].

Dann ist die oben aufgeworfene Frage, ob ein Zusammenhang zwischen den Elementen der Individualklage und der Kollektivklage besteht, so zu beantworten: Beide Gattungen sind insofern eng aufeinander bezogen und dem gleichen situativen Kontext zuzuordnen, als die Individualklage implizit und explizit die Kollektivklage provoziert, bzw. umgekehrt die Kollektivklage die Individualklage als initiatorisches Moment voraussetzt.

Wir stellen vorerst weitere Überlegungen über das hinter unserem Text stehende Individuum zurück und sichern die bisherigen Einsichten, daß in 9,16-21* Vorgänge vor Augen stehen, die sich eng mit dem Bereich der normalen Totenklage berühren. Ein Blick auf II Sam 1,18ff und 3,31ff läßt frappierende Übereinstimmungen erkennen: In II Sam 1,18 ist David das Individuum, das, nachdem es die Todesnachricht erhalten hat und entsprechend mit Klagen reagiert hat (vgl. II Sam 1,11f), nun dazu auffordert, das von ihm angestimmte Klagelied über den Untergang der Sauliden das ganze Volk zu lehren. Anschlies-

---

[58] In Jer 7,33 begegnet diese Aussage leicht variiert als Unheilsankündigung (vgl. auch Dtn 28,26; s.a. Jer 16,4; 25,33).
[59] Vgl. Jer 8,18.21.22.23; s.a. 14,17.
[60] Vgl. Jer 4,31; 6,24; 8,19; 9,18.20.21; 10,19-20[?]; 31,15.
[61] Vgl. auch Jer 6,26!

send wird der Text dieses Liedes mitgeteilt. Ähnlich ist David in II Sam 3,31
derjenige, der dafür Sorge trägt, daß die Totentrauer über Abner vom Volk aufgenommen wird.

Genauso wie hier die Organisation von Trauer und Klage anläßlich eines
außerordentlichen Todes stattfindet, – ein Individuum setzt nach Erhalt einer
Todesnachricht mit der Klage ein und sorgt durch ein entsprechendes Auftreten
dafür, daß sich weitere Kreise zur Trauer bereit finden und in die Klage
einstimmen, also auch bestimmte Texte mitsprechen – wird also in 9,16-21* im
Blick auf die Unheilssituation analog die Organisation der kollektiven Klage und
Trauer vorgenommen. Die Bewältigung oder Begehung der hier vor Augen
stehenden unheilvollen Situation erfolgt im Rückgriff auf das vorgegebene
Muster der Totentrauer[62]. Die Berührungen und Übereinstimmungen gehen noch
weiter: Ebensowenig wie in der Totentrauer wird in den bisher berücksichtigten
Texten ein Bezug zu Jahwe erkennbar. Für die Totentrauer wird allgemein
vorausgesetzt, daß sie wie der Bereich des Todes selbst nicht mehr zu jener
Sphäre gehört, für die Jahwe zuständig ist[63]. So liegt der Schluß nahe, daß in
den uns interessierenden Klagen und Klageelementen (individuelle und kollektive
Klagen) der Bezug auf Jahwe deswegen fehlt, weil es hier Phänomene zu

---

[62] Vgl. hierzu auch HARDMEIER, der betont, "daß es zu den gemeinaltorien-
talischen Sitten gehört hat, Zerstörung und Untergang eines Tempels, einer
Stadt bzw. einer Volksgemeinschaft, die mit dem Fall einer Hauptstadt (zB
Babylon) und der Zerstörung ihres Tempels ausgelöscht war, in vergleichbarer
Weise zu betrauern wie einen einzelnen Toten" (Texttheorie, S.325). HARD-
MEIER postuliert im Blick auf die von ihm angeführten altorientalischen
Textbeispiele (zu Einzelheiten vgl. a.a.O., S.325ff) "ein altorientalisches
Zeremoniell der Untergangstrauer...", "in welch vermittelter Form auch immer
dieses der Totentrauer verwandte Zeremoniell in den einzelnen Texten bezeugt ist" (a.a.O., S.329); vgl. auch den Hinweis (a.a.O., S.154, Anm.1), "daß
die Klageformen der sogenannten Untergangs- oder Zerstörungsklage anläßlich der Zerstörung von Städten oder Ländern, dh von politischen Einheiten weitgehend identisch sind mit den zeremoniellen Klageformen der
individuellen Totenklage". Ferner: "Die beiden Arten von Trauerliedern
(Leichenlied und Untergangslied) unterscheiden sich hauptsächlich in ihrem
zentralen Gegenstand: der Trauer um eine verstorbene Person im Leichenlied
steht die Trauer um die Vernichtung (Untergang, Zerstörung etc.) einer
politischen Größe gegenüber" (a.a.O., S.336; vgl. dort auch die Hinweise auf
die gemeinsamen Merkmale!).– Daß die "beiden Gattungen, Totenklage und
Untergangsklage,... nahe miteinander verwandt" sind, hatte schon GERSTEN-
BERGER (Der klagende Mensch, S.67) hervorgehoben, allerdings mit Verweis
auf die "Untergangslieder" in Thr 1; 2; 4. Wir meinen jedoch, daß man
zwischen solchen für die Ohren Jahwes bestimmten Untergangsliedern und
nicht adressierten Untergangsliedern unterscheiden muß (vgl. dazu unten!).
Daraus folgt, daß GERSTENBERGERs Vermutung, daß "nach Analogie der
Untergangsklage" "auch die Totenklage von Jahwe gehört werden sollte"
(a.a.O., S.67), so nicht stichhaltig ist.
[63] Vgl. schon oben S.158 und S.166f!

bewältigen galt, für die man analog zum Phänomen "Tod" keine Möglichkeit mehr sah, sie mit Jahwe in Verbindung zu bringen und entsprechend an Jahwe klagend zu appellieren. In der Notlage, das erfahrene Unheil und die gegenwärtige Unheilssituation bewältigen und verarbeiten zu müssen, sah man sich offensichtlich außerstande, vom bisher geltenden Kompetenzbereich Jahwes auszugehen und in diesem Rahmen kultisch zu reagieren[64]. In den Klageliedern Thr 1 und 2 liegt der Fall offensichtlich schon anders. Man kann HARDMEIER durchaus zustimmen: "Gegenüber der elementaren Untergangstrauer angesichts einer Zerstörungskatastrophe und darin integrierten reinen Untergangsliedern..., die sich analog zur Leichenklage wohl auf die klagende Feststellung der Vernichtung mehr oder weniger beschränkt haben dürften, liegt in den Threni... bereits kultische Verarbeitung der Untergangstrauer vor"[65]. "Diese Unter-

---

[64] Gegen GERSTENBERGER (Der Klagende Mensch), der pauschal behauptet: "Alle Klage Israels sucht, ausgesprochen oder unausgesprochen, den Gott, der sich mit Israel eingelassen...hat... Alle Klage Israels hofft auf einen Druchbruch... setzt gegen allen Augenschein auf die Hilfe Jahwes" (a.a.O., S.72).
[65] So HARDMEIER, Texttheorie, S.333.- Wenn HARDMEIER abschließend hervorhebt, "daß wir in den Threni einen eindeutigen Beleg dafür haben, daß zumindest im Südreich das Zeremoniell der Untergangstrauer nicht unbekannt gewesen sein kann und wie die Totentrauer zu den vertrauten Verhaltensmustern im Katastrophenfall gehört haben muß" (a.a.O., S.333), so bliebe noch klarzustellen, seit wann und woraufhin ein solches "Zeremoniell" der Untergangstrauer überhaupt entwickelt werden mußte. In diesem Punkt erscheinen HARDMEIERs Ausführungen inkonsequent und unklar. Auf der einen Seite bezieht sich HARDMEIER in seinen Darlegungen "Zur Untergangstrauer im Zeugnis altorientalischer Texte" (a.a.O., S.325) auf Texte, die wie die beiden "Klagen um die Zerstörung von Ur 2006 vChr" (a.a.O., S.326) "einen eindeutigen Reflex auf diese Kriegskatastrophe" (ebd.) oder wie die Klagerufe Marduks aus der vierten Tafel des Era-Epos "die Trauerreaktion auf die Eroberung der Stadt" darstellen (a.a.O., S.329). Für drei der insgesamt fünf altorientalischen Textzeugnisse (In den beiden übrigen Textbeispielen ist die Sachlage komplizierter.) von Untergangsklagen überhaupt ist also zu veranschlagen, daß solche Untergangsklage jeweils erst im Rückblick auf eine umfassende Katastrophe vorstellbar ist, bzw. erst eine totale Katastrophe solche Untergangsklage provoziert. Wie kann dann auf der anderen Seite in Juda "das Zeremoniell der Untergangstrauer... zu den vertrauten Verhaltensmustern im Katastrophenfall gehört haben" (a.a.O., S.333), wenn mit dieser Formulierung gemeint ist, daß eben schon vor Eintritt solcher Katastrophe klar war, wie schließlich darauf zu reagieren war. Während HARDMEIER formuliert: "Das Zeremoniell der Untergangstrauer mit seinen verschiedenen rituellen Elementen (Trauerbräuche, Untergangslieder, Traueraufrufe und Klagerufe) kann somit auch für das alte Israel als bekannt und vertraut vorausgesetzt werden. Es bildet den Verstehenshorizont für die Trauermetaphorik der judäischen Propheten des 8. Jh.s..." (a.a.O., S.342), meinen wir dagegen im Blick auf den Textbefund im Jeremiabuch davon ausgehen zu müssen, daß in Juda das "Zeremoniell der Untergangstrauer" etc. erst entwickelt werden konnte oder mußte, nachdem eine umfassende Katastrophe eingetreten war. Das gilt u.E. auch für das Nordreich. Selbst wenn man hier ein solches "Zeremoniell" "als bekannt und vertraut" ver-

gangsklagen stellen bereits eine gottesdienstliche Verarbeitung des elementaren Zerstörungsleides dar. Man wird darum unterscheiden müssen einerseits zwischen der elementaren, nicht adressierten Untergangstrauer... angesichts der manifesten Zerstörung und als unmittelbare Leidpräsentation ohne Bezug auf Gott und andererseits der kultischen Begehung einer Zerstörungskatastrophe, in der das Untergangsklagelied mit seinem Gebetscharakter zum Tragen kommt. Das Untergangsklagelied blickt in der Trauerschilderung bereits auf die Untergangstrauer zurück, während das Untergangslied als Trauerlied zusammen mit dem Vollzug anderer Trauerriten unmittelbarer und elementarer Ausdruck dieser Trauer ist"[66].

Das Ausweichen auf die profane Totenklage bzw. auf die sich an der Totenklage orientierende Untergangsklage ebenso wie auch die Übernahme der entsprechenden Veranstaltungen etc. läßt die totale Krise erkennen, in die die bisherigen Glaubensüberzeugungen angesichts der Katastrophe geraten waren, bzw. läßt erkennen, wie total die Katastrophe empfunden worden sein muß, wenn in diesem Zusammenhang nicht mehr von Jahwe die Rede sein konnte.

Daß in den sondierten Texten Jahwe nirgends in den Blick rückt, ist kein Sonderfall, der auf das Jeremiabuch begrenzt ist. Hier ist daran zu erinnern, daß auch in den unbestritten zur ältesten Schicht im Ezechielbuch zählenden Texten wie Ez 19[67] Jahwe bei dem Versuch ausgeklammert erscheint, das vor Augen stehende Unheilsgeschehen zu fassen[68]. Abschließend drängt sich natürlich die Frage auf, ob eine Näherstimmung jenes hinter den Klageelementen stehenden Individuums möglich ist, jenes Individuums, das angesichts des Unheilsgeschehens nur noch die Möglichkeit sah, analog zur Totenklage zu reagieren.

---

anschlagen wollte, so wäre dabei davon auszugehen, daß sich ein solches"Zeremoniell" erst als "Reflex" auf die Zerstörung Samarias im Nachherein herausbildete, weil im bis dahin geltenden religiösen System (Ordnungsmodell mit Jahwe) für ein solches "Metasystem" (ohne Jahwe) zuvor gar kein Platz war und keine Denknotwendigkeit bestand, solange es nicht von außen als aufgebrochen und widerlegt erfahren wurde. Man kann auch nicht so argumentieren, daß man in Juda vor der Katastrophe von 587/6 im Blick auf das Geschick des Nordreiches nun gewußt und reflektiert habe, wie man im Fall der totalen Katastrophe zu reagieren habe. Denn da mit den Ereignissen von 722 im Nordreich ja das eigene bisher tragende religiöse System in Jerusalem keineswegs in Frage gestellt war, konnte dergleichen gar nicht ins Blickfeld rücken. Erst wenn auch hier das eigene System von außen gesprengt war, also der systemimmanent ausgeschlossene Fall einer Erledigung des Systems eingetreten war, bestand Veranlassung und Notwendigkeit, sich auf ein dem bisherigen System völlig absurd erscheinendes "etsi deus non daretur" einzustellen.

[66] So HARDMEIER, Texttheorie, S.345.
[67] Ebenfalls Klage; vgl. *qynh* 19,1.14!
[68] Ob und wie hier auch Am 5,1f; 5,16 (8,3?) zu berücksichtigen ist, kann hier nicht geklärt werden.

IV. ZUSAMMENFASSUNG: ERGEBNISSE UND FOLGERUNGEN

Will man sich auf der Suche nach dem ältesten jeremianischen Spruchgut nicht von den jetzt im Jeremiabuch enthaltenen späteren Vorstellungen über Jeremias Wirken abhängig machen, Vorstellungen, wie sie erst im Verlauf der Aus- und Umgestaltung vorgegebener Jeremiatraditionen ausschlaggebend wurden,[1] so steht man vor der schwierigen Frage nach sonstigen Anhaltspunkten, die zuverlässig Aufschluß über Alter und zeitliche Abfolge der Worte Jeremias geben können, ja, mit deren Hilfe zunächst überhaupt sicherzustellen ist, für welche Textmaterialien die Herleitung von Jeremia veranschlagt werden kann. Wir meinten solche Anhaltspunkte dem vorliegenden Spruchgut selbst in der Weise abgewinnen zu können, daß durch eine vergleichende Gegenüberstellung von thematisch verwandten Einzeltexten eindeutige Rückschlüsse auf das zeitliche oder sachliche Neben- bzw. Nacheinander solcher Einzeltexte gelingen.

Eine Möglichkeit dazu bietet der im Jeremiabuch merkwürdige Sachverhalt, daß hier Unheilsansagen und Unheilsklagen einmal ohne Verweis auf Jahwes Mitwirken auftauchen sowie ohne Schuldaufweis von Unheil die Rede ist, zum andern aber mit Schuldaufweis begründetes Unheil in den Blick gerückt wird und hier Jahwe zugleich als dessen Urheber fungiert. Besonders interessant sind darunter die Texte, die vom "Unheil aus dem Norden" handeln. Die vergleichende Gegenüberstellung[2] führt zu der These, daß hier die Unheilsansagen, die weder als Jahwerede formuliert sind noch einen Bezug zu Jahwe überhaupt erkennen lassen noch irgendeine Spur eines Schuldaufweises enthalten, das älteste Überlieferungsgut darstellen.

Unheilsansagen
In Jer 6,1 und 6,22f(25) wird bevorstehendes oder gegenwärtig schon im Ablauf begriffenes Unheil in einer Weise hervorgehoben, daß lediglich die Außenseite des Geschehens erkennbar wird. Der jeweils zuständige Sprecher konfrontiert die Adressaten seines Wortes mit Hinweisen auf einen bedrohlichen Geschehenszu-

---

[1] Vgl. oben S.124ff.
[2] Vgl. dazu S.132ff.

sammenhang, der im Ergebnis eine unausweichliche Katastrophe für Jerusalem (6,1), bzw. die "Tochter Zion" (6,23) impliziert, ohne irgendwelche Hintergründe aufzudecken.

Verzichtet der Sprecher in 6,1 auf konkrete Informationen über die als $r^c h$ und $\check{s}br$ $gdwl$ charakterisierten Abläufe (vgl. S.148), so kann man fragen, ob das daran liegt, daß für ihn die bedrohlichen Entwicklungen noch gar nicht konkret und manifest sind, er also nur vage und pauschal lediglich auf die in seinen Augen unausweichlich andringende Unheilssphäre hinweisen kann. Die andere Möglichkeit ist, daß er durchaus einen konkreten Geschehensablauf (vgl. 6,22f) einer sich abzeichnenden militärischen Katastrophe (Belagerung Jerusalems) im Blick hat, diesen Geschehensablauf aber gerade durch die Formulierungen in 6,1 als einen unheimlichen, unaufhaltsamen, eben nicht durchschaubaren, Vorgang charakterisiert. In jedem Fall formuliert der Sprecher hier aus einer gleichsam fatalistischen Sichtweise heraus: Das, was da passiert, ist ein eigenmächtig abrollendes, auf Jerusalem zielstrebig zusteuerndes Unheilsgeschehen, ohne daß dieser Zielstrebigkeit ein tieferer Sinn, ein höherer Plan zu Grunde liegt.

In 6,22f ist der Sprecher zwar insofern deutlicher als in 6,1, als er über die kriegerische, die "Tochter Zion" feindlich andringende Potenz der Unheilsmacht informiert. Aber auch für diese Verse gilt insgesamt, daß die eigentlichen Hintergründe dem Sprecher offensichtlich nicht durchsichtig erscheinen. Daß es eine aus äußerster, nicht mehr vorstellbarer Ferne eigenmächtig aufbrechende unbekannte Größe ist, die nach Jerusalem hindrängt, bzw. daß der Sprecher für die vor Augen stehende kriegerische Bedrohung Jerusalems fernste, nicht mehr wirklich zu ortende und zu ordnende Ursprünge und Entwicklungen veranschlagt, kann man m.E., zumal im Vergleich zu Jer 4,6ff; 1,13ff und 5,15-17[3] (s.a. Dtn 28,49ff) nur so werten, daß die sich deutlich abzeichnende oder schon gegenwärtige Katastrophensituation seinen bisherigen Ordnungs- und Vorstellungshorizont in jeglicher Hinsicht in Frage stellt.

Die untersuchten Unheilsansagen fallen also nicht nur deswegen auf, weil hier jeglicher direkter Hinweis auf eine Metaebene fehlt, mit deren Hilfe das Unheilsgeschehen einzuordnen oder zu gewichten wäre. Dem Sachverhalt, daß hier weder von Jahwe und seinem Hintergrundwirken die Rede ist, noch die Hintergründe aufgehellt oder angedeutet werden, warum gerade Jerusalem das Ziel des Unheilsgeschehens ist, korrespondiert die Art und Weise, wie der Sprecher die Außenseite der Vorgänge charakterisiert.

---

[3] Vgl. dazu oben S.133f.

Wir meinen daher, wie bereits angedeutet, daraus den Schluß ziehen zu müssen, daß sich der zuständige Sprecher lediglich, gleichsam fatalistisch, mit dem "Daß" einer katastrophalen Entwicklung abgefunden hat. Er wagt hier deswegen nicht auf Jahwe zu verweisen oder in seinem Namen zu sprechen, weil für ihn der bisherige theologische Ordnungshorizont gesprengt ist und für das, was sich jetzt anbahnt, kein zureichendes Erklärungsmuster anbietet, bzw. keine entsprechenden Reflexionen gestattet. M.a.W.: Charakter und Ausmaß der vor Augen stehenden katastrophalen Entwicklungen sind für den Sprecher derart bestürzend und irritierend, daß Zusammenhänge mit einem Hintergrundwirken Jahwes unvorstellbar erscheinen.

Zugleich leuchtet ein, daß gerade diese Worte der Quell- und Ansatzpunkt all jener theologischen Reflexionsprozesse geworden sind, deren literarischen Niederschlag wir in den aussagemäßig verwandten, aber "jahwesierten" Worten zum Thema "Unheil aus dem Norden" vor uns haben. Erst in einem gewissen Abstand zu den Ereignissen selber, und zwar erst aus der Sicht derer, die im Rückblick trotz der katastrophalen Entwicklungen in der Vergangenheit dennoch weiterhin mit Jahwes Wirken und Zuständigkeit rechneten,[4] mußte und konnte man der Aufgabe nachgehen, die sich im Nachherein aufdrängende Frage zu beantworten, in welchem Zusammenhang mit Jahwes Zuständigkeit und Wirken die zurückliegende Katastrophe zu sehen war, konnte und mußte schließlich das im vorgegebenen Überlieferungsmaterial enthaltene theologische "Defizit" beseitigt werden.

M.E. spiegeln also Jer 6,1 und 6,22f.25, daß der vorexilische Jahweglaube durch die Katastrophe von 587/6 in eine außerordentliche Krise gestürzt wurde, weil die bisher geltenden religiösen Überzeugungen im Rahmen des "klassischen" Kosmosmodells jetzt versagten und hier die erfahrene Wirklichkeit und das Wirken Jahwes nicht mehr zusammengedacht werden konnten.

Von den beiden ausführlicher behandelten Unheilsansagen Jer 6,1 und 6,22f.25 abgesehen lassen m.E. auch Jer 4,7[5] sowie 4,11aß. 15.19-21 und 10,22 noch deutlich erkennen, daß das Katastrophengeschehen von dem hier zuständigen Sprecher nicht mit Hilfe theologischer Kategorien (Gerichtsgedanke, Geschichtswirken Jahwes etc.) eingeordnet werden konnte; auch hier fehlt jeder

---

[4] Vgl. z.B. Jer 42,10, eine bedingte Heilszusage an die im Lande Verbliebenen, die Jahwes künftiges Wirken und seine weitere Zuständigkeit "in diesem Lande" gewährleistet weiß und dafür offensichtlich die durch die Katastrophe nicht aufgehobene enge Bindung Jahwes an das Land veranschlagt hat (zu Jer 42,10 und weiteren Einzelheiten vgl. POHLMANN, Studien, S.129ff; 140ff; 199).

[5] Vgl. dazu LIWAK, Der Prophet und die Geschichte, S.215f.

Hinweis auf eine höhere Ordnungsebene.[6] Für die angesprochenen Vorgänge wird mit Hilfe der verwendeten Bilder oder Vergleiche jeweils das Moment des Unheimlichen, Eigenmächtigen und Chaotischen betont.

Solche Bilder und Vergleiche deuten zwar auf Bemühungen, die vor Augen stehenden Entwicklungen zu gewichten und zu orten. Die Ergebnisse solcher Bemühungen lassen jedoch erkennen, daß eine sinnvolle, einsichtige Lösung nicht denkbar war. War der bisher von Jahwe garantierte Kosmos der Eigenwelt als Ganzer als zerstörbar und schließlich als hinfällig erwiesen, so war damit zugleich die Möglichkeit aufgehoben, dafür einen tieferen Sinn in Jahwe zu veranschlagen, da es nach der bisherigen Überzeugung keinen anderen und tieferen Sinn als den bisher von Jahwe garantierten Kosmos geben konnte. Wie bereits vermerkt[7] sind auch im Ezechielbuch noch Spuren erhalten, die unzweideutig belegen, daß es Schwierigkeiten gab, die katastrophalen Entwicklungen in der Endphase des judäischen Staates mit dem Wirken Jahwes zu begründen. In Ez 19, einem der wenigen Texte, dessen hohes Alter allgemein unstrittig ist, liegen zwei jeweils durch Über- und Unterschrift als *qynh* gekennzeichnete (vgl. 19,1 und 19,14!) Texteinheiten vor, die ebenfalls wie die im Jeremiabuch sondierten Worte die Katastrophensituation ohne Bezugnahme auf Jahwe etc. ansprechen und lediglich fatalistisch die Hinnahme der bestürzenden, weil widersinnigen Ereignisse artikulieren.[8]

Daß die nicht "jahwesierten" Unheilsworte im Jeremiabuch als Äußerungen zu verstehen sind, die das widerfahrende Geschick nicht im Kompetenzbereich Jahwes verankern können, Äußerungen also, die die Ferne Jahwes implizieren, korrespondiert zudem mit jenem Sachverhalt, daß, wie unsere Analysen zeigen, im Jeremiabuch zahlreiche Klageelemente erhalten sind, die als Reaktionen auf ein katastrophales Unheilsgeschehen einzustufen sind, die aber auffälligerweise keine Instanz ins Auge fassen, an die sich der Sprecher dieser Klagen richtet.

---

[6] Vgl. zu 4,7, wo die Aussage über den Aufbruch des imaginären *mšhyt gwym* durch den Vergleich mit dem Aufbruch des Löwen aus seinem Dickicht das Unheimliche und Unkontrollierbare des Vorgangs zu artikulieren sucht. Warum wird hier nicht wie z.B. in Jer 22,7 Jahwes Hintergrundwirken veranschlagt?- Zu 4,11ff* vgl. z.B. 18,17; zu 10,22 vgl. 9,10.

[7] Vgl. oben S.180.

[8] Zu Ez 19 vgl. demnächst meine "Studien zu den ältesten Texten im Ezechielbuch"!

Unheilsklagen

Die im Jeremiabuch auftauchenden Klagen (8,18−23; 9,16−21; 10, 19f; 14,17f)[9] und Klageelemente[10] erwecken zwar so, wie sie im jetzigen Kontext verklammert sind, und zumal im Blick auf ihre Stellung im ersten Teil des Jeremiabuches, der im wesentlichen Unheilsworte enthält, den Eindruck, als gehe es hier gar nicht um Klagen, die tatsächlich in der Unheilssituation, auf die sie sich beziehen, ausgesprochen sind. Sie sollen offensichtlich − und diese Sichtweise kann man sich bis in die neuere Forschung durchaus zu eigen machen − als "im voraus angestimmte Klagen" und somit als "furchtbarste Drohung" gelesen werden.[11] Der Prophet hätte sich demnach hier gleichsam schon in die noch ausstehende Unheilssituation hineinversetzt; er würde folglich in diesen Klagen ebenso wie mit den Kollektivklagen das vorwegnehmen und vorweg praktizieren, was erst als Folge des in der Zukunft eintretenden Unheils tatsächlich angebracht sein werde. Die Funktion dieser Partien im Verbund mit den übrigen Unheilsansagen ist nach dieser Einschätzung folglich nur, die Aussagen über das noch ausstehende Unheil zu steigern und sicherzustellen, wie aussichtslos nachher die Situation sein wird.

[9] Von den sogenannten "Konfessionen" ist in den folgenden Überlegungen abgesehen; vgl. dazu oben Teil A.− Zu 14,17−22 vgl. oben S.169ff; zu 10,19−25 S.173f.
[10] Die Unheilsansagen 6,1ff und 6,22ff sind in der vorliegenden Fassung nicht ursprünglich. Es läßt sich nachweisen, daß Elemente der Klage erst sekundär eingearbeitet wurden (Vgl. zu 6,2 oben S.150f; zu 6,24 S.152ff; zu 6,26 S.155ff). Diese Klageelemente können einerseits nicht im gleichen Sprechakt formuliert worden sein wie die Unheilsansagen selber (vgl. oben S.155f), sind aber andererseits auch nicht erst ad hoc zur Erweiterung eines vorgegebenen Unheilswortes erstellt worden. Es handelt sich offensichtlich um rudimentäre Elemente echter Klage, die ihrem ursprünglichen Kontext entrissen worden sind (vgl. oben S.156).
[11] So RUDOLPH, Jeremia, S.68 zu Jer 9,16−21; vgl. auch zu Jer 14,17ff: "Die Ankündigung des verstärkten Unheils setzt sich dem Propheten in eine visionäre Vorausschau um" (a.a.O., S.101). Eine Ausnahme veranschlagt RUDOLPH für Jer 8,18−23 (Der Prophet ist "ganz Mitleid, ganz der mitfühlende Sohn seines Volkes". "Auf alle Fälle ist es eine gegenwärtige, nicht eine erst zukünftige Not".); vgl. dagegen zu 8,18−23 DUHM, Jeremia, S.92 ("Der Prophet sieht im Geist die Katastrophe hereingebrochen...Mit seiner lebendigen Phantasie versetzt sich Jeremia in die Zeit der größten Not".); GIESEBRECHT, Jeremia, S.57 ("Schon sieht der Prophet das Land von den Leichen der Erschlagenen erfüllt... Im Gedanken daran möchte er schon jetzt beständig weinen..."); WEISER, Jeremia, S.75 ("zukünftig geschaute Not"); McKANE, Jeremiah, S.196 ("What we have is an imaginative projection of the prophet's deepest insights and of his harrowing premonitions of doom".).− In der gleichen Weise beurteilen die eben genannten Kommentatoren 9,16−21; 10,19f; 14,17f. Lediglich für 14,17f postuliert WEISER (a.a.O., S.126) "eine bedrohliche politische Lage, der auch der... Ton der Klage entspricht".

Aber gegen diese Sichtweise erheben sich folgende Bedenken: Faßt man die
fraglichen Klageelemente so auf, daß sie im jetzigen Kontext dazu dienen, die
eigentlichen Unheilsansagen weiter zu verschärfen, so steht man vor der Frage,
warum sie dann hinsichtlich ihrer Form aus der üblichen Form der Unheilsansage herausfallen. Daß das hier der Fall ist, muß deswegen stutzig machen,
weil, wenn sonst im Zusammenhang mit Unheilsansagen der Aspekt künftiger
Klagen angesprochen wird, auch die Möglichkeit besteht, die Form der Ansage
beizubehalten.[12] Warum liegt in den fraglichen Texten des Jeremiabuches der
Fall anders? Das Auftauchen solcher Klageäußerungen über Unheil mit ein-
deutigem "Life"-Charakter (also nicht in der Ansageform) ist m.E. nur unter der
der Voraussetzung einleuchtend, daß diese Klageelemente im tatsächlichen
Kontext der Unheilssituation und als Reaktion darauf entstanden sind.[13] Im
Blick auf die erkannten Eigenarten und Konkretionen sind sie als Klageäußerungen einzustufen, die, da sie sich auf die Unheilssituation von 587/6 beziehen,
diese als eingetreten vor Augen haben und diese widerspiegeln.[14] Für einen
Text wie 8,18-23* steht das völlig außer Frage.[15] Hier liegt eine individuelle
Klage vor, die als Toten- bzw. Untergangsklage einzustufen ist.[16] Es ließ sich
zeigen, daß zwischen diesem Text und den kollektiven Klageelementen[17] insofern
ein innerer Zusammenhang besteht, als diese Individualklage Initiativcharakter
hat und zu einer allgemeinen Klage, bzw. Klageveranstaltung drängen will.[18]
Dazu ist zu beachten, daß in 9,16-21*[19] nicht nur wie in 8,18-23* eine implizit
ergehende Aufforderung zur Beteiligung am Klagegeschehen vorliegt; hier ist sie
explizit ausgesprochen.[20] Daraus ergibt sich, daß beide Gattungen (Individualklage und Kollektivklage) insofern eng aufeinander bezogen und dem gleichen situativen Kontext zuzuordnen sind, als die Individualklage implizit und explizit
die Kollektivklage provoziert, bzw. umgekehrt die Kollektivklage die Individualklage als initiatorisches Moment voraussetzt. Ob sich für die jetzt teilweise nur

---

[12] Vgl. z.B. Jes 13,7; 14,4; 19,8; Jer 13,21; 16,4ff; 22,18f; Ez 24,22ff; 26,15ff;
27,26ff; Am 5,16.
[13] So immerhin das Urteil RUDOLPHs (Jeremia) im Blick auf 8,18-23; vgl. ferner
noch WEISER (Jeremia) zu 14,17f.
[14] Vgl. LEVIN, Verheißung, der der Frage, "Wie weit hier noch Prolepse oder
bereits Klage über eingetretenes Unglück vorliegt...", zwar nicht im Einzelnen nachgehen kann, mit dieser Frage jedoch immerhin andeutet, daß mit aus
der tatsächlichen Unheilssituation resultierenden Klagen zu rechnen ist
(S.154, Anm. 25).
[15] Anders die meisten Kommentare; vgl. aber immerhin RUDOLPH, Jeremia, z.St..
[16] Vgl. dazu S.166f.
[17] Vgl. Jer 4,13 [vgl. Thr 4,19]; 6,24; 8,15; 8,20; 9,18; 9,20; 10,19f.
[18] Vgl. oben S.167f.
[19] Vgl. dazu oben S.175ff.
[20] Vgl. dazu oben S.177.

verstreut erhaltenen Klageelemente noch eine ursprüngliche Abfolge im Zusammenhang rekonstruieren läßt, lassen wir offen. Denkbar wäre immerhin analog zu II Sam 1,18ff und 3,31ff, daß sich an die Individualklage als Aufruf zur
Ausweitung der Klage (vgl. Jer 8,18-23*) Texte anschlossen, die wie Jer 6,26
direkt zur Beteiligung am Klagevorgang aufriefen und schließlich wie Jer 9,16-
21* auf die Ausweitung des Vorgangs bis hin zum Anstimmen der allgemeinen
Toten- bzw. Untergangsklage abzielten.[21]

Angesichts der Zerschlagung aller bis dahin tragenden Institutionen und
Überzeugungen, der ungeheuren Verluste etc., blieb offensichtlich nichts anderes
zu tun, als - wie im Bereich der Totentrauer, nun aber auf die Gesamtsituation
umgedacht - zu klagen.[22]

Kurz: Diese Texte geben zu erkennen, daß es für diese außerordentliche
Situation kein theologisches Denkmuster[23] gab, mit dessen Hilfe Jahwe als
zuständige Instanz einsichtig zu machen war und daraufhin ansprechbar wurde.
Mit den bis dahin geltenden theologischen Vorstellungen konnte die so
fürchterlich erfahrene "Horizonterweiterung" nicht bewältigt werden. Im Blick
auf die durch das Unheilsgeschehen völlig zerstörte Ordnung fühlte man sich
wie im Bereich des Todes aus dem von Jahwe verantworteten Ordnungsbereich
herausgefallen. In diesem Punkt berühren sich diese Texte aufs Engste mit den
nicht jahwesierten Unheilsworten! Natürlich drängt sich jetzt sofort die Frage
auf, wie und ob man in einer solchen Situation dann überhaupt noch Jahwe
denken bzw. an ihn denken konnte.[24] Hierzu sei darauf verwiesen, daß auch
sonst im AT durchaus am Wirken Jahwes gezweifelt werden kann oder deutlich
ausgesprochen wird, wie sehr man darunter leidet, daß Jahwe offensichtlich fern
und verborgen[25] sein konnte.[26] Daß ferner in der späteren Krise des weisheit-

---

[21] Vgl. auch die Schilderung des Verlaufs einer Trauerververanstaltung in Ez
27,26ff: v.30a bitteres Schreien; v.30b.31a Wälzen im Staub, Anlegen des
Trauergewandes etc.; v.31b Weinen und bittere Klage; v.32a Anstimmen des
Toten- bzw. Untergangsklageliedes; v.32bff Text der *qynh* .
[22] Vgl. oben S.166 und S.177ff.
[23] Vgl. dagegen Hos 6,1-3!
[24] Diese Frage wäre auch als Einwand gegen die bisherigen Schlußfolgerungen
denkbar, wenn diese darauf hinauslaufen würden, die fraglichen Texte
spiegelten gleichsam eine "atheistische" Einstellung wider, nach der die
Existenz Jahwes für obsolet erachtet wurde.
[25] Vgl. z.B. Jes 22,11; Jer 23,23; Ez 11,15; Ps 137,4.
[26] Vgl. hier auch Jer 42,10; diese bedingte Heilszusage korrespondiert deutlich
der Frage, wo denn überhaupt mit dem Wirken Jahwes zu rechnen ist. Der
Verweis auf "dieses Land", das trotz aller Umwälzungen immer noch als
Jahwes Land gelten konnte, bot eine erste Möglichkeit, sich Jahwes Nähe und
Zuständigkeit zu vergewissern (vgl. auch Jer 32,15b).

lichen Denkens Jahwe in die Ferne rückt und kaum noch mit den Irritationen
der Gegenwart in Verbindung gebracht werden kann, ist bekannt.

Für die soeben charakterisierten Klagelemente bedeutet das, daß sie nicht
einen Bruch mit dem Jahweglauben, sondern eine Umbruchsituation im Jahweglauben anzeigen. Können nach allem solche Texte dann aber nicht mehr mit
dem historischen Jeremia in der Weise in Verbindung gebracht werden, daß er
damit im Vorausblick auf die noch ausstehende Katastrophe seine Unheilsansagen
steigern will,[27] so ist eine Herleitung von Jeremia nur noch möglich, wenn er
als der Sprecher solcher Äußerungen (scl. der individuellen Klagepartien)
während oder nach Eintritt der Katastrophe aufgetreten sein kann. Die
kollektiven Klagetexte, die von der Form her für Klageveranstaltungen eines
Kollektivs bestimmt sind, können letztlich nur dann Jeremia zugewiesen werden,
wenn man annehmen darf, daß er derjenige gewesen ist, der vorformuliert hat,
was das klagende Kollektiv selbst nachspricht, bzw. was ein Vorsprecher in der
Klageveranstaltung für alle artikulieren soll. Da andere Entstehungs- und
Herleitungsmöglichkeiten nicht auszuschließen sind, hängt die Entscheidung, ob
jeremianische Herkunft oder nicht, in diesem Punkt davon ab, ob für die Kollektivklagen eine enge Verwandtschaft mit den Individualklagen im Blick auf
Formulierungsweise, Stimmung, Theologie etc. veranschlagt werden kann.

Die sondierten Texte individueller und kollektiver Klage legen immerhin im
Blick auf die erhobenen Gemeinsamkeiten (ohne Bezug zu Jahwe; ohne Schuld-
hinweise; enge Berührungen mit der Totenklage) den Schluß nahe, daß für beide
Textgruppen ein und dieselbe Person verantwortlich war.[28] Dieselbe Person
dürfte sich außerdem in den von uns analysierten Unheilsansagen artikulieren;
denn diese Unheilsansagen, die das "Unheil aus dem Norden" ansprechen, berüh-

---

[27] Will man weiterhin an dieser Sichtweise festhalten, so muß man sich dessen
bewußt sein, daß man damit dann lediglich jener Prophetentheorie folgt, die
davon ausgeht, daß jegliche Äußerung aus Prophetenmund proleptisch zu
verstehen ist. Das ist nun gewiß die Auffassung jener Kreise, denen wir in
exilisch-nachexilischer Zeit die sich allmählich herausbildende Konzeption
des Prophetenbuches verdanken, weil sie nach der Zäsur von 587/6 zur Bewältigung der anstehenden theologischen Fragen in überkommenen Textmaterialien zum Thema Unheil die Belege dafür suchten, daß die Katastrophe und
ihre Folgen mit der Absicht Jahwes in Einklang standen. Solche Belege
ergaben sich, wenn entsprechende Texte als durch Propheten vermittelte
Jahweworte umliefen bzw. als Jahweworte verstanden werden konnten und
von künftigem Unheil handelten. Aber auch jene Texte wie die Unheilsklagen,
tauchten sie aus welchen Gründen auch immer im Verbund mit Unheilsansagen auf, konnten oder mußten daraufhin als proleptische Aussagen eingestuft
werden. Diese Sichtweise muß jedoch durchaus nicht das ursprüngliche Anliegen solcher Texte treffen.
[28] Zu weiteren Einzelheiten vgl. auch die Ausführungen zu Jer 9,16-21 oben
S.177f.

ren sich mit den fraglichen Klageelementen in auffälliger Weise deswegen, weil
auch sie das Unheil thematisieren, ohne daß ein Schuldaufweis auftaucht und
ohne daß eine Beziehung zu Jahwe hergestellt ist. Für diese Worte läßt sich nun
unzweifelhaft jeremianische Herkunft veranschlagen; das ergibt sich besonders
im Blick auf Jer 6,1; denn hier ist die Herleitung der Unheilsansage von jener
zu Beginn des Jeremiabuches vorgestellten Person des "Jeremia von Anatot" im
Lande Benjamin sicherzustellen.[29]

Ob die ältesten Unheilsansagen ("Unheil aus dem Norden") von vornherein mit
den Klageelementen verklammert waren, die Verknüpfung beider Textgruppen
sogar auf Jeremia selbst zurückgeht, oder ob eine Verbindung erst später
hergestellt wurde, um so die gesamte Unheilsthematik deutlicher im Zusammenhang zu vergegenwärtigen, dürfte kaum noch zu klären sein. Beides ist möglich.
Ich halte letzteres für wahrscheinlicher, weil Jeremia als der Sprecher der
Klageelemente etc. nicht unbedingt in solchen Sprechakten auf seine eigenen
Unheilsworte zurückverweisen mußte. Später jedoch mit zunehmender Bedeutung
Jeremias mußten auch diese seine Worte besonderes Gewicht erhalten, da diese
Ahnungen mit ihrem Ansagecharakter die Möglichkeit anboten, Jeremias Auf-
treten als Folge höheren Auftrags, d.h. als von Jahwe auferlegte Botentätigkeit
zu verstehen, diese Ahnungen also, obwohl auf Grund ihres außerordentlichen
Erwartungshorizontes Jahwe ursprünglich gerade darin nicht auftauchen konnte,
als von Jahwe gewirkt eingestuft werden konnten.

Nach allem ergibt der bisher von uns erhobene Befund: Zum ältesten Kern des
Jeremiabuches gehören Unheilsansagen und Unheilsklagen, die nichts anderes
sind als Jeremias eigene Worte, weil sie noch nirgends als Jahweworte ausgegeben werden,[30] und das deswegen, weil im Blick auf die totale Umbruchsituation von 587/6 der bisher geltende theologische Vorstellungshorizont zerbrochen war.

Dieses Ergebnis korrespondiert der Erkenntnis, daß in der jetzt erweitert
vorliegenden Buchüberschrift (Jer 1,1-3) die Angabe (v.1a) *dbry yrmyhw bn
ḥlqyhw* "eine vorgegebene, ursprüngliche Teil-Überschrift"[31] darstellt: "'Worte
des Jeremia ben-Hilkia' läßt sich gut als Überschrift über eine Spruchsammlung...

---

[29] Vgl. dazu oben S.146ff.
[30] Vgl. hier auch LEVIN, Verheißung, S.155, der zu der von ihm erhobenen
ältesten Schicht (in Jer 4-6; Jer 8-9; vgl. zu Einzelheiten S.153f!) feststellt:
"Botenrede findet sich in diesen Worten nirgends, folglich auch kein im
herkömmlichen Sinne "prophetisches" Selbstbewußtsein und keine so zu
nennende Theologie."
[31] Vgl. THIEL, Redaktion 1-25, S.49.

vorstellen, die in den jetzigen Bestand von 1–25... eingegangen ist"[32]. Wie dieser Bruch schließlich bewältigt werden konnte, auf welchem Wege die totale Katastrophe also doch dem Zuständigkeitsbereich Jahwes zugewiesen wurde, soll im Folgenden kurz angedeutet werden.

Klageveranstaltungen, in denen die desolate Situation nach 587/6 im Mittelpunkt stand, hat es in exilisch–nachexilischer Zeit mit Sicherheit gegeben.[33] Darin verwendete Texte sind möglicherweise, wenn auch jetzt in stark überarbeiteter Form, in Thr enthalten. Läßt sich von solchen Texten zu den oben erhobenen Klageelementen ein Bogen zurückschlagen? Gibt es Berührungen zwischen beiden Textgruppen? Die Klagetexte in Thr sind jetzt fast durchweg auf Jahwe ausgerichtet, sind fast durchweg theologisiert: Sie deuten das harte Schicksal als durch eigene Sünde verschuldet, können dafür Jahwes Zorn veranschlagen etc.. Dennoch ist nicht zu übersehen, daß sie in bestimmten Punkten den von uns untersuchten Texten nahestehen. Dazu gehören der Wechsel zwischen individuellen und kollektiven Klagepartien und die Anklänge an das sogenannte Leichenlied sowie längere Passagen ohne explizite Anrede Jahwes (vgl. besonders Kap.1 und 4). Zwar wird man "die in den Klageliedern vorliegende eigentümliche Gattungsmischung, die in ganz unterschiedlicher Weise Elemente der Totenklage, der Beileidsbezeugung, der individuellen Klage, des Danklieds... einem Ganzen dienstbar macht, das offensichtlich an erster Stelle gar nicht die Gottheit, sondern die Gemeinde im Auge hat, jeweils aus der besonderen Absicht des Liedes verstehen müssen"[34]. Aber schließt das aus, daß eben auch, weil ja schon in den ältesten Texten "Gattungsmischung" begegnet und hier erklärt werden kann, noch Nachwirkungen im Spiel sind, die "Gattungsmischung" in Thr also weithin schon in den frühesten Anfängen der Volksklagefeiern (Untergangsklage) angelegt[35] ist?

Aber nicht nur solche Verbindungslinien zu den Klagetexten in Thr sind für die Aufhellung der Überlieferungsgeschichte der von uns sondierten Klageelemente interessant. Für das Jeremiabuch selbst ist festzustellen, daß diese ohne Bezug auf Jahwe formulierten Aussagen der Klage zum Thema Unheil ihr Pendant haben in Klagen, die sich nun auf Jahwe beziehen und zudem Schuldeinge-

---

[32] So THIEL, a.a.O., S.49f; wichtig ist in diesem Zusammenhang auch THIELs Bemerkung, daß "die Überschriften, die unbefangen den Namen des Propheten an der Spitze tragen, einen älteren, theologisch weniger durchreflektierten Typ zu repräsentieren" scheinen (ebd.); anders HERRMANN (Jeremia, S.4ff), dessen Argumentationsgänge mich jedoch nicht überzeugt haben.

[33] Vgl. z.B. Sach 7,3.5; 8,19.

[34] So KAISER, Klagelieder, S.299.

[35] Vgl. zu diesem Punkt HARDMEIER, Texttheorie, S.345 (s.oben S.179f).

ständnisse enthalten.[36] Es läßt sich zeigen,[37] daß hier ebenfalls wie im Fall der Unheilsansagen[38] im Laufe der Zeit Aktualisierung und Theologisierung eine Rolle gespielt haben und wie diese Vorgänge für die allmählich fortschreitende Ausgestaltung jenes Textgutes von entscheidender Bedeutung gewesen sind, das weithin den ursprünglichen Kern des späteren Jeremiabuches gebildet hat.

Jer 10,19-20 setzt ein mit einer kollektiven Klage über eingetretenes Unheil. Die ursprüngliche Fortsetzung dürfte in Jer 10,(23)24f vorliegen. In der hier an Jahwe gerichteten Bitte erfolgt das Einverständnis in Jahwes Strafhandeln und zugleich die Bitte um Milde sowie schließlich der Hinweis, daß Jahwes Zorn sich auf die Völker legen möge. Ein Blick auf Ps 79 zeigt, daß es sich hier nicht um ein Gebet des Propheten Jeremia handelt,[39] sondern um eine echte Volksklage. Warum taucht sie hier in dieser Form auf?

Ähnlich liegt der Fall in 14,2-9. Auch hier geht die Unheilsklage (es scheint sich um eine durch Dürre und Hungersnot verursachte Klage zu handeln) in ein Sündenbekenntnis vor Jahwe über mit dem dringlichen Appell, zu helfen. Das Gleiche steht in 14,17-22 vor Augen.

Ohne ins Einzelne zu gehen, ist zu konstatieren, daß diese Texte in einem gewissen Abstand zu den oben untersuchten Texten formuliert worden sein müssen. Die Frage, warum diese später entstandenen theologisierten Klagen überhaupt im Jeremiabuch auftauchen, läßt sich m.E. nur so beantworten, daß hier Bemühungen ausschlaggebend waren, eine vorgegebene "Sammlung" von Klagetexten zu erweitern und damit neu zu interpretieren, und zwar deswegen, weil diese älteren Texte weitergeführt und auf den neuesten "theologischen Stand" gebracht werden sollten. Sie spiegeln also eine spätere Phase der Klage und der Klagefeier im Blick auf die seit 587/6 bestehende Unheilssituation. Die so anläßlich wiederholter oder gar regelmäßiger Klagefeiern angefüllte Sammlung von Klagetexten[40] mag weiter unter dem Namen Jeremias umgelaufen sein. Nirgends geht auch aus diesen Texteinheiten hervor, daß sich die hier Klagenden in dieser Weise vor der eigentlichen Katastrophe geäußert haben könnten, so daß man diese Texte so auffassen müßte, Jeremia und die klagende Gemeinde hätten das Ziel verfolgt, der kommenden Katastrophe entgegenzuwirken und ihr zu entgehen. Eine solche Auffasssung läßt sich zwar für die Verse und Textpartien veranschlagen, die jetzt auf 10,19-25; 14,2-9 und 14,17-22 folgen, wenn hier

---

36 Vgl. Jer 10,19-25; 14,2-9; 14,17-22.
37 Vgl. schon oben S.165f.
38 Vgl. oben S.133ff.
39 So die Annahme RUDOLPHs, Jeremia, z.St..
40 Ob von "Liturgie" zu reden ist, sei dahingestellt.

Fürbitte und Buße zur Abwendung des Unheils scharf zurückgewiesen werden[41] und dabei die vorausgehenden Texte vor Augen stehen. Die Klagetexte selber jedoch blicken eindeutig auf das geschehene Unheil zurück. Für diese Diskrepanzen ist eine einschneidende Zäsur im Ablauf jener Überlieferungsgeschichte ausschlaggebend gewesen, die für die sich auf Klage und Klagefeier konzentrierenden Textmaterialien zu veranschlagen ist. Die jetzt aufkommende Auffassung, daß die Klagetexte vor der Katastrophe formuliert worden sein müssen und dem Zweck dienten, dieses Unheil zu verhindern, daß sie ferner, da das nicht gelang, als nicht zulässige Versuche Jeremias von Jahwe von vornherein abgewiesen worden waren, setzt einerseits ebenfalls wie die vorgegebenen Texte voraus, daß Jahwe selbst für das Unheil verantwortlich zeichnet, er das Unheil auf Grund seines Zorns gewirkt hat; zum andern aber – und das ist das entscheidend Neue – fußt sie auf der Vorstellung, daß alle das Unheil thematisierenden Texte vor der Katastrophe anzusetzen sind, weil man jetzt die eigentliche Bedeutung Jeremias darin sah, daß Jahwe durch diesen Propheten das Unheil rechtzeitig vorausgesagt hatte. Erst diese Auffassung führt dazu, nun neben den eigentlichen Unheilsworten auch für die Klagen innerhalb der unter Jeremias Namen umlaufenden Textsammlung proleptischen Charakter zu veranschlagen. Kurz: Die "jeremianische" Textsammlung, deren Haftpunkt im engeren oder weiteren Rahmen zunächst die Klageveranstaltungen nach der Katastrophe gewesen sein dürfte, wird nun als "Prophetenbuch" gelesen, in dem man belegt findet, daß die Katastrophe keineswegs ein zufälliges oder willkürliches, also fatalistisch hinzunehmendes Geschehen war. So konnte oder mußte man die individuellen Klageelemente als vorweggenommene Klagen des Propheten verstehen, mit denen die Unheilsankündigung verschärft wird; so konnten oder mußten die kollektiven Klagen als Versuche verstanden werden, das Unheil abzuwenden.

Allerdings waren gerade die kollektiven Klagetexte, zumal diejenigen mit Schuldbekenntnis und Jahwe als Adressaten (= jüngeres, theologisierendes Stadium) aus dieser Sicht insofern ein Problem, als damit die Bußfertigkeit und Reue des klagenden Volkes noch vor der Katastrophe belegt zu sein schien. Da sich daraufhin die Frage stellte, warum auf solche Klage und Buße hin Jahwe sich nicht tatsächlich umstimmen ließ und das Volk verschonte, mußte klargestellt werden, daß Jahwe deswegen an seinem Unheilswillen festgehalten hatte, weil diese Klage und Buße etc. zu spät kam bzw. nicht ernst gemeint war (vgl. 11,1–14; 14,10f; 15,1; 16,1).

---

[41] Vgl. Jer 11,14; 14,10f; 15,1 und 16,1ff.

V. ERWÄGUNGEN UND ANFRAGEN ZU PROBLEMEN ALTTESTAMENTLICHER PROPHETENFORSCHUNG

Unsere bisherigen Beobachtungen und Ergebnisse sollen zum Schluß noch einmal[1] in einem umfassenderen Fragehorizont bedacht werden.

Man kann mit S.HERRMANN davon ausgehen: Das Buch Jeremia ist "ungleich mehr als das Protokoll des Mannes aus Anathoth; es ist unter Verwendung zahlreicher und verschiedenster Materialien das Buch der Abrechnung mit der Vergangenheit, der Ruf zur Umkehr, ein Dokument der Hoffnung für Israel und der künftigen Weisung für alle Völker"[2]. "Sobald... das ganze Buch in seinem perspektivischen Gefälle in den Blick kommt und auch die Frage erwogen werden muß, wann eigentlich letzte Hand an dieses Ganze gelegt wurde, dann ergeben sich im Vergleich mit anderen alttestamentlichen Überlieferungen Gesichtspunkte, die dazu zwingen, das Jeremiabuch als eine Urkunde zu behandeln, in die Israels ganzer Kampf um seine Vergangenheit und seine Zukunft eingegangen ist"[3].

Damit ist angedeutet, daß die jetzige Textfolge (sei es die nach M oder nach Lxx) als ganze trotz zahlreicher Spannungen und Ungereimtheiten mit theologischen Anliegen in Verbindung zu bringen ist. Die beiden Endfassungen mit ihrer je eigenen Textsystematik spiegeln jeweils die Glaubensüberzeugungen und den theologischen Reflexionsstand derer wider, die für diese Endfassungen verantwortlich zeichnen.

Daher ist im Fall des Jeremiabuches ebenso wie im Blick auf andere Prophetenbücher auch jeweils eine Gesamtinterpretation geboten. Dazu kann hier in aller Kürze festgehalten werden: Die jeweiligen Endfassungen der Prophetenbücher sind auf Grund ihres Aufbaus und der u.a. daran ablesbaren theologischen Grundkonzeption überwiegend als von eschatologischer[4] Denkweise geprägt zu

---

[1] Vgl. schon oben S.135ff.
[2] Vgl. Die Bewältigung der Krise Israels, S.172.
[3] A.a.O., S.173.
[4] Zur Definition von "eschatologisch" vgl. den Vorschlag WANKEs : "'Eschatologische Rede' ist Ankündigung einer von Jahwe gewirkten Heilszeit, die als bereits angebrochen gilt, oder als bevorstehend erwartet wird, und die eine abgeschlossene, überschaubare Unheilszeit ablösen wird" ("Eschatologie". Ein Beispiel theologischer Sprachverwirrung, in: KuD 16, 1970, S.300–312, wiederabgedruckt in: Eschatologie im Alten Testament [hg.v. H.D. PREUSS]

erkennen[5]. Dementsprechend geht es darin um die Ausrichtung eschatologischer Botschaft. "Die immer wieder zu beobachtende Einschaltung entsprechender Verheißungen hinter Drohworten, das sog. zweigliedrige eschatologische Schema, die Bildung übergreifender, das eschatologische Drama zu ihrem Inhalt habender Kompositionen..., zeugt dafür ebenso wie das sog. dreigliedrige eschatologische Schema... Es führt den Leser den Weg vom Gericht Gottes an Jerusalem und Juda in der großen Katastrophe über das Gericht an den Völkern als ihrer Vorbedingung zur verheißenen Heilszeit, so daß er damit den tatsächlichen und den ersehnten Weg seines Volkes unter Jahwes strenger und gnädiger Führung abschreitet und vom eingetroffenen Prophetenwort auf die Erfüllung der ausstehenden Verheißungen schließen kann"[6].

Bisher wird die Frage nach den Voraussetzungen und diversen Entwicklungsstufen alttestamentlicher Eschatologie unterschiedlich beantwortet. Mit den folgenden Hinweisen wird keineswegs der Anspruch erhoben, hier nun letzte Klarheit zu schaffen. Es geht lediglich um einen Versuch, die zu den ältesten Texten im Jeremiabuch gewonnenen Einsichten mit dem Problemkomplex alttestamentlicher Eschatologie[7] in Beziehung zu setzen und so die weithin strittige Frage nach der Herkunft, Entwicklung und Wertung der alttestamentlichen Eschatologie neu zu durchdenken.

Wir setzen damit ein, daß wir in der hier gebotenen Kürze die Grundzüge der bisher maßgeblichen Auffassungen zur alttestamentlichen Eschatologie in Erinnerung rufen. Vereinfacht läßt sich von zwei einander entgegenstehenden Grundpositionen sprechen:

1. "Eschatologie ist im Alten Testament ... durch die Eigenart des israelitischen Jahweglaubens entstanden und bestimmt..., da Jahwe der Gott ist, welcher sich durchsetzt, von Verheißung zur Erfüllung führt, sowie Geschichte zielgerichtet gestaltet"[8]. "Der Jahweglaube Israels schließt eine Zukunftsbezogenheit als eines seiner Wesensmerkmale ein, und diese Zukunftsbezogenheit ordnet sich in einer solchen organischen Weise den anderen Grundstrukturen des Jahwe-

---

WdF CDLXXX, Darmstadt 1978, S.342-360, hier das Zitat S.355).
[5] Vgl. auch SMEND, Artikel "Eschatologie II", TRE Bd.10, S. 259: "Die Prophetenbücher sind... nach einem eschatologischen Schema komponiert".
[6] So z.B. KAISER, Einleitung, S.309.
[7] Ausführliche Literaturangaben s. in "Eschatologie im Alten Testament", WdF CDLXXX, Bibliographie, S.481-495; ferner bei SMEND, Artikel "Eschatologie II", in TRE Bd. 10, S.263f.
[8] So PREUSS u.a.; vgl. PREUSS, in: Eschatologie im Alten Testament, WdF CDLXXX, Einleitung, S.10.- Vgl. ferner PREUSS, Jahweglaube und Zukunftserwartung, BWANT 87, Stuttgart 1968, besonders S.205-214; Zitate nach dem Wiederabdruck unter dem Titel "Jahweglaube als Zukunftserwartung" in WdF CDLXXX, S.293-305.

glaubens zu, daß sie nicht als sekundär zugewachsen angesehen werden muß"[9]. "Die 'Eschatologie' des Alten Testaments ist damit der legitime Ausdruck und die sinnvolle Entwicklung der Zukunftsbezogenheit des Jahweglaubens"[10]. So kann daraufhin behauptet werden: "Die Propheten aber sind keinesfalls die Schöpfer der alttestamentlichen Eschatologie, sondern sie haben die dem israelitischen Gottesglauben eingestiftete Zukunftsbezogenheit und Zukunftserwartung durch ihre überwiegende Gerichtsbotschaft, ihre Interpretation der Geschichte und ihre Wertung der Zeitsituation zur ausgebauten Eschatologie legitim ausgestaltet"[11].

2. Hier ist im Extremfall "die eschatologische Prophetie das Ergebnis der epigonalen Entartung der vorexilischen Prophetie"[12]. Während nach dieser Auffassung "die eschatologische Prophetie und Theologie eine exilisch-nachexilische Uminterpretation der Botschaft der vorexilischen großen Einzelpropheten darstellt"[13], also "Mißdeutung der Botschaft der großen Einzelpropheten" ist[14], finden andere schon Eschatologie bei den Propheten des 8. Jahrhunderts[15] oder sehen dort, wie z.B. SMEND, "wenn das noch nicht Eschatologie im späteren Sinne ist, dann doch deren Voraussetzung und Ausgangspunkt"[16].

---

[9] PREUSS, Jahweglaube als Zukunftserwartung, S.293.
[10] PREUSS, a.a.O., S.295.- Vgl. so auch SCHUNCK, Eschatologie der Propheten des Alten Testments, WdF CDLXXX, S.467: Die Wurzeln für die "prophetische Auffassung vom Eschaton" liegen im "Wesen des Jahweglaubens". Jahwe ist nicht nur "immer wieder der neu Kommende und Zukünftige, sondern auch die ganze Geschichte Israels als fortlaufende Begegnung Israels mit Jahwe tendiert auf Erwartung eines endgültigen Eingreifens Jahwes hin, das die endgültige Aufrichtung seiner Herrschaft über sein Volk und die ganze Welt bringen soll. Diese allgemeine Zukunfts- und Zielbezogenheit haben dann die vorexilischen Propheten durch ihre eigene Interpretation dieser Geschichte, ihre spezielle Wertung der Zeitsituation und ihre daraus folgende Gerichtsverkündigung legitim zu einer fest umrissenen Eschatologie ausgebaut. Die prophetische Eschatologie behält also das alte Ziel des Jahweglaubens, nämlich endgültige Aufrichtung der Herrschaft Jahwes über ihn ungebrochen anerkennende Menschen, voll bei, baut jedoch das vor diesem Ziel liegende Eingreifen Jahwes zu einem großen Gerichtshandeln aus (= Tag Jahwes), in dem nur ein Teil des Volkes bzw. der Menschheit bestehen wird (= Rest)" (a.a.O., S.467f).
[11] So PREUSS, Jahweglaube als Zukunftserwartung, WdF CDLXXX, S.297; vgl. auch die vorige Anmerkung!
[12] Vgl. FOHRER, Die Struktur der alttestamentlichen Eschatologie, in: ThLZ 85, 1960, S.401-420, Wiederabdruck in BZAW 99, 1967, S.32-58; ferner in WdF CDLXXX, Darmstadt 1978, S.147-180, hiernach das Zitat S.180.
[13] FOHRER, a.a.O., S.178f.
[14] FOHRER, a.a.O., S.179.
[15] Vgl. z.b. McCULLOUGH, Israels Eschatologie von Amos bis zu Daniel, WdF CDLXXX, S.394-414.- Vgl. auch schon DUHM, Jesaja, S.220 ("seit Amos aufkommende Eschatologie").
[16] So SMEND; Artikel "Eschatologie II", in: TRE Bd. 10, S.260, Z.27f.

Beide hier nur grob skizzierten Erklärungsversuche geben Anlaß zu kritischen Rückfragen und Einwänden.

Im Blick auf den ersten hat SMEND zutreffend festgehalten: "Die Mehrzahl dieser Theorien läuft Gefahr, die Ergebnisse der Quellenkritik zu vernachlässigen... Die Prophetenbücher sind... nach einem eschatologischen Schema komponiert, das als solches den älteren Propheten fremd ist und ihnen auch im einzelnen vielerlei Heilserwartung in den Mund legt, die sie schwerlich schon gehegt haben"[17].

Läßt man sich auf die zweite Sichtweise ein, so ergeben sich folgende grundsätzliche Schwierigkeiten. Für diese Auffassung ist ja charakteristisch, daß hier, wie auch immer Eschatologie bzw. "eschatologische Prophetie" bewertet wird (s.FOHRER), als deren Ausgangspunkt oder Voraussetzung die klassische vorexilische Prophetie veranschlagt wird, diese Prophetie also als ein umbruchartig Neues in der Geschichte des Jahweglaubens angesehen werden muß, worauf dann die späteren eigentlichen eschatologischen Denkbemühungen fußen und zurückgreifen können. Wenn z.B. für SMEND "kein vernünftiger Zweifel daran" besteht, "daß der Satz des Amos vom gekommenen Ende Israels etwas grundsätzlich Neues gewesen ist"[18] und dieses Neue "die von ihm ausgerufene 'eschatologische Situation'" ist, nämlich "eine die gewohnte Gottunmittelbarkeit jeder Epoche in den Schatten stellende letzte, weil vernichtende Begegnung Jahwes mit seinem ungetreuen Volk"[19], dann muß man folglich hier bereits, gerade im Blick auf den veranschlagten Zusammenhang (vgl. oben "Voraussetzung und Ausgangspunkt") mit der "Eschatologie im späteren Sinne", die Frage nach dem Ausgangspunkt und der Voraussetzung dieses Neuen, der jetzt "ausgerufene(n) 'eschatologische(n) Situation'" stellen.

Wie auch immer, ob man vorsichtig wie SMEND Amos und die "klassische vorexilische Prophetie" als Voraussetzung und Anknüpfungspunkt für die spätere Eschatologie einstuft oder ob man bei diesen Propheten selbst schon Eschatologie findet, der so oder so gesehene Umbruch verlangt nach einer zureichenden Erklärung. Doch stellen wir zunächst genauer heraus, worin das Neue, dieser Umbruch gesehen wird.

---

[17] TRE Bd.10, S.259.– Vgl. auch a.a.O., S.261: "Eine vorexilische Heilsprophetie... hat es gegeben, und die nachexilische Eschatologie hat vielleicht in manchem an sie angeknüpft... Aber eine Eschatologie war das schwerlich, und gar ein eschatologisches System wäre in jener Zeit ein Anachronismus".

[18] Vgl. TRE Bd. 10, S.260; zum vorausgehenden Satz "Was man vor Amos in Israel dachte, liegt viel mehr im Dunkeln, als meist angenommen wird", steht diese Feststellung allerdings in einem gewissen Widerspruch.

[19] A.a.O., S.259.

Bestimmen SMEND u.a. als den Hauptinhalt der klassischen vorexilischen Prophetie seit Amos die Rede vom Ende Israels, also die Verkündigung vom totalen durch Jahwe selbst bewirkten Untergang des Jahwevolkes, so empfindet man das umbruchartig Neue darin, daß hier anders als in der vorklassischen Prophetie und auch im Gegensatz zu Vorstellungen der Nachbarreligionen[20] nicht mehr einzelnen oder Gruppen innerhalb des Volkes ein wie auch immer begründetes Unheil vor Augen gestellt würde, sondern eben totaler Untergang in den Blick geraten wäre[21].

Fragt man nun nach den Ursachen und Hintergründen, die die klassischen Propheten zu dieser völlig neuen Sichtweise provoziert haben sollen, so muß man leider feststellen, daß die alttestamentliche Forschung bisher noch keineswegs zu einer übereinstimmenden Antwort gelangt ist.

Die hier bestehenden Divergenzen rücken besonders klar in den Blick, wenn man sich vergegenwärtigt, daß der Stellenwert der sogenannten Unheilsbegründung (Schuldaufweis) im Rahmen der prophetischen Ansage totalen Unheils derzeit völlig unterschiedlich gewichtet werden kann.

Für W.H.SCHMIDT beginnt "die sog. Schriftprophetie... allem Anschein nach mit einer *Zukunftsahnung.* Einem Amos, Hosea, Jesaja oder auch Jeremia scheint sich die zunächst unbegründete und auch unbestimmte Gewißheit kommenden Unheils, das...das Volksganze erfaßt, mit unwiderstehlicher Macht aufzudrängen"[22]. Diese Ahnung nennt SCHMIDT[23] "die prophetische *'Zukunfts-gewißheit.'*Die Zukunftsgewißheit... stellt... innerhalb der Fülle prophetischer Einzelworte mit wechselndem Inhalt und keineswegs offenkundigem Zusammenhang so etwas wie einen einheitlichen Ansatz, eine Grundkonzeption dar"[24]. Zu dieser Einschätzung gelangt SCHMIDT, indem er auf Am 8,2 verweist, weil hier

---

[20] Vgl. dazu z.B. NÖTSCHER, Prophetie im Umkreis des alten Israel, BZ 10, 1966, S.161-197; ferner HAYES, Prophetism at Mari and Old Testament Parallels, TUSR 9, 1967/69 (erschienen 1971), S. 31-41.

[21] So z.B. auch STOLZ, Monotheismus, S.176: Amos, Hosea, Jesaja und Micha "geht es allen um einen globalen Schuldaufweis, aus dem eine ebenso globale Unheilsankündigung abgeleitet ist. Während Elija allein gegen den König auftritt, sagen die Propheten des 8. Jahrhunderts ein Unheil an, welches das ganze Volk trifft"; vgl. ferner SCHMIDT, Zukunftsgewißheit, S.15, im Blick zunächst auf Amos: Seine Botschaft "enthält etwas Neues, was allem Anschein vorher weder der alte Orient noch Israel selbst kannte: die Unheilsansage über das Volksganze. Jetzt wird nicht mehr nur der König, sondern das eigene Volk insgesamt mit dem Tode bedroht".

[22] Vgl. Zukunftsgewißheit, S.63.

[23] Im Anschluß an WOLFF, BK XIV/2, S.364.368; vgl. dazu SCHMIDT, Zukunftsgewißheit, S.18, Anm.10!

[24] Zukunftsgewißheit, S.18.

das Neue, die Unheilsansage über das Volksganze, zum ersten Mal belegt sei[25].
Von dieser Stelle ausgehend meint SCHMIDT zeigen zu können, daß diese absolute Ansage aus nichts anderem resultiert als aus der Überzeugung eines absolut
gewiß bevorstehenden Unheils. Er verweist darauf, daß zunächst "das Wie des
Gerichts unbestimmt"[26] bleibt. "Die *Konkretion* scheint dem Propheten also
nicht von Anfang an gegeben zu sein..."[27]. "Auch die Motivation scheint erst
nachträglich zu erfolgen"[28]. Daraus ergibt sich: "Gewiß ist ihm (scl. Amos) zunächst das bevorstehende Unheil..."[29]. Dafür spricht außerdem: "Die dunkle
Zukunftsahnung läßt sich übrigens nicht ohne weiteres aus der zeitgeschichtli-
chen Situation herleiten"[30]. Ein knapper Überblick über die Prophetie Hoseas,
Jesajas, Jeremias und Ezechiels[31] soll dem Nachweis dienen, daß die für Amos
veranschlagte "Grundkonzeption" auch für diese Propheten vorauszusetzen ist.

Die so für die klassische Prophetie erhobene "Zukunftsgewißheit" ist für
SCHMIDT letztlich nicht weiter ableitbar[32]. Daher kann er feststellen: "Die
prophetische Zukunftsgewißheit scheint nicht ohne weiteres aus der tiefen
Einsicht in die vorhandene Wirklichkeit zu entstehen; der Prophet sucht nicht
zu erahnen, wohin die Situation treibt, was notwendig kommen muß, wenn alles
so weiter geht, wie es zur Zeit läuft. Eher führt umgekehrt die Ahnung des
Kommenden zu einer eindringlichen Analyse des Bestehenden"[33].

Während also für SCHMIDT erst auf Grund der "prophetischen Zukunftsgewißheit" der "Schuldaufweis – unumgängliche – Aufgabe des Propheten" wird[34],
konstatiert auf der anderen Seite z.B. STOLZ: "Die Erfahrung der Schuld ist
offenbar so umfassend und allgemein, dass nur mit dem totalen Untergang des
Volkes gerechnet werden kann"[35].

Wie bereits angedeutet führen beide Auffassungen insofern in Schwierigkeiten,
als sich nicht mehr ausmachen läßt, zu welchem Zweck die in der prophetischen
Überlieferung ja nun reichlich enthaltenen Schuldaufweise dienen sollen[36]. Für

---

[25] Zukunftsgewißheit, S.15.
[26] Zukunftsgewißheit, S.16.
[27] Zukunfstgewißheit, S.16.
[28] Zukunftsgewißheit, S.17.
[29] Zukunftsgewißheit, S.18; vgl. auch S.24.
[30] Zukunftsgewißheit, S.22.
[31] Zukunftsgewißheit, S.23–32.
[32] Vgl. Zukunftsgewißheit, S.32–38, wo SCHMIDT der Frage nachgeht "Wie
    kommt der Prophet zu der Ahnung vom Israel unabwendbar drohenden Un-
    heil?".
[33] Zukunftsgewißheit, S.64.
[34] Zukunftsgewißheit, S.65.– Vgl. so auch (im Anschluß an WOLFF und
    SCHMIDT) HARDMEIER, Texttheorie, S.276f (Anm.34).
[35] Monotheismus, S.176.
[36] Vgl. dazu oben S.135ff.

die angesprochenen Adressaten, auf die unwiderruflich das Unheil zukommt, ist ja kein Handlungsspielraum mehr gegeben, in dem der Gegenwartskritik Rechnung getragen werden könnte. Wie auch immer man Prophetenwort als Unheilsansage und als Schuldaufweis aufeinander bezieht: Versteht man die fraglichen Unheilsworte entprechend ihrer Diktion als tatsächliche Ankündigungen uneingeschränkten Unheils, dann haben die Schuldaufweise abgesehen von ihrer erkenntnisleitenden Funktion für den jeweiligen Propheten sonst keine Zielrichtung[37]. Oben hatten wir bereits den Verdacht geäußert[38], daß sich diese Ungereimtheiten möglicherweise nur deswegen einstellen, weil die bisherige Prophetenforschung hier ein enges Beziehungsgeflecht für totale Unheilsansagen und Schuldaufweise postuliert, das die vorexilische Prophetie in dieser Weise gar nicht hergestellt hat. Unsere Untersuchungen haben diesen Verdacht erhärtet. Es ließ sich nachweisen, daß jedenfalls im Jeremiabuch in zahlreichen, Unheil thematisierenden Texteinheiten jegliche Unheilsbegründung fehlt. Unsere Ergebnisse implizieren jedoch darüberhinaus noch weitergehende Anfragen. Im ältesten jeremianischen Überlieferungsgut sind zahlreiche Texteinheiten (Unheilsansagen und Unheilsklagen) enthalten, in denen jeglicher Hinweis darauf fehlt, daß die Katastrophe von 587 mit dem Wollen und Wirken Jahwes begründet wurde.

Es läßt sich daraufhin darüber diskutieren, ob die Grundvoraussetzung beider Seiten zutrifft, die Verkündigung der vorexilischen Propheten sei geprägt durch die Überzeugung von einem unabwendbaren, von Jahwe selbst bewirkten totalen Untergangsgeschehen. Daß von der Zukunftsgewißheit im SCHMIDTschen Sinne kein Weg zum Schuldaufweis sichtbar gemacht werden kann und daß, wie im folgenden deutlich werden wird, entgegen der These, wie sie STOLZ u.a. vertreten, gerade von den Schuldaufweisen keineswegs zwingend der Weg zur Ansage solchen totalen Unheils führen muß, das könnte möglicherweise damit zusammenhängen, daß auch jene Grundvoraussetzuung auf einem Trugschluß beruht.

STOLZ zieht aus seinem Ansatz[39] weitreichende Folgerungen. "Der globale Schuldaufweis zeigt die Welt (d.h. die von Israel gestaltete Welt) umfassend als Unwelt, als Jahwe entgegenstehende Welt. Der eine Gott steht der ganzen, angeblich funktional gegliederten, tatsächlich aber heillos gestörten Welt gegenüber"[40]. "Wird ... Jahwe im durchschnittlichen vorexilischen Israel ganz

---

[37] So auch schon WANKE, KuD 18, 1972, S.14f; vgl. oben S.136, Anm.24!
[38] Vgl. oben S.141fff.
[39] Siehe oben!
[40] STOLZ, Monotheismus, S.177.

selbstverständlich in Analogie zu Welt verstanden, gedacht und behandelt, so
beginnt die Prophetie des 8. Jahrhunderts, sich an der Differenz zwischen Gott
und Welt zu orientieren... Entsprechend heisst die Elementarunterscheidung
dieser Prophetie nicht mehr ... Kosmos/Chaos, sondern Gott/Welt"[41].

Diese Sichtweise berührt sich eng mit den Thesen H.H. SCHMIDs: Nach
SCHMID zeigt sich bei den vorexilischen Propheten ein "Dissens zur salom-
Vorstellung der gängigen Religiosität"[42]. "Die vorgegebene Ordnungsvorstellung
hatte – gerade in der Rückbindung auf Jahwe als den Gott Israels – den salom
des Volkes zum Ziel. Sie konnte sich im Grunde nur auf dieses Ziel hin
auswirken; wo gegenläufige Erfahrungen zu machen waren, versuchte man sie
durch Klage, Kult und Magie zu bannen. Dem gegenüber verkünden die
Propheten den völligen Untergang des Volkes. Damit wird die Ordnung umzentriert. Nicht mehr der šalôm des Volkes steht im Mittelpunkt, sondern der
Ordnungswille, die Gerechtigkeit Jahwes, der šalôm in einem viel grundsätzlicheren Sinne – und dies nötigenfalls auf Kosten des Volkes"[43].

Unklar bleibt hier ebenso wie bei STOLZ, welche Gründe es gewesen sind, die
die Propheten in Dissens zu vorgegebenen Ordnungsvorstellungen führten, welche Ursachen oder Erfahrungen ausschlaggebend gewesen sind, die Differenz
zwischen Gott und Welt (d.h. der eigenen Ordnungswelt) in einer Weise
wahrzunehmen, daß nur noch der Schluß bleibt: Gott stellt diesen von ihm selbst
gewollten Ordnungszusammenhang nun zur Disposition.

Denn wenn ich recht sehe, lautet die Antwort immer wieder ähnlich. STOLZ:
Die prophetische "Entgegensetzung Jahwes zur Welt knüpft an die ... Israel
selbstverständliche Voraussetzung an, dass Jahwe der Welt seine Ordnung
gegeben hat; die Diastase zwischen Gott und Welt ergibt sich aus der Analyse
der Unvereinbarkeit zwischen der faktischen Wirklichkeit und der ihr vorgegebenen Ordnung."[44]. SCHMID[45]: "Zwischen der geschichtlichen Wirklichkeit[46]
und dem Idealbild der von Jahwe garantierten heilen Welt bestand eine kaum

---

[41] A.a.O., S.177; vgl. auch: "Neu an den Propheten des 8. Jahrhunderts ist nicht
   nur der sittliche Ernst, sondern auch die Schärfe der Realitätsprüfung, die
   differenzierte Betrachtung der Wirklichkeit" (STOLZ, Monotheismus, S.178,
   Anm.86).
[42] Vgl. AW, S.52.
[43] AW, S.53.
[44] STOLZ, Monotheismus, S.180f; vgl. ähnlich oben Anm 40.
[45] WuD 13, S.16.
[46] SCHMID verweist auf die sozial- und wirtschaftsgeschichtlich sowie auch
   religionspolitisch bedingten Spannungen im Innern und die durch den
   Machtzuwachs der Großmächte im Zweistromland bewirkte Bedrohung von
   außen in der zweiten Hälfte der Königszeit, die deswegen "wohl nicht zufällig
   auch die Zeit der ersten Schriftpropheten wurde" (WuD 13, S.16).

überbrückbare Spannung. Für die Propheten stand nicht nur außer Frage, daß diese auf menschlicher Schuld beruhte, sondern ebenso, daß diese Schuld nicht ungesühnt bleiben konnte; über der Welt waltete ja ein Rechtszusammenhang, Jahwe war ja Gott... Die Ordnungswidrigkeit des Volkes ist so unmittelbar evident, daß es aufgrund des vorausgesetzten Ordnungswillens Jahwes unausweichlich zum Gericht kommen muß".

Das Erklärungsmodell, daß ein "globaler Schuldaufweis" (STOLZ) bzw. die evidente "Ordnungswidrigkeit des Volkes" (SCHMID) die Propheten die Differenz zwischen Gott und Welt sehen gelehrt habe und daß daraufhin die Propheten ihren Denkvoraussetzungen[47] entsprechend gefolgert hätten oder folgern mußten, im Blick auf die globale Schuld sei das Gericht unausweichlich[48], geht von der Prämisse aus, daß die vorexilischen Propheten so etwas wie "globale Schuld" als Sachverhalt wahrnehmen konnten und ihnen daraufhin die Wirklichkeit als "heillos gestörte Welt" erschien. Mir scheint jedoch, daß gerade im Blick auf die Denkvoraussetzungen, wie sie SCHMID den Propheten zuschreibt, eine solche Prämisse zumindest problematisch ist. Denn wenn die "Botschaft der Propheten ... in ihrem beherrschenden Grundzug... von der selbstverständlichen Voraussetzung des Zusammenhangs von Tat und Ergehen" getragen ist[49], und für sie daher gilt, "die Tat muß auf den Täter zurückfallen, das ist zwingende Notwendigkeit, wenn über der Welt ein Rechtszusammenhang walten soll"[50], dann ist nicht mehr nachzuvollziehen, wie von solchen Denkvoraussetzungen aus jener postulierte Erkenntnisakt möglich gewesen sein soll, der im Blick auf wie immer geartete Schuldzustände im Volk etc. zu dem Verdikt "globale Schuld" oder "heillos gestörte Welt" geführt hätte.

Ist eine solche Sicht überhaupt schon zu Zeiten vorstellbar, da die Eigenwelt "Israels" (bzw. "Judas und Jerusalems") mit ihren tragenden Grundpfeilern Tempel und Kult, Königtum etc. als Ordnungswelt grundsätzlich noch als intakt gelten mußte, selbst wenn man an deutliche Anzeichen von Perversion (soziale Mißstände) innerhalb dieser Ordnungswelt denkt und auf bedrohliche Entwicklungen verweist, die von außen eine Gefährdung bringen mußten?

Es erscheint keineswegs zwingend, daß die Propheten des 8. Jahrhunderts von ihren Denkvoraussetzungen her darauf anders reagierten als ihre "Kollegen" in

---

[47] SCHMID denkt hier an den weisheitlichen "Tat-Ergehen-Zusammenhang" (vgl. AW, S.84f; ferner S.14f und S.49-54).
[48] Vgl. SCHMID: "Es kann gar nicht anders sein, als daß die Vergehen des Volkes gesühnt werden müssen. Das Gericht muß kommen – und als rechtmäßig akzeptiert werden" (vgl. AW, S.84).
[49] So SCHMID, AW, S.49f.
[50] Vgl. AW, S.49f.

früheren Zeiten, in denen ja auch Perversionen im Innern und Bedrohungen von
außen erfahren und verarbeitet werden mußten.

Welche außerordentliche Veranlassung sollte es gegeben haben, jetzt plötzlich
die bisher geltende Überzeugung aufzugeben, daß die erkannten und angemahn-
ten Mißstände im Innern mit Hilfe der bewährten Institute etc. wie bisher
abzustellen waren, also auf Grund der prophetischen Schuldaufweise auch
abgestellt werden sollten? Welchen Anlaß sollte es gegeben haben, aus der Beobachtung von Verschuldungen, in welchem Bereich und unter welchen Kreisen
auch immer, den Schluß zu ziehen, daß nun die Ordnungswelt anders als bisher
nicht mehr nur gestört, sondern völlig verdorben sei, also auch anders als
bisher weder durch Bereinigung der schuldverursachenden Mißstände noch durch
Maßnahmen Jahwes vor dem völligen Verderben zu bewahren sei?

Somit ist es also keineswegs einsichtig, wenn man behauptet, daß der Blick auf
die Wirklichkeit die Erkenntnis einer "heillos gestörten Welt" zur Folge hatte!

Ferner zeigen folgende Überlegungen, daß von diesem Ansatz "Erkenntnis
einer heillos gestörten Welt" der Denkweg der Propheten zunächst einmal gar
nicht dahin geführt hätte, gegen die bisherige $\check{s}lwm$-Vorstellung zu postulieren, daß jetzt eben der "Ordnungswille, die Gerechtigkeit Jahwes, der $\check{s}lwm$
in einem viel grundsätzlicheren Sinne – und dies nötigenfalls auf Kosten des
Volkes"[51] im Mittelpunkt stehen müsse. Denn unterstellt man den Propheten,
daß sie die Wirklichkeit als "heillos gestörte Welt" erkannten, so impliziert diese
Unterstellung zugleich, daß sie zunächst einmal nicht mehr in der Lage waren,
Jahwe als den Garanten des bisherigen Ordnungszusammenhangs wahrzunehmen,
wie das nach den bisherigen Denkvoraussetzungen selbstverständlich war. Man
müßte also konsequenterweise den Propheten weiterhin unterstellen, daß, war die
Welt in ihren Augen heillos gestört, Jahwe für sie versagt hatte, das Funktionieren der bisher geltenden Ordnungswelt zu gewährleisten, also versagt hatte,
wie bisher die für die Mißstände im Innern Verantwortlichen zur Rechenschaft
zu ziehen und die Bedrohungen von außen wie bisher zu steuern und letztlich
abzuwehren. Auch hier ist zu fragen, welche außerordentliche Veranlassung es
gegeben haben sollte, die Kompetenzen und Möglichkeiten Jahwes grundsätzlich
in Zweifel zu ziehen.

Viel schwerwiegender ist jedoch, daß die mit der Erkenntnis einer heillos
gestörten Welt zwangsläufig verknüpften Zweifel an Jahwes Kompetenzen und
Möglichkeiten zunächst einmal kaum als Anstoß, sondern vielmehr als Barriere
wirken mußten, Denkschritte in eine Richtung zu einem neuen Jahweverständnis

---

[51] Vgl. oben Anm.43.

zu vollziehen; es ist kaum vorstellbar, daß gerade daraufhin im Denken derselben
Propheten die Kompetenzen und Möglichkeiten Jahwes völlig neu in der Weise in
den Blick geraten sein könnten, daß Jahwe sich eben als der wahre Jahwe erst
in völliger Distanz zur bisherigen Wirklichkeit erweise und er darin seine wahre
Souveränität zeige, daß er diese bisherige Wirklichkeit, den bisherigen Ordnungszusammenhang zur Disposition stellen könne.

Eine Behauptung in dieser Richtung unterstellt im Grunde, daß die Propheten
in erster Linie Theologen waren. Denn der Denkschritt dieser Art ist der
Versuch einer neuen Theologie, nachdem man mit der alten gescheitert ist.
Abgesehen davon, daß das dann eine neue Theologie gewesen wäre, deren
Stellenwert für die Gegenwart bedeutungslos sein mußte, weil es nach diesem
neuen Jahweverständnis in der Gegenwart gar keinen Handlungsspielraum mehr
geben konnte, also von einer Bedeutung dieser Theologie nur für solche Theologen selber auszugehen wäre, ist auch völlig unwahrscheinlich, daß auf die
Erkenntnis einer heillos gestörten Welt als erste Reaktion folgt, sich theologisch
erst einmal neu zu orientieren.

Als erste Reaktion auf eine solche Erkenntis, sollte sie denn den Propheten
gekommen sein, wären Anfechtung und Irritation zu erwarten gewesen, weil sich
ihnen zunächst einmal generell die Frage aufdrängen mußte, ob und wie die
vorgestellten Unheilsabläufe überhaupt noch mit Jahwe in Verbindung stehen
konnten.

Von solchen Zweifeln, Klagen oder Appellen erfahren wir in den Texten z.B.
eines Amos oder Hosea jedoch nichts, dafür sehr eindrücklich in Texten, die,
wie wir am Beispiel der Unheilsahnungen und Unheilsklagen im Jeremiabuch
gesehen haben, eindeutig in die Zeit einer wirklich heillos gestörten Welt
gehören.

Je intensiver man die These durchspielt, daß schon die vorexilische Prophetie
als ein umbruchartig Neues in der Geschichte des Jahweglaubens anzusehen ist,
desto deutlicher wird, daß die diese These absichernden Argumentationsgänge
mehr Probleme aufwerfen, als sie zu lösen vorgeben.

Woran liegt das? M.E. hängen die Ursachen dafür damit zusammen, daß die
Ausgangsbasis, auf der diese These aufbaut, gar nicht gegeben ist, jedenfalls
nicht so gegeben ist, wie man sie üblicherweise rekonstruiert. Für diese
Ausgangsbasis sind, wie bereits dargelegt, zwei Grundvoraussetzungen charakteristisch:

a. Diese Propheten haben totales Unheil ("das Ende") angesagt, und da sie es
im Auftrag Jahwes angesagt haben, erhellen ihre Worte, daß Jahwe den
Untergang selber will und wirkt.

b. Die Propheten haben solche Ansage des totalen Untergangs nicht ohne Begründung ausgerichtet. Totale Unheilsansage und Schuldaufweis als Unheilsbegründung ergänzen demnach einander, sei es im Sinne von SCHMIDT[52] oder sei es so, daß sie, wie SCHMID formulieren kann, "zwei Seiten ein und desselben Sachverhaltes"[53] sind.

Auf eben diesen Grundvoraussetzungen und ihrer Verknüpfung beruht die Annahme, daß die klassischen Propheten seit Amos zu einer neuen Sicht der Wirklichkeit und einem neuen Jahweverständnis gelangt sind. Wir haben eben bereits gezeigt[54], wie man, geht man von eben diesen Voraussetzungen aus, in außerordentliche Verstehensschwierigkeiten gerät. Darüberhinaus ist jedoch auch zu hinterfragen, ob man sich für diese Grundvoraussetzungen überhaupt zurecht und in welchem Maße auf das Zeugnis der Texte selbst berufen kann[55].

Zu a.: In den üblichen Argumenationsgängen kann man sich offensichtlich nur auf sehr wenige Stellen als Basistexte beziehen. In erster Linie beruft man sich auf Am 8,2 und weist der hier vorliegenden Aussage vom Ende Israels eine Schlüsselposition zu. Dazu einige Beispiele:

WOLFF: "Amos ist der erste, der ebenso nüchtern wie radikal Jahwes Wort zur Sprache bringt: 'Das Ende ist gekommen für mein Volk Israel' (8,2). Mit Variationen kehrt es bei allen folgenden Propheten wieder"[56].

SCHMIDT: "Am Anfang der sog. großen Schriftprophetie steht die Erkenntis, mit der Amos' Visionszyklus schließt: 'Gekommen ist das Ende über mein Volk Israel!' (Am. 8,2; vgl. 5,2; 9,1f.)"[57]. "Amos ist in der Radikalität seiner Verkündigung kein Einzelgänger, auch wenn seine Nachfolger die Einseitigkeit und die erbarmungslose Härte der Unheilsansage nicht durchhalten"[58]. Im Blick auf Hosea, Jesaja und Jeremia kann SCHMIDT feststellen: "Die Radikalität der Unheilsbotschaft eines Amos, der selbst dem Rest noch den Untergang androht..., geben die Nachfolger also nicht ohne weiteres auf"[59].

SMEND: "Wenngleich das Stichwort vom Ende Israels in der uns erhaltenen prophetischen Literatur erst wieder bei Ezechiel auftaucht, und zwar offen-

---

[52] Vgl. oben Anm. 33.
[53] AW, S.139, Anm.71.
[54] Vgl. auch schon oben S.135ff.
[55] Für SCHMID "verkünden die Propheten den völligen Untergang des Volkes" (AW S.53), ohne daß das mit konkreten Textbeispielen belegt wird.
[56] Einführung in die klassische Prophetie, S.15.
[57] Die prophetische "Grundgewißheit", S.540.
[58] A.a.O., S.541.
[59] Die prophetische "Grundgewißheit", S.543, Anm.13; vgl. auch Zukunftsgewißheit, S.23, ferner S.25: man kann Jesajas "Verstockungsauftrag noch als Verschärfung von Amos' Unheilsankündigung verstehen".

sichtlich in Anknüpfung an Amos (Ez 7,2ff), läßt sich doch die klassische vorexilische Prophetie insgesamt als seine weitere Ausführung beschreiben"[60]

An weiteren Belegen, die diese Einschätzung im Blick auf Amos und die übrigen vorexilischen Propheten stützen sollen, können im Grunde nur noch Am 5,2; 9,1-4; Hos 1,9 und Jes 6,9-11 beigebracht werden[61]. Abgesehen von diesen "Spitzenaussagen" können sonstige Textstellen nur noch in dem Sinne angeführt werden, daß sie die totale Unheilsansage entfalten und konkretisieren. Deutliche Hinweise darauf, daß auch hier jeweils totales Unheil, totaler Untergang gemeint ist, enthalten sie nicht! In Einzelfällen ist außerdem vorexilische Herkunft nicht gesichert.

Man wird hinsichtlich des soeben vorgetellten Belegmaterials nicht gerade von einer Fülle von Belegen sprechen können, mit denen die These abgesichert ist, daß die vorexilischen klassischen "Propheten den völligen Untergang des Volkes"[62], die "Totalität des Gerichts" im Sinne "einer restlosen Vernichtung des Volkes"[63] angesagt haben.

Außerdem ist in zweifacher Hinsicht keineswegs sichergestellt, ob diese spärlichen "Spitzenaussagen", nimmt man sie in dieser Weise für diese These in Anspruch, tatsächlich zutreffend eingestuft und interpretiert sind.

Gegen eine Argumentation mit Jes 6,9-11 ist immerhin einzuwenden, daß hier möglicherweise gar nicht die dem historischen Jesaja aufgegangene oder aufgedrängte Einsicht in den absoluten Unheilswillen Jahwes festgehalten ist[64].

Zu Hos 1,9 und der üblichen Interpretation dieser Stelle hat neuerdings LEVIN die m.E. berechtigte Frage aufgeworfen: "Was kann Jahwe, den Gott Israels, veranlaßt haben, ein Verhältnis zu Israel für nicht bestehend zu erklären? Auf welcher Grundlage lebt ein solcher Nationalgott ohne sein Volk?"[65]. Die damit angedeutete Schwierigkeit, Hos 1,9 im Denk- und Vorstellungshorizont Hoseas, bzw. des Nordreiches unterzubringen, besteht nach LEVIN möglicherweise gar nicht, weil sich Argumente für die Annahme beibringen lassen, "daß Hos 1 nach dem Vorbild von Jes 8,1.3-4 entstanden ist. In diesem Falle nämlich stammte die

---

[60] TRE Bd.10, S.260.
[61] Vgl. WOLFF, Einführung in die klassische Prophetie, S.15f, in Weiterführung der oben (Anm. 56) zitierten Feststellung; vgl. SCHMIDT, Die prophetische "Grundgewißheit", S.541f; ferner, Zukunftsgewißheit, S.19ff zu Amos; S.23f zu Hosea; S.25ff zu Jesaja; vgl. SMEND, TRE Bd.10, S.260.
[62] SCHMID, AW,S.53.
[63] So SCHMIDT, Zukunftsgewißheit, S.38.
[64] Vgl. dazu KAISER, Jesaja 1-12, z.St.; ferner WHITLEY, C.F., The Call and Mission of Isaiah, JNES 18, 1959, S.38-48.
[65] Verheißung, S.238.

Prophetie gegen Israel nicht aus Israel, sondern aus Juda"[66]. Wie der Drohname des Judäers Raubebald–Eilebeute durch den syrisch–ephraimitischen Krieg veranlaßt war, so versteht man "unmittelbar, wie in dieser Lage[67] ein Judäer Jahwe das Wort gegen Israel in den Mund legen konnte: 'Ihr seid nicht mein Volk, und ich bin nicht euer Gott!'"[68].

Auch die beiden noch verbliebenen Textstellen[69] Am 8,2 und 5,2 sind durchaus zweifelhafte Belege für die zur Diskussion stehende These. Am 5,2 ist weder ein Jahwewort noch in der Form der Ansage formuliert; dieses Element der Toten- bzw. Untergangsklage läßt zwar unzweifelhaft erkennen, daß hier die totale Katastrophe des Nordreichs angesprochen ist. Doch daß diese totale Katastrophe auf diese Weise angekündigt werde, also noch bevorsteht, das ist eine Annahme, die man niemals vertreten würde, wenn man dieses Wort gesondert, also nicht von vornherein in Abstimmung auf die Unheilsansagen des Amosbuches auslegen würde. Für sich genommen blickt Am 5,2 auf die Katastrophe zurück und enthält gerade so, wie hier formuliert ist, nicht den geringsten Hinweis, in welcher Weise zwischen der Katastrophe und dem Wirken Jahwes ein Zusammenhang bestehen könnte.

Am 8,2 könnte man mit KOCH auch so verstehen, daß hier gar nicht vom "Ende", sondern von der "Ernte" für Israel die Rede ist[70], so "daß nirgends von einem Auslöschen aller Israeliten geredet wird, obwohl Amos in fast allen Lehrbüchern dahin interpretiert wird"[71]. Aber selbst wenn man sich auf diesen Vorschlag nicht zurückzieht, ist Am 8,2, hält man gegen KOCH[72] daran fest, daß hier der Judäer Amos spricht, kein Anlaß, daraufhin mit DUHM von der "seit Amos aufkommenden Eschatologie"[73] zu sprechen oder mit WOLFF festzustellen: "Theologisch bedeutet das, daß die bisherige Heils- und Erwäh- lungsgeschichte beendet ist"[74]. Für den Judäer Amos mußte das Ende des Nordreichs, wenn er denn eine Initiative Jahwes in dieser Richtung vor Augen

---

[66] LEVIN, a.a.O., S.238.
[67] "Das Ereignis in die Sphäre des Religiösen übersetzt: Damals war das Unmögliche geschehen: Der eine Jahwe hatte sich gespalten und sich angeschickt, als Jahwe, der Gott Israels, in den Krieg zu ziehen gegen Jahwe, den Gott Judas" (LEVIN, a.a.O., S.238).
[68] LEVIN, a.a.O., S.239. Insofern ist nach LEVIN "Hos 1 nicht die Bestreitung 'der natürlichen Synthese' [scl. von Religion und Patriotismus], sondern im Gegenteil ihre Bekräftigung, indem man sie dem Gegner bestritt" (a.a.O., S.239).
[69] Am 9,1–4 ist eine deutliche Steigerung und Verschärfung von Am 5,18–20. Die übliche Herleitung von Amos ist m.E. keineswegs sicher.
[70] Vgl. KOCH, Die Propheten, S.52 und 56; s.a. S.78.
[71] A.a.O., S.56.
[72] A.a.O., S.82.
[73] Jesaja, S.220.
[74] Einführung in die klassische Prophetie, S.16.

hatte, keineswegs implizieren, daß Jahwe seine bisher garantierte Ordnungswelt insgesamt verworfen hatte. Wenn aus judäischer Sicht das Nordreich uneingeschränkt zur eigenen Ordnungswelt gerechnet worden ist – was auf Grund der ja durchaus nicht immer freundschaftlichen Beziehungen zwischen beiden Staaten keineswegs von vornherein so sicher ist – so ist noch lange nicht ausgemacht, daß die Annahme einer totalen Katastrophe im Norden als generelle Abkehr Jahwes nun auch vom eigentlichen Zentrum der Ordnungswelt, also als grundsätzliche Infragestellung der von Jahwe garantierten Ordnungswelt durch den Garanten selbst verstanden wurde[75].

---

[75] Vgl.oben S.205f zu Hos 1,9!– Zu erwägen wäre m.E. auch, ob Am 8,2 nicht eine im Vergleich zu 7,7f verdeutlichende Klarstellung ist, ein Fazit also, das nach der tatsächlichen Katastrophe gezogen wurde, während der historische Amos nichts anderes bewirken wollte, als auf die Mißstände etc. im Norden hinzuweisen und zu verdeutlichen, daß das für die Verantwortlichen nicht ohne Folgen bleiben werde. Für diese Sichtweise könnte man veranschlagen, daß diese totale Unheilsansage ohne konkreten entsprechenden Schuldaufweis erfolgen kann, weil hier gleichsam auf den Punkt gebracht werden soll, was aus späterer Sicht die Amosprophetie mit ihren verschiedenen Stoßrichtungen insgesamt implizierte. Die im Überlieferungsmaterial enthaltenen diversen Schuldaufweise konnten dabei insgesamt, zumal in ihrer jetzigen Anordnung im Mittelteil des Amosbuches, als der zureichende Schuldnachweis gelten, der die abschließenden Feststellungen (8,2 und 9,1ff) und damit auch die tatsächliche Katastrophe als gerechtfertigt erwies.– Bleibt man bei der üblichen Annahme, so muß man erklären, warum die diversen Schuldaufweise die uneingeschränkte Unheilsansage in ihrer Schärfe nicht zureichend begründen können. Es ist nicht zu übersehen, daß zahlreiche Einzelworte an sich durchaus nicht zu dem Schluß führen, daß die Geschichte des Jahwevolkes insgesamt zu Ende geht. Diese Diskrepanzen nimmt auch SCHMIDT wahr, sie werden von ihm als Argument für seine These von der Vorrangigkeit der "Zukunftsgewißheit" vereinnahmt, da "sich manche Einzelworte gut als Explikationen und Konkretionen der allgemeinen Unheilsahnung verstehen" (vgl. SCHMIDT, EvTh 31,1971, S.546) lassen. Werden hier die Einzelworte einer höheren Systematik untergeordnet, so könnte man sich andererseits ebensogut vorstellen, daß gerade umgekehrt mit solchen vorgegebenen konkreten Einzelworten (Unheilsansagen mit und ohne Schuldaufweis) erst die Voraussetzungen für den Entwurf einer höheren Systematik gegeben waren: Im Rückblick auf die tatsächliche Katastrophe mußten sich solche Einzelworte mit Unheilsaspekt und Schuldaufweis auf diese Katastrophe beziehen. Erst daraus resultierte die Vorstellung, daß der Prophet von vornherein diese Katastrophe im Auge hatte. Alles weitere war nur eine Frage der Systematisierung und Verdeutlichung.– Diese Erwägungen dürften gezeigt haben, daß die übliche Auffassung zu Am 8,2 durchaus hinterfragbar ist. Es ist keineswegs ausgeschlossen, daß Am 8,2 ein "Fazit" enthält, das erst aus späterer Sicht und in besonderer theologischer Absicht nachträglich eingebracht wurde. Solange nicht mit einiger Sicherheit auszumachen ist, ob ein Text als authentische Aussage eines klassischen Propheten gelten muß oder ob er eine weiterführende Systematisierung vorgegebener authentischer Aussagen darstellt, sollte man darauf verzichten, solche Texte als charakteristische Aussagen der "klassischen" Prophetie einzustufen und entsprechend als Belegmaterial auszuwerten.

Fazit: Die Annahme, daß die vorexilische Prophetie sich im Auftrag Jahwes
darauf konzentriert weiß, den totalen Untergang anzukündigen, beruft sich auf
Texte, die keineswegs so sicher, wie überwiegend angenommen wird, eine
Aussageintention in dieser Richtung bezeugen. Damit werden die oben[76]
begründete Bedenken gegen diese Annahme verstärkt.

Es besteht Anlaß genug für den Verdacht, daß die für die alttestamentliche
Prophetenforschung weithin maßgebliche Grundvoraussetzung (s.o. zu a.) weniger
auf tatsächlich authentischen Aussagen aus vorexilischer Zeit fußt als vielmehr
darauf, daß hier Gesichtspunkte eingetragen werden, die in vorexilischer Zeit
undenkbar erscheinen mußten, aber nach der tatsächlichen Katastrophe von 587
im Zuge der notwendig gewordenen theologischen Neuorientierung verständlich
sind und hier zugleich in der Tat das umbruchartig Neue im Jahwe- und
Weltverständnis anzeigen.

Zu b.: Wie oben bereits angedeutet leuchtet die gemeinhin übliche Grundvoraussetzung wenig ein, daß Schuldaufweise genuin im engsten Zusammenhang mit
solchen Unheilsworten stehen, in denen eine kommende totale Katastrophe in
den Blick gerückt wird[77]. Unterstellt man den Propheten die Vorstellung,
Erwartung und Ansage eines totalen, das Volksganze betreffenden Unheils, so
erübrigen sich aktuelle Schuldaufweise, da in diesem Falle Schuldaufweise für
die vor Augen stehenden Adressaten keinen praktischen Stellenwert besitzen.
Wollte man annehmen, daß der feststehende Sachverhalt "totaler Untergang" mit
Hilfe von Schuldaufweisen lediglich für die Betroffenen durchsichtig gemacht
werden sollte, aber eben ohne daß sich für die Betroffenen daraufhin neue
Perspektiven ergeben können, so wäre diese Art der Verknüpfung von Unheilsansage und Schuldaufweis von den Propheten aus rein "theoretischen" Gründen
vorgenommen worden[78].

---

[76] Vgl. S.196ff.
[77] Vgl. oben zu Anm 37.
[78] Nun läßt sich natürlich in gar keiner Weise bestreiten, daß in den vorliegenden Prophetenbüchern zahlreiche Textzusammenhänge enthalten sind, die sehr
wohl den Aspekt "totales Unheil" und den Aspekt "Schuld" eng aufeinander
beziehen. Aber hier handelt es sich u. E. durchweg um Texte, die aus exi-
lisch/nachexilischer Sicht die Hintergründe der tatsächlichen Katastrophe
von 587 reflektieren und in der Tat "theoretisieren", bzw. "theologisieren",
und zwar, um für die Folgegenerationen diese Katastrophe und ihre Hintergründe durchsichtig zu machen. Dieser Sachverhalt darf jedoch nicht in die
vorexilische Prophetie zurückprojiziert werden. M.E. muß man sich von der in
der atl. Prophetenforschung üblichen Grundüberzeugung lösen, daß vorexilische Propheten totale Unheilsansagen mit Schuldaufweisen begründen wollten.
Diesen Eindruck erwecken zwar die vorliegenden Prophetenbücher. Das darf
jedoch nicht als Indiz dafür gewertet werden, daß für totale Unheilsansagen

Unerklärlich bleibt zudem der damit unterstellte abrupte Übergang von einer bisher geltenden Ordnungskonzeption zu einer völlig neuen Ordnungskonzeption; denn von den Schuldaufweisen aus gedacht liegt für die betreffenden Propheten der Schluß keinesweg nahe, daß die bisherige Ordnungskonzeption insgesamt hinfällig ist und zwangläufig totales Unheil folgen muß, ein Unheil, das als solches zugleich auf eine neue Ordnungskonzeption verweist.

Schon auf Grund solcher Erwägungen erheben sich starke Zweifel an dieser These[79] und natürlich auch an den weiteren Schlußfolgerungen, die man daraus zieht.

Die bisher erhobenen Zweifel an der diskutierten Grundannahme meinen wir darin bestätigt zu finden, daß sich im Jeremiabuch, aber auch im Ezechielbuch[80] Texte nachweisen lassen, die ohne irgendeine Bezugnahme auf Jahwe Unheil von offensichtlich zuvor nicht gekanntem Ausmaß thematisieren, und das zudem auf eine Weise, daß dabei nirgends ein Zusammenhang zwischen diesem Unheil und menschlicher Schuld auch nur angedeutet erscheint[81].

Für das Jeremiabuch zumindest haben wir gezeigt, daß diese Texte (Unheilsansagen und Unheilsklagen) zum ältesten Überlieferungsgut gehören[82]. Einem Jeremia gerät also nicht auf Grund einer radikal vollzogenen Gegenwartskritik, eines globalen Schuldaufweises der totale Untergang des Volkes in den Blick; ebensowenig ist dafür eine "Zukunftsgewißheit" im SCHMIDTschen Sinne ausschlaggebend gewesen, die Jahwes totales Unheilswirken in Rechnung stellte. Wenn hier die "Logik" und der Horizont vorgegebener Ordnungsvorstellungen aufgebrochen erscheint, dann deswegen, weil die tatsächlichen Ereignisse der Gegenwart, die unheimlichen, bedrohlichen Entwicklungen nicht mehr mit der bisherigen "Logik" in Einklang zu bringen waren. Man kann zwar die untersuchten Unheilsworte[83], die das unabwendbare, nicht mehr erklärbare Untergangsgeschick ansagen, als Belege dafür werten, daß der zuständige Sprecher hier eine Unheilsahnung artikuliert, weil diese Worte ja noch nicht auf das endgültige Unheil zurückblicken. Aber keinesfalls handelt es sich dabei um eine

---

zuständige Propheten einen solchen Zusammenhang hergestellt hätten.
[79] Vgl. oben S.201ff.
[80] Vgl. z.B. Ez 19,1-9.10-14.
[81] Zu Ez 19,1-9 und 10-14 bemerkt GARSCHA, Studien zum Ezechielbuch 1974, S.285: Dem Verfasser "stellt sich nicht die Frage nach dem göttlichen Walten..."; ZIMMERLI, Ezechiel 1-24, S. 425, stellt fest: Die Schilderung entbehrt "jedes moralischen oder gar religiösen Akzentes einer 'gerechten Vergeltung'" (vgl. auch S.426).- Verwiesen sei auch auf Ez 18,25.29; Ez 8,12; Ez 9,9 (s. dazu PERLITT, Anklage und Freispruch Gottes, S.297.).
[82] Das trifft für das Ez-Buch mit Sicherheit auch für Ez 19,1-9.10-14 zu.
[83] Vgl. besonders zu Jer 6,1 und 6,22ff'.

Unheilsahnung oder -gewißheit, die der Zuständigkeit Jahwes gewiß ist und das Kommende deswegen auf eine neue und höhere Ordnungsebene verlagert. Die nicht jahwesierten Unheilsworte und erst recht die Unheilsklagen[84] spiegeln vielmehr eine außerordentliche Orientierungskrise des Jahweglaubens um 587 wider[85]. Diese Krise läßt sich mutatis mutandis mit jener vergleichen, in die die sogenannte späte Weisheit geriet, als hier angesichts der Undurchschaubarkeit der Welt und ihrer Abläufe der für das Leben des einzelnen postulierte Zusammenhang von Tun und Ergehen nicht mehr aufrecht zu erhalten war, also Jahwe als die einen solchen Zusammenhang garantierende Instanz nicht mehr zu erkennen war, bzw. in die Ferne rückte.

Nach allem ist ernsthaft zu erwägen, ob nicht bei einem Versuch, die strittige Frage nach Ursprung, Entwicklung und Wertung alttestamentlicher Eschatologie zu klären, die bisher unhinterfragt als gültig angesehenen Grundvoraussetzungen (s.o.) aufzugeben sind; ob nicht vielmehr damit einzusetzen ist, daß erst die Krise und Infragestellung des Jahweglaubens, die totale Orientierungslosigkeit[86] angesichts der irreversiblen Ereignisse von 587, den entscheidenden Wendepunkt bildeten, von dem aus und seitdem der Jahweglaube, wollte er sich nicht selbst aufgeben, nun eine bisher nicht gekannte Diastase zwischen Gott und Welt ansetzen mußte.

Die These, daß schon die vorexilische Prophetie solche Diastase erkannt und daraufhin die theologische Aufgabe wahrgenommen hätte, angesichts dieser Diastase die Durchsetzung des göttlichen Ordnungswillens zu zeigen, kann man in der Tat nur aufrecht erhalten, wenn man davon ausgeht, daß sich diese Propheten schlicht anders als ihre Zeitgenossen "durch einen Vorsprung der Beobachtungsschärfe, der Urteilskraft, ganz allgemein: des Denkens" auszeichneten[87]. Wie wir allerdings in den Textverhältnissen des Jeremiabuches noch deutlich zu erkennen meinen, ist die "eigentümliche Kraft des Denkens ..., verschiedene Aspekte, unter denen sich die Welt zeigt, miteinander zur Geltung

---

[84] Vgl. dazu oben S.161ff.

[85] Der "für das antike Denken unerhörte[r] Gedanke: ein Gott erweist sich als Gott in der Niederlage seines eigenen Volkes!" (so WESTERMANN zu Deuterojesajas Verkündigung, vgl. Jesaja 40-66, S.16) klingt in den verhandelten Texten noch nirgends an.

[86] Solche Orientierungslosigkeit in außerordentlichen Krisenzeiten scheint ähnlich auch für Ägypten (mit dem Beginn der ersten Zwischenzeit) belegt zu sein; vgl. S.HERRMANN: "Die turbulente Periode am Anfang der ersten Zwischenzeit... hinterließ in den wesentlich poetischen Sprüchen der >Mahnworte< und des >Neferti< ein unmittelbares Zeugnis des Entsetzens über eine aus den Fugen geratene Welt" (Prophetie in Israel und Ägypten, S.532); s.a. H.H.SCHMID, WuD 13, S.12.

[87] So STOLZ, Der Streit um die Wirklichkeit in der Südreichsprophetie des 8. Jahrhunderts, WuD 12, 1973, S.29.

zu bringen"[88], ist also die "Dezentrierung des Denkens"[89] erst die Folge der in den Ereignissen von 587 manifest gewordenen und äußerst schmerzhaft erfahrene Realdezentrierung. Erst jetzt, nachdem die bisher tragenden Pfeiler des Jahweglaubens zerschlagen waren und damit die Eigenwelt völlig dezentriert erschien, war angesichts der nun völlig neu wahrzunehmenden Welt die Frage nach Jahwe und seinem Verhältnis zu dieser Welt neu zu stellen und zu durchdenken[90].

Die Epoche eschatologischen Denkens begann als Epoche des verborgenen Gottes, des Jahwe absconditus[91]. Denn damit erst, mit dieser Erfahrung der Ferne Gottes angesichts der Katastrophe ergab sich die zwingende Notwendigkeit, zu reflektieren und aufzuzeigen, daß und wie dieser Jahwe als absconditus zugleich der Jahwe revelatus war, d.h. der Jahwe war, der trotz der ungeheuren Katastrophe und der darin erfahrenen Gottverlassenheit ansprechbar werden konnte als der immer noch letztlich Heil Wollende und Wirkende. Diese Aufgabe zu lösen und damit auch die zu lösen, die verlorene religiöse Mitte wiederzugewinnen, war nur möglich, wenn es gelang, die erfahrene absconditas Jahwes in einer neuen theologischen Systematik zu erfassen und einzuordnen. Ob und wie Jahwe auch in der totalen Katastrophe, im absoluten Dunkel der ist, dessen Ordnungs- und Heilswille maßgeblich bleibt und somit doch Orientierung ermöglicht, diese geschichtlich aufgezwungene Problemstellung, ist die Ursprungssituation alttestamentlicher Eschatologie und der entsprechenden Konzeptionen und Geschichtsentwürfe.

Diese Ursprungssituation, also die Erfahrung, daß die bisherige Eigenwelt und zugleich der damit identisch gedachte Ordnungshorizont Jahwes irreversibel zerstört war, diese totale Orientierungslosigkeit kann allerdings nicht selber schon eschatologisches Denken gleichsam zwangsläufig eröffnet haben. Hier ist noch einmal zu differenzieren. Eschatologisches Denken und d.h. neues theologisch reflektiertes Reden von Jahwe ist die zwangsläufige Folge dessen gewesen, daß nur so noch an Jahwe und dem Postulat seines der Welt geltenden Ord-

---

[88] STOLZ, a.a.O., S.30.
[89] STOLZ, a.a.O., S.29.
[90] Vgl. ähnlich KILIANs "Konzeption der alttestamentlichen Eschatologie, die erst nach den Ereignissen von 587 v. Chr. mit einer wirkich qualifizierten Eschatologie rechnet und diese vor allem der vorexilischen Prophetie abspricht" (Überlegungen zur alttestamentlichen Eschatologie, S.37). Nach KILIAN dürften "die historischen Ereignisse um und nach 587 v. Chr. und menschliches Wunschdenken...gerade...das auslösende Moment gewesen sein, das eine Neuorientierung und damit den Prozeß der Eschatologie in Gang gesetzt hat" (a.a.O., S. 35f).
[91] Die Anregung zu dieser Formulierung fand ich bei H.BLUMENBERG, Die Legitimität der Neuzeit, Frankfurt 1966, S.342.

nungswillens festzuhalten war. Daß jedoch überhaupt noch an Jahwe festgehalten
wurde, muß weitere Ursachen als die eigene Orientierungslosigkeit gehabt haben.
Das "Wie" eschatologischen Denkens, die Eigenart und das Neue dieser Theologie
hängt mit den Erfahrungen von 587 zusammen. Für das "Daß" müssen andere Erfahrungen ausschlaggebend gewesen sein. Man wird jedoch m.E. der Problemstellung nach 587 nicht voll gerecht, wenn man dazu feststellt: "Letztlich
entscheidend ist das alttestamentliche Gottesbild selbst. Was Israel von seinem
Gott gedacht..., wie es ihn bislang erfahren, wie es diese Erfahrungen
interpretierend weitergegeben hat, das hat als letzter und eigentlicher Ursprung
israelitischer Eschatologie zu gelten"[92]. Denn mit dieser Auskunft wird
überspielt, wie sehr gerade infolge der Katastrophe von 587 das bisherige
"Gottesbild" erschüttert worden war. Konnte denn eine solche Erschütterung
damit bewältigt werden, daß Israel sich schlicht auf das besann, was es bisher
"von seinem Gott gedacht..., geglaubt, erfahren" etc. hatte?[93] Müssen nicht,
bevor eine solche Rück- und Neubesinnung im Blick auf die Glaubensaussagen
der Tradition erfolgen konnte, überhaupt erst Erfahrungen wieder gemacht
worden sein, die im Widerspruch zu der gerade als schmerzhaft empfundenen
Ferne Jahwes auf den in der Gegenwart wirksamen Jahwe hindeuteten?

Zu diesem Punkt seien abschließend noch folgende Hinweise gestattet: In
einem beachtlichen Kontrast zu den ausgeführten und systematisierten Vorstellungen und Entwürfen vom Verlauf der weiteren Unheils- bzw. Heilsgeschichte
Jahwes mit seinem Volk, die sich im Jeremiabuch insgesamt[94] ebenso wie in
Einzelabschnitten (vgl. z.B. Jer 24[95]; 25; 32[96]) nachweisen lassen und die
durchweg als exilische und nachexilische "Theologien" gelten müssen, stehen
jene schlichten und kurzen Worte, die keine großartigen und weitreichenden
Perspektiven entwerfen, aber doch unübersehbar andeuten, daß trotz der
Katastrophenerfahrung wieder Hoffnung aufkeimt, bzw. zur Hoffnung ermuntert
werden kann. Dazu gehören besonders Jer 32,15b "Wieder werden Häuser und
Äcker und Weinberge gekauft werden in diesem Lande" und 29,5-7* "Baut Häuser
und wohnt darin! Pflanzt Gärten und eßt ihre Früchte! Nehmt Frauen und

---

[92] KILIAN, Überlegungen zur alttestamentlichen Eschatologie, S.36.
[93] Zutreffend LEVIN: "In den Verhältnissen der beginnenden Exilszeit war die
    Erinnerung an Gottes Macht und Treue... nicht mehr eine Quelle des Trostes,
    sondern geriet zu einem existenzbedrohenden Strudel voll von bohrender
    Verzweiflung" (Verheissung, S.50).
[94] Vgl. besonders die Textfolge der Lxx!
[95] Vgl.dazu POHLMANN, Studien zum Jeremiabuch 1978, besonders S.199ff; zu
    Anliegen und Theologie der für Jer 24 zuständigen "golaorientierten"
    Redaktion vgl. S.183ff; dazu neuerdings SEITZ, VT 35, S.78-95; ferner
    LEVIN, Verheißung, S.165ff.
[96] Dazu LEVIN, Verheißung, S.169ff.

vermehrt euch, daß ihr nicht weniger werdet! Sucht das Heil der Stadt (Lxx: "des Landes") und betet für sie zu Jahwe; denn in ihrem Heil liegt auch euer Heil"[97]. Nichts anderes scheinen diese Worte vorauszusetzen als die Erfahrung, daß die von der gerade zurückliegenden Katastrophe geprägte Wirklichkeit trotzdem normales Leben wieder ermöglichte[98]. Und werden es nicht solche Erfahrungen gewesen sein, die, weil sie im Widerspruch zu dem durch 587 aufgezwungenen Eindruck von der Ferne Jahwes standen, zu dem entscheidenden Schritt drängten, wieder mit der Zuständigkeit Jahwes für die je eigene Wirklichkeit zu rechnen? Nur sofern das gelang, konnte und mußte man sich auch der Aufgabe stellen, die mit 587 aufgeworfenen Fragen nach den Hintergründen und Jahwes Standort in diesen Ereignissen zu durchdenken, um den Anfechtungen des neu gewonnenen Glaubens zu wehren.

---

[97] Vgl. zur Literarkritik WANKE, Baruchschrift, S.42; ferner LEVIN, Verheißung S.170.– Dem jetzigen Kontext nach richtet sich dieses Wort an die Exilierten (so auch noch LEVIN, a.a.O., S.169ff). M.E. ist jedoch davon auszugehen, daß ursprünglich die Bewohner im Lande angesprochen sind und diese hier "zur Rückkehr zum normalen Erwerbs- und Familienleben nach der Katastrophe" (LEVIN, Verheißung, S.170) aufgefordert werden. Ohne hier den Einzelnachweis antreten zu können, erklärt sich m.e. die Entstehungsgeschichte von Jer 29 einleuchtender, wenn man das Thema "Rückkehr" zum normalen Leben" (29,5–7*.28) nicht zu den ältesten Textbestandteilen von Jer 29 rechnet. Ursprünglich dürfte 29,5–7* im Kontext von Jer 42 verankert gewesen sein, und zwar bevor dieses Kapitel durch die golaorientierte Redaktion überarbeitet und in die jetzige Fassung gebracht wurde (dazu POHLMANN, Studien, S.123ff). Dafür spricht, daß Jer 42,2b *ky nš^ɔrnw m^ct mhrbh* ("denn unser sind wenig von vielen übriggeblieben") das Problem vorbringt, dem in 29,5–7* Rechnung getragen wird. In Verbindung mit Jer 42,10 dürften diese Verse das vom Propheten vermittelte Jahwewort dargestellt haben, das die Restbevölkerung mit dem Verweis auf ihre geringe Zahl erbeten hatte (42,2b). Die Tilgung aus dem ursprünglichen Kontext und die Verklammerung am jetzigen Ort geht zu Lasten der golaorientierten Redaktion (vgl. ähnlich die Art und Weise wie Jer 42,10 in Jer 24,6 für die erste Gola vereinnahmt wird; dazu POHLMANN, a.a.O., S.22f.144).
[98] Vgl.ACKROYD, Exile and Restoration, S.58 zu Jer 32,6–15: "...its significance lies in its emphasis on the recovery of life in its normal forms within the land...".

CLEMENTS, R.E.,Isaiah 1-39, NCeB Commentary, Grand Rapids/London 1980.

CRENSHAW, J.L., Prophetic Conflict. Its Effect upon Israelite Religion, BZAW 124, Berlin-New York 1971.

CRENSHAW, J.L., Living Tradition. The Book of Jeremiah in Current Research, in: Interpretation 37, 1983, S.117-129.

CRÜSEMANN, F., Hiob und Kohelet. Ein Beitrag zum Verständnis des Hiob-buches, in: Werden und Wirken des AT.FS Cl. WESTERMANN, Göttin-gen/Neukirchen-Vluyn 1980, S.373-393.
--, Israel in der Perserzeit. Eine Skizze in Auseinandersetzung mit Max Weber, in: Max Webers Sicht des antiken Christentums. Interpretation und Kritik. Hg. v. W.SCHLUCHTER, Suhrkamp stw 548, Frankfurt 1985, S.205-232.

DIAMOND, A.R., The Confessions of Jeremiah in Context. Scenes of Prophetic Drama, Sheffield 1987. (The Confessions)

DIETRICH, W., Prophetie und Geschichte. Eine redaktionsgeschichtliche Unter-suchung zum deuteronomistischen Geschichtswerk, FRLANT 108, Göttingen 1972.

DONNER, H., The Confessions of Jeremiah. Their Form and Significance for the Prophet's Biography, in: OTWSA 24, 1982, S.55-66.

DUHM, B., Das Buch Jeremia, KHC Abt. XI, Tübingen 1901 (Jeremia).
--, Das Buch Jesaja, HK 3.Abt., 1.Bd., 4., neu durchgesehene Auflage, Göttingen 1922 [=Göttingen 1968, 5.Aufl.] (Jesaja).

EISSFELDT, O., Einleitung in das alte Testament, NTG, 3., neubearbeitete Auflage, Tübingen 1964 (Einleitung).

ERBT, W., Jeremia und seine Zeit, Göttingen 1902.

ELLIGER, K., Das Buch der zwölf kleinen Propheten. II: Die Propheten Nahum, Habakuk, Zephanja, Haggai, Sacharja, Maleachi, ATD 25, 6., durchgesehene Auflage, Göttingen 1967 (Zephanja).

FOHRER, G., Bemerkungen zum neueren Verständnis der Propheten, in: WdF Bd. CCCVII, Darmstadt 1979, S.475-492 (ursprünglich englisch in JBL 80, 1961, S.309-319; ferner in BZAW 99,1967, S.18-31).
--, Die Struktur der alttestamentlichen Eschatologie, in: ThLZ 85, 1960, S.401-420 (= BZAW 99, 1967, S.32-58; ferner in WdF CDLXXX (hg.v.H.D. PREUSS), Darmstadt 1978, S.147-180, hiernach die Zitate).
--, Einleitung in das Alte Testament, 1965 (s.unter SELLIN).

GARSCHA, J., Studien zum Ezechielbuch, EHS.T Bd. 23, Bern/Frankfurt 1974.

GERSTENBERGER, E., Jeremiah's Complaints. Observations on Jer 15,10-21, in: JBL 82, S.393-408.
--, Der bittende Mensch. Bittritual und Klagelied des Einzelnen im alten Testament, WMANT 51, Neukirchen 1980 (Der bittende Mensch).
--, Der klagende Mensch. Anmerkungen zu den Klagegattungen in Israel, in: Probleme biblischer Theologie, FS G.von RAD zum 70. Geburtstag, hg.v. H.W.WOLFF, München 1971, S.64-72.

LITERATURVERZEICHNIS

Die bibliographischen Abkürzungen richten sich nach S.SCHWERTNER, Theologische Realenzyklopädie. Abkürzungsverzeichnis, Berlin–New York 1976.

ACKROYD, P.R., The Book of Jeremiah – Some Recent Studies, in: ISOT 28, 1984, S.47–59.
––, Exile and Restoration. A Study of Hebrew Thought of the Sixth Century BC, OTL, London 1968.

AHUIS, F., Der klagende Gerichtsprophet. Studien zur Klage in der Überlieferung von den alttestamentlichen Gerichtspropheten, CThM 12, Stuttgart 1982 (Gerichtsprophet).

ALBERTZ, R., Jer 2–6 und die Frühzeitverkündigung Jeremias, in: ZAW 94, 1982, S.452–467.

ALTHANN, R., A Philological Analysis of Jeremiah 4 – 6 in the Light of Northwest Semitic, BibOr 38, Rome 1983.

BACH, R., Die Aufforderung zur Flucht und zum Kampf im alttestamentlichen Prophetenspruch, WMANT 9, Neukirchen 1962 (Aufforderung).

BAUMGARTNER, W., Die Klagegedichte des Jeremia, BZAW 32, Gießen 1917 (Klagegedichte).

BECKER, J., Wege der Psalmenexegese, SBS 78, Stuttgart 1975.

BERRIDGE, J.M., Prophet, People, and the Word of Yahwe, BST 4, Zürich 1970 (Prophet).
––, Rezension: Der klagende Gerichtsprophet...by Ferdinand AHUIS. Stuttgart
––, 1982, in: JBL 103, 1984, S.452f.

BEYERLIN, W., (Hg.) Religionsgeschichtliches Textbuch zum Alten Testament, ATD Ergänzungsreihe Bd.1, Göttingen 1975.

BLANK, S.H., The Prophet as Paradigm, in: Essays in Old Testament Ethics (J.Ph.HYATT in Memoriam), hg.v. J.L.CRENSHAW und J.T.WILLIS, New York 1974, S.111–130 (Paradigm).

BRANDSCHEIDT, R., Die Gerichtsklage des Propheten Jeremia im Kontext von Jer 17*, in: TThZ 92, 1983, S.61–78.

BRUEGGEMANN, W., The Book of Jeremiah. Portrait of the Prophet, in: Interpretation 37, 1983, S.130–145.

CARROLL, R.P., From Chaos to Covenant. Uses of Prophecy in the Book of Jeremiah, London 1981 (Chaos). Jeremiah. A Commentary, OTL, London 1986.

CHILDS, B.S., Psalm Titles and Midrashic Exegesis, in: JSS 16, 1971, S.137–150.

LICHTENBERGER, H., Studien zum Menschenbild in Texten der Qumrangemeinde, StUNT 15, Göttingen 1980 (Studien).

LIWAK, R., Der Prophet und die Geschichte. Eine literar-historische Untersuchung zum Jeremiabuch, BWANT 121, Stuttgart-Berlin-Köln-Mainz 1987 (Prophet).

LOHSE, E., Die Texte aus Qumran, Darmstadt 1964 (Texte aus Qumran).

LORETZ, O., Die Sprüche Jeremias in Jer 1,17–9,25, in: UF 2, 1970, S.109–130.

LÜHRMANN, D., Biographie des Gerechten als Evangelium, in: WuD 14, 1977, S.25–50.

MAUSER, U., Gottesbild und Menschwerdung. Eine Untersuchung zur Einheit des Alten und Neuen Testaments, BHTh 43, Tübingen 1971 (Gottesbild).

McKANE, W., A Critical and Exegetical Commentary on Jeremiah, Vol. I, Introduction and Commentary on Jeremiah I–XXV, ICC, Edinburgh 1986 (Jeremiah).

McCULLOUGH, W.S., Israels Eschatologie von Amos bis zu Daniel, in: WdF CDLXXX (hg.v.H.D.PREUSS), S.394–414.

MILLER, P.D., Trouble and Woe. Interpreting the Biblical Laments, in: Interpretation 37, 1983, S.32–45.

MISCH, G., Geschichte der Autobiographie, Erster Band, Das Altertum, Erste Hälfte, Dritte stark vermehrte Auflage, Frankfurt 1949; Zweite Hälfte, Dritte stark vermehrte Auflage, Frankfurt 1950.

MOWINCKEL, S., Psalmenstudien, III. Kultprophetie und prophetische Psalmen, SVSK.HF 1922,1 (Psalmenstudien III).

NEUMANN, P.H.A., Das Prophetenverständnis in der deutschsprachigen Forschung seit Heinrich Ewald (hg.v. P.H.A.NEUMANN), WdF CCCVII, Darmstadt 1979.

NÖTSCHER, Fr., Prophetie im Umkreis des alten Israel, in: BZ 10, 1966, S.161–197.

OSSWALD, E., Aspekte neuerer Prophetenforschung, in: ThLZ 109, 1984, Sp.641–650.

PERLITT, L., Anklage und Freispruch Gottes. Theologische Motive in der Zeit des Exils, in: ZThK 69, 1972, S.290–303.

PLÖGER, O., Theokratie und Eschatologie, WMANT 2, 3.Auflage, Neukirchen 1968.

POHLMANN, K.-F., Studien zum Jeremiabuch. Ein Beitrag zur Frage nach der Entstehung des Jeremiabuches, FRLANT 118, Göttingen 1978 (Studien).

PREUSS, H.D., Eschatologie im Alten Testament (hg.v. H.D.PREUSS), WdF CDLXXX, Darmstadt 1978.
--, Jahweglaube und Zukunftserwartung, BWANT 87, Stuttgart 1968.

--, Jahweglaube als Zukunftserwartung, in WdF CDLXXX (hg.v. H.D.PREUSS), S.293-305 (= Jahweglaube und Zukunftserwartung, BWANT 87, Stuttgart 1968, S.205-214).

RAD, G.von, Die Konfessionen Jeremias, in: EvTh 3, 1936, S.265-276.

REVENTLOW, H.Graf, Liturgie und prophetisches Ich bei Jeremia, Gütersloh 1963 (Liturgie).

RUDOLPH, W., Jeremia, HAT 1.Reihe, 12, 3., verbesserte Auflage, Tübingen 1968 (Jeremia).
--, Micha-Nahum-Habakuk-Zephanja, KAT XIII,3, Gütersloh 1975 (Zephanja etc.).

RUPRECHT, E., Rezension: AHUIS, Ferdinand: Der klagende Gerichtsprophet, Stuttgart 1982; ITTMANN, Norbert: Die Konfessionen Jeremias, Neukirchen-Vluyn 1981, in: ThLZ 108, 1983, Sp.888-895.

SCHMID, H.H., salôm "Frieden" im Alten Orient und im Alten Testament, SBS 51, Stuttgart 1971.
--, Altorientalische Welt in der alttestamentlichen Theologie, Zürich 1974 (AW).
--, Das alttestamentliche Verständnis von Geschichte in seinem Verhältnis zum gemeinorientalischen Denken, in: WuD 13, 1975, S.9-21 (WuD 13).

SCHMIDT, W.H., Zukunftsgewißheit und Gegenwartskritik. Grundzüge prophetischer Verkündigung, BS 64, Neukirchen-Vluyn 1973 (Zukunftsgewißheit).

--, Die prophetische "Grundgewißheit". Erwägungen zur Einheit prophetischer Verkündigung, in: EvTh 31, 1971, S.630-650 (=WdF CCCVII, hg.v. P.H.A. NEUMANN, Darmstadt 1979, S.537-564).

SCHOTTROFF, W., Jeremia 2,1-3. Erwägungen zur Methode der Prophetenexegese, in: ZThK 67, 1970, S.263-294.

SCHUNCK, Kl.-D., Eschatologie der Propheten des Alten Testments, in: WdF CDLXXX (hg.v.H.D.PREUSS), S.462-480.

SEITZ, Chr.R., The crisis of interpretation over the meaning and purpose of the exile. A redactional study of Jeremiah XXI-XLIII, VT 35, 1985, S.78-95 (VT 35).

SELLIN, E. - FOHRER, G., Einleitung in das Alte Testament, 10. Auflage, Heidelberg 1965.

SKINNER, J., Prophecy and Religion: Studies in the Life of Jeremiah, Cambridge 1922.

SMEND, R., Die Entstehung des Alten Testaments, ThW 1, Stuttgart 1978 (Entstehung).
--, Artikel "Eschatologie II", TRE Bd. 10, S.256-264.

STADE, B., Geschichte des Volkes Israel, Bd. I, Berlin 1887.

STECK, O.H., Das Problem theologischer Strömungen in nachexilischer Zeit, in: EvTh 28, 1968, S.445-458.

STOEBE, H.J., Seelsorge und Mitleiden bei Jeremia, in: WuD 4, 1955, S.116-134
  (Mitleiden).
--,   Jeremia, Prophet und Seelsorger, in: ThZ 20, 1963, S. 385-409 (Seelsorger).

STOLZ, F., Psalm 22: Alttestamentliches Reden vom Menschen und neutesta-
  mentliches Reden von Jesus, in: ZThK 77, 1980, S.129-148 (Psalm 22).
--,   Monotheismus in Israel, in: Monotheismus im Alten Israel und seiner
  Umwelt, BiBe 14, 1980, hg.v. O.KEEL, S.143-189 (Monotheismus).
--,   Der Streit um die Wirklichkeit in der Südreichsprophetie des 8. Jahrhun-
  derts, in: WuD 12, 1973, S.9-30.
--,   Psalmen im nachkultischen Raum, Zürich 1983.

THIEL, W., Die deuteronomistische Redaktion von Jeremia 1-25, WMANT 41,
  Neukirchen 1973 (Redaktion 1-25).
--,   Die deuteronomistische Redaktion von Jeremia 26-45, WMANT 52, Neukir-
  chen 1981 (Redaktion 26-45).
--,   Der Prophet Jeremia und das Jeremiabuch, in: Die Zeichen der Zeit 39,
  1985,8, S.190-195.
--,   Ein Vierteljahrhundert Jeremia-Forschung, in: VuF 31, 1986, S.32-52.

TOORN, K. van der, Sin and Sanction in Israel and Mesopotamia. A comparative
  study, SSN 22, Assen/Maastricht 1985.

VEIJOLA, T., Verheißung in der Krise. Studien zur Literatur und Theologie der
  Exilszeit anhand des 89. Psalms, Helsinki 1982.

VERMEYLEN, J., Essai de Redaktionsgeschichte des "Confessions de Jérémie", in:
  BEThL LIV, Le Livre de Jérémie, Leuven 1981, S.239-270 (Redaktionsgeschichte).

--,   Du prophète Isaïe à l'apocalyptique II, EtB, Paris 1978 (Du prophète
  Isaïe).

WALDOW, H.E. von, Rezension: Die Konfessionen Jeremias: Ihre Bedeutung für
  die Verkündigung des Propheten, by Norbert ITTMANN. WMANT 54.
  Neukirchen-Vluyn 1981, in: JBL 102, 1983, S.473-475.

WANKE, G., Untersuchungen zur sogenannten Baruchschrift, BZAW 122, Berlin
  1971 (Baruchschrift).
--,   Zu Grundlagen und Absicht prophetischer Sozialkritik, in: KuD 18, 1972,
  S.2-17.
--,   "Eschatologie". Ein Beispiel theologischer Sprachverwirrung, in: KuD 16,
  1970, S.300-312, wiederabgedruckt in: WdF CDLXXX (hg.v. H.D.PREUSS),
  S.342-360.

WEIPPERT. M., Assyrische Prophetien der Zeit Assarhaddons und Assurbanipals,
  in: Assyrian Royal Inscriptions: New Horizons in literary, ideological, and
  historical analysis, ed. by F.M.FALES, Orientis Antiqvi Collectio - XVII,
  Rom 1981, S.71-115 (Assyrische Prophetien).
--,   Die Bildsprache der neuassyrischen Prophetie, in: H.WEIPPERT, Kl.SEY-
  BOLD, M.WEIPPERT, Beiträge zur prophetischen Bildsprache in Israel und
  Assyrien, OBO 64, Göttingen 1985, S.55-93 (Die Bildsprache).

WEISER, A., Das Buch Jeremia, ATD 20/21, 7., durchgesehene Auflage, Göttingen 1977.
--,   Die Psalmen, ATD 14/15, 8.Auflage, Göttingen 1973 (Psalmen).

WELLHAUSEN, J., Israelitische und jüdische Geschichte, 9.Auflage, Berlin 1958 (Geschichte).

WELTEN, P., Leiden und Leidenserfahrungen im Buch Jeremia, in: ZThK 74, 1977, S.123-150 (Leidenserfahrung).

WENDLAND, P., Die hellenistisch-römische Kultur...; Die urchristlichen Literaturformen, HNT I 2,3, 2. und 3. Auflage, Tübingen 1912.

WESTERMANN, C., Das Buch Jesaja. Kapitel 40-66, ATD 19, 4., ergänzte Auflage, Göttingen 1981 (Jesaja 40-66)

WHITLEY,C.F., The Call and Mission of Isaiah, in: JNES 18, 1959, S.38-48.

WILDBERGER, H., Jesaja, BK X/1, Neukirchen 1972 (Jesaja 1).
--,   Jesaja, BK X/2, Neukirchen 1978 (Jesaja 2).
--,   Jesaja, BK X/3, Neukirchen 1982 (Jesaja 3).

WOLFF, Chr., Jeremia im Frühjudentum und Urchristentum, TU 118, Berlin 1976 (TU 118).

WOLFF, H.W., Dodekapropheton, 1. Hosea, BK XIV/1, 2.Auflage, Neukirchen 1965 (Hosea).
--,   Dodekapropheton, 4. Micha, BK XIV/4, Neukirchen 1982 (Micha).
--,   Die Stunde des Amos. Prophetie und Protest, München 1969.
--,   Einführung in die klassische Prophetie (Unveröffentlichte deutsche Vorlage von "Prophecy from the Eighth through the Fifth Century", in: Interpretation XXXII 1978, S.17-309), in: Studien zur Prophetie, München 1987, S.9-24.

ZIMMERLI, W., Ezechiel 1-24, BK XIII/1, Neukirchen 1969.

Ps 9/10 29
10 65
10,3 65
10,4.11 66
10,4.6 65
14,4 65
14,6 51
18 109
18,42 168
18,7.42 168
27,5 51
31,10f 69
31,12 46
33,20 56
34 109
34,16 168
37 . . . . . 36, 38, 67
37,14 49
38,4 32
39,13 168
40,2 168
41 69
41,1−4 69
41,2 51
41,5 69
44,23 49
49 38
51 109
52 109
52,8 67
55,13ff 46
56 109
57 109
58,4.9 33
59 109
59,2f 69
60 109
60,4 165
62,8 51
63 109
64,6 66
69 . . . . . . 54, 59
69,23−30 54
69,25 32
69,28 53
69,29 54
71,7 51
73 . . . . . . 38, 65
78,49 32
79 173,191
79,6ff 60
79,6 58
83,17 32
88,11ff 158
91,8 67
94,1ff 59
94,7 66

102,11 32
106,6 122,172,123
106,13 56
109,14 53
109,6−19 54
112,8 67
115,17f 158
118,7 67
119 69
137,4 187
139,3 65
142 109
142,6 51
145,19 168

Prov 24,11 50

Koh 8,14 36

Weish
4,10 111
5,3−14 33
2−5 111

Sir 16,17−23 66
49,6f 105

Jes 1,10−17 88
1,24 58
3,24 155
3,26 155
5,4 164
5,8−24 72
5,9−10.12.14.17 72
5,17 144
5,19 72,74,99
6 139
6,10 171
6,11 16
6,9−11 205
8,1.3−4 205
8,16−18 16
8,17 56
10,3 . . . . 47, 72, 91
10,31 149
12,1−3 21
13 55
13,2−22 55
13,4ff 153
13,6 156
13,6−13 55
13,7f 153
13,7 . . . . 154, 186
13,9ff 59
13,10−12 55
13,11 47

Qumranschrifttum

BEIHEFTE ZUR ZEITSCHRIFT FÜR DIE
ALTTESTAMENTLICHE WISSENSCHAFT

FUJIKO KOHATA

Jahwist und Priesterschrift in Exodus 3—14

Groß-Oktav. XII, 372 Seiten. 1986. Ganzleinen DM 94,—
ISBN 3 11 010649 3 (Band 166)

ANNELI AEJMELAEUS

The Traditional Prayer in the Psalms

LUDWIG SCHMIDT

Literarische Studien zur Josephsgeschichte

Groß-Oktav. VI, 310 Seiten. 1986. Ganzleinen DM 140,—
ISBN 3 11 010480 6 (Band 167)

ERNST KUTSCH

Kleine Schriften zum Alten Testament

**Zum 65. Geburtstag herausgegeben von Ludwig Schmidt
und Karl Eberlein**

Groß-Oktav. X, 392 Seiten. 1986. Ganzleinen DM 152,—
ISBN 3 11 010316 8 (Band 168)

HEINZ D. NEEF

Die Heilstradition Israels
in der Verkündigung des Propheten Hosea

Groß-Oktav. XIV, 299 Seiten. 1987. Ganzleinen DM 98,—
ISBN 3 11 010913 1 (Band 169)

JÜRGEN VAN OORSCHOT

Gott als Grenze

**Eine literar- und redaktionsgeschichtliche Studie
zu den Gottesreden des Hiobbuches**

Groß-Oktav. X, 259 Seiten. 1987. Ganzleinen DM 82,—
ISBN 3 11 011163 2 (Band 170)

Preisänderungen vorbehalten

Walter de Gruyter **Berlin · New York**

BEIHEFTE ZUR ZEITSCHRIFT FÜR DIE ALTTESTAMENTLICHE WISSENSCHAFT

MARVIN A. SWEENEY

Isaiah 1—4 and the Post-Exilic Understanding of the Isaianic Tradition

Large-octavo. X, 212 pages. 1988. Cloth DM 98,—
ISBN 3 11 011034 2 (Volume 171)

IAN W. PROVAN

Hezekiah and the Books of Kings

A Contribution to the Debate about the Composition of the Deuteronomistic History

Large-octavo. XIII, 218 pages. 1988. Cloth DM 90,—
ISBN 3 11 011557 3 (Volume 172)

WOLFGANG WERNER

Studien zur alttestamentlichen Vorstellung vom Plan Jahwes

Groß-Oktav. XII, 334 Seiten. 1988. Ganzleinen DM 140,—
ISBN 3 11 011255 8 (Band 173)

ETAN LEVINE

The Aramaic Version of the Bible

Contents and Context

Large-octavo. XIV, 258 pages. 1988. Cloth DM 118,—
ISBN 3 11 011474 7 (Volume 174)

SIEGFRIED KREUZER

Die frühere Geschichte Israels in Bekenntnis und Verkündigung des Alten Testaments

Groß-Oktav. X, 301 Seiten. 1988. Ganzleinen DM 120,—
ISBN 3 11 011736 3 (Band 178)

Preisänderungen vorbehalten

Walter de Gruyter   **Berlin · New York**

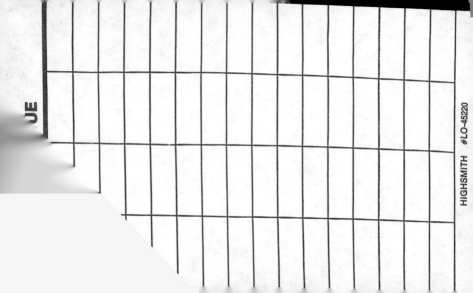